本书受国家社会科学基金青年项目(批准号：12CJY021)资助

动态锦标赛激励效应
与机制设计研究

闫 威 著

科学出版社

北 京

内 容 简 介

　　基于相对绩效评估的锦标赛机制具有关注排序竞争、节约产出衡量成本、排除外部干扰、减少委托人道德风险行为等特殊优势，在员工薪酬与晋升管理、专利与研发竞赛、特许经营、公共部门与地方官员竞争等诸多领域得到广泛应用。现实组织环境和人际竞争具有动态特征，代理人的行为并非一成不变，因此有必要在动态环境下考察代理人的行为模式和特点。此外，在锦标赛机制中，代理人为了赢得竞争，除了努力工作提高自己的产出之外，也可以通过拆台行为来破坏或减少竞争对手的产出。本书在动态锦标赛环境下，以实验研究方法为主，探讨阶段性绩效反馈、组织不公平与倾斜政策、锦标赛的规模与结构等因素对代理人努力水平与拆台行为的影响。同时，利用问卷调查的实证研究方法，考察了绩效反馈环境对员工绩效的影响，以及组织公平、组织政治认知与反生产行为之间的相互关系。

　　本书可供劳动经济学、人力资源管理及组织行为学领域的高等院校师生和科研人员参考，也可作为关注竞争激励的政策制定者与企业管理人员的参考读物。

图书在版编目(CIP)数据

动态锦标赛激励效应与机制设计研究 / 闫威著. —北京：科学出版社，2019.7

ISBN 978-7-03-061663-0

Ⅰ.①动… Ⅱ.①闫… Ⅲ.①企业管理-激励制度-研究 Ⅳ.①F272.92

中国版本图书馆 CIP 数据核字 (2019) 第 117441 号

责任编辑：冯　铂　黄　桥 / 责任校对：彭　映
责任印制：罗　科 / 封面设计：墨创文化

科 学 出 版 社 出版

北京东黄城根北街16号
邮政编码：100717
http://www.sciencep.com

成都锦瑞印刷有限责任公司 印刷

科学出版社发行　各地新华书店经销

*

2019 年 7 月第 一 版　　　开本：787×1092 1/16
2019 年 7 月第一次印刷　　　印张：12 1/4
字数：300 000

定价：98.00 元
(如有印装质量问题，我社负责调换)

前　言

　　企业的激励机制通常建立在对员工绩效的考核评估基础上。除了常见的计件制等绝对绩效评估机制外，基于员工相对绩效评估的激励机制如锦标赛机制，也越来越受到学术界和实务界的重视。锦标赛理论作为以相对绩效比较和排序竞争为核心关注的激励理论，最早由 Lazear 和 Rosen 于 1981 年提出，并在员工薪酬与晋升管理、专利与研发竞赛、特许经营、公共部门与地方官员竞争等诸多领域得到广泛应用。目前，国内外的相关研究大多是在静态锦标赛环境下进行的，关注的重点也多集中于代理人的努力水平；研究方法上，基于数理模型的理论研究多，实证或实验研究少，经验证据较为缺乏。本书结合锦标赛的动态特征和代理人拆台行为两方面因素，综合运用理论研究、实验研究和实证研究方法，对动态锦标赛机制中代理人的行为模式和特点进行分析，为深入理解锦标赛机制的激励效应和科学进行激励机制设计提供理论支撑与现实依据。

　　在理论研究部分，本书将静态锦标赛模型扩展至包含拆台因素的二阶段动态锦标赛模型。通过数理模型分析，结果显示动态锦标赛第一阶段与静态锦标赛无差异，但由于第一阶段产出差距的存在使得代理人第二阶段的努力水平和拆台水平低于静态锦标赛。较之静态锦标赛，动态锦标赛有助于降低拆台行为，但同时也减少了努力激励。然而代理人的产出究竟是增加还是减少，从数理模型本身我们尚无法先验地判断。由于规范分析非常依赖于对称性（代理人同质）的严格假设，我们有必要通过实验或实证方法对动态锦标赛中代理人的行为模式进行具体分析。

　　在实验研究部分，本书在动态锦标赛环境下，利用真实努力实验研究方法，探讨阶段性绩效反馈、组织不公平与倾斜政策、锦标赛的规模与结构三方面因素对代理人努力水平与拆台行为的影响。第一，本书通过设置阶段性绩效信息不公开、阶段性绩效信息公开（真实反馈）、始终告知代理人比竞争对手稍微落后、始终告知代理人比竞争对手稍微领先、始终告知代理人比竞争对手大幅落后五种实验条件，考察不同阶段性绩效反馈策略对代理人努力水平与拆台行为的影响。实验结果显示：①与阶段性绩效信息不公开实验相比，阶段性绩效反馈降低了代理人的拆台水平，但对代理人努力水平的影响不明显。②与其他反馈机制相比，告知代理人比竞争对手稍微落后，对代理人的努力水平的激励程度最大，总绩效最高。③与其他反馈机制相比，告知代理人比竞争对手稍微领先，代理人的拆台水平最低，总绩效与真实反馈相比显著提升。④与其他反馈机制相比，告知代理人比竞争对手大幅落后，会造成代理人丧失努力激励，并最大限度利用拆台手段来打击竞争对手。⑤在允许委托人自主选择是否真实公布第一阶段绩效差距的实验中，60%左右的委托人选择对真实差距信息进行篡改；而且委托人在篡改信息的时候更倾向于缩小代理人第一阶段绩效差距。⑥在没有拆台因素的实验情境下，委托人篡改信息的频率比有拆台因素的实验情况更高；同时，委托人在篡改信息的过程中，部分会受到自身欺骗厌恶态度的影响。⑦被试自我效能感越高，对不利评价的担心程度越高，其努力水平也越高。⑧偏向于合作型的被试拆台水平相对较低，但其拆台水平与其风险偏好程度的关系并不显著。

第二，本书考察了组织不公平(起点不公平、结果不公平)与倾斜政策(雪中送炭、锦上添花)等偏袒性竞赛规则对代理人行为的影响。实验数据表明：①因竞赛规则的歧视性(起点不公平，在本研究中反映为竞赛时长不同)而处于劣势的代理人，并没有放弃竞赛，而是付出更高的努力水平。起点不同竞赛机制下的产出并不低于起点相同竞赛机制下的产出。②结果不公平因素对代理人努力水平的影响可能呈非线性关系，从实验数据看，两者之间呈现出"U"形关系，即较低程度的不公平激励效应最差。③结果不公平程度与代理人拆台水平之间呈现出"倒 U"形关系，即与基准实验和较高程度不公平实验相比，较低程度的不公平提升了代理人的拆台水平，降低了绩效产出。④在两种倾斜政策中，"雪中送炭"倾斜政策并不能提升代理人的努力水平和绩效产出，而"锦上添花"倾斜政策反而降低了代理人的绩效产出。同时，两种倾斜政策都导致了更多的拆台行为。

第三，本书在动态锦标赛环境下探讨了锦标赛规模(参赛者人数)和结构(获胜比例)对代理人努力水平与拆台行为的影响。实验结果表明：①当锦标赛结构不变时，锦标赛规模的增大反而降低了代理人的努力水平，但对拆台行为的影响在统计上不显著，因此代理人的绩效产出更低。②当锦标赛规模不变时，较之于获胜比例较高的锦标赛结构，获胜比例较低的锦标赛结构提升了代理人的努力水平，降低了代理人之间的拆台水平，进而导致了更高的绩效产出。③在首位晋升制中，上一轮排名最高的代理人在下一轮会遭受更猛烈的拆台；在末位淘汰制中，上一轮排名靠后的代理人会受到更多的拆台。④正向的无意识启动并不能有效降低代理人的拆台行为，但是负向的无意识启动会显著增加代理人的拆台行为。⑤风险偏好型代理人的平均努力水平和拆台水平更高；较之于亲社会型代理人，个人主义型代理人选择了更高的拆台水平。

本书在理论研究和实验研究的基础上，还利用问卷调查的实证方法分析了绩效反馈环境对员工绩效的作用机理与途径，探讨了组织公平、组织政治认知与反生产行为的相互关系，以更好地贴近企业管理实际，增强研究的外部效度。

本书从建立及时反馈的绩效管理机制、选择恰当的阶段性绩效反馈策略，加强组织公平建设、慎用倾斜政策，控制竞赛规模、设计较低的获胜比例，加强企业文化建设、降低员工的组织政治认知等方面提出了可能的管理政策建议，并就本研究存在的不足之处及未来的研究方向进行了讨论。

目 录

第1章 绪论 ·· 1

　1.1 国内外研究现状述评及研究意义 ································ 1

　　1.1.1 国内外研究现状述评 ····································· 1

　　1.1.2 研究意义 ·· 2

　1.2 研究的主要问题和基本思路 ····································· 4

　　1.2.1 研究问题 ·· 4

　　1.2.2 基本思路 ·· 5

　1.3 研究方法 ··· 5

　1.4 可能的创新点 ·· 7

　1.5 内容安排 ··· 7

第2章 动态锦标赛中代理人行为的数理模型分析 ··········· 9

　2.1 静态锦标赛模型 ·· 9

　2.2 动态锦标赛模型 ·· 10

　2.3 静态模型与动态模型的均衡比较 ···························· 11

　2.4 不公平与倾斜政策模型 ··· 12

　2.5 研究结论与讨论 ·· 13

第3章 阶段性绩效反馈的激励效应与反馈策略研究 ········ 14

　3.1 引言 ··· 14

　3.2 文献综述 ·· 14

　3.3 研究设计 ·· 17

　　3.3.1 实验设计 ··· 17

　　3.3.2 研究假设 ··· 18

　　3.3.3 实验操作 ··· 20

　3.4 实验结果与分析 ·· 22

　　3.4.1 努力水平分析 ··· 22

　　3.4.2 拆台水平分析及被试信息信任度调查 ················ 26

　　3.4.3 委托人自选择策略分析 ································· 27

　　3.4.4 代理人努力水平与拆台水平的相关因素分析 ······· 30

　3.5 研究结论、现实思考与建议 ··································· 35

　　3.5.1 研究结论 ··· 35

　　3.5.2 现实思考 ··· 36

　　3.5.3 局限性和后续研究建议 ································· 37

第 4 章　起点不公平与拆台成本对动态锦标赛中代理人行为的影响……………38

4.1　引言 ………………………………………………………………………38

4.2　研究设计 …………………………………………………………………39

4.2.1　实验设计 …………………………………………………………39

4.2.2　研究假设 …………………………………………………………40

4.2.3　实验操作 …………………………………………………………42

4.3　实验结果与分析 …………………………………………………………43

4.3.1　信息反馈实验 ……………………………………………………43

4.3.2　拆台成本实验 ……………………………………………………44

4.3.3　起点不同 …………………………………………………………46

4.3.4　职业关注 …………………………………………………………49

4.3.5　被试最终值、总体差值绝对值、拆台水平分析 ………………50

4.4　研究结论、现实思考与建议 ……………………………………………51

4.4.1　研究结论与现实思考 ……………………………………………51

4.4.2　后续研究建议 ……………………………………………………52

第 5 章　结果不公平与倾斜政策对动态锦标赛中代理人行为的影响…………54

5.1　引言 ………………………………………………………………………54

5.2　文献综述 …………………………………………………………………54

5.3　研究设计 …………………………………………………………………57

5.3.1　实验设计 …………………………………………………………57

5.3.2　研究假设 …………………………………………………………58

5.3.3　实验操作 …………………………………………………………60

5.4　实验结果与分析 …………………………………………………………60

5.4.1　努力水平分析 ……………………………………………………61

5.4.2　拆台水平分析 ……………………………………………………65

5.4.3　代理人绩效产出分析 ……………………………………………67

5.5　研究结论、现实思考与建议 ……………………………………………69

5.5.1　研究结论 …………………………………………………………69

5.5.2　现实思考 …………………………………………………………70

5.5.3　局限性和后续研究建议 …………………………………………71

第 6 章　动态锦标赛规模和结构对代理人行为的影响………………………72

6.1　引言 ………………………………………………………………………72

6.2　文献综述 …………………………………………………………………72

6.3　研究设计 …………………………………………………………………74

6.3.1　实验介绍 …………………………………………………………74

6.3.2　实验实施 …………………………………………………………75

6.3.3　研究假设 …………………………………………………………75

6.4　实验结果与分析 …………………………………………………………76

 6.4.1 锦标赛规模的改变对代理人努力水平的影响 ················· 76

 6.4.2 锦标赛规模的改变对代理人拆台水平的影响 ················· 77

 6.4.3 锦标赛规模的改变对代理人绩效水平的影响 ················· 78

 6.4.4 锦标赛结构的改变对代理人努力水平的影响 ················· 79

 6.4.5 锦标赛结构的改变对代理人拆台水平的影响 ················· 80

 6.4.6 锦标赛结构的改变对代理人绩效水平的影响 ················· 81

 6.5 研究结论与建议 ·· 82

第7章 锦标赛结构、阶段性绩效反馈与无意识启动对代理人行为的影响 ······· 84

 7.1 引言 ·· 84

 7.2 文献综述 ·· 85

 7.3 研究设计 ·· 87

  7.3.1 研究假设 ··· 87

  7.3.2 实验设计 ··· 88

  7.3.3 实验操作 ··· 90

 7.4 实验结果与分析 ·· 91

  7.4.1 努力行为分析 ··· 91

  7.4.2 拆台行为分析 ··· 94

  7.4.3 代理人绩效和委托人激励机制选择 ······················· 98

  7.4.4 无意识启动对代理人行为的影响 ························· 100

 7.5 研究结论与建议 ·· 101

第8章 绩效反馈环境对员工绩效的影响研究 ·························· 104

 8.1 引言 ··· 104

 8.2 文献综述 ··· 105

  8.2.1 反馈环境 ·· 105

  8.2.2 自我领导 ·· 106

  8.2.3 反馈导向 ·· 107

  8.2.4 员工绩效 ·· 108

 8.3 研究设计 ··· 109

  8.3.1 研究假设与理论模型 ··································· 109

  8.3.2 研究样本 ·· 110

  8.3.3 研究变量 ·· 111

 8.4 实证结果与分析 ··· 112

  8.4.1 描述性统计与相关分析 ································· 112

  8.4.2 同源偏差检验 ··· 113

  8.4.3 信效度分析 ··· 113

  8.4.4 假设检验 ·· 115

 8.5 研究结论与讨论 ··· 117

  8.5.1 结论分析 ·· 117

　　8.5.2　理论贡献 ……………………………………………………………119

　　8.5.3　管理启示 ……………………………………………………………119

　　8.5.4　不足与展望 …………………………………………………………120

第9章　组织公平、组织政治认知与员工反生产行为的关系研究 ………122

　9.1　引言 ………………………………………………………………………122

　9.2　文献综述 …………………………………………………………………123

　　9.2.1　组织政治认知 ………………………………………………………123

　　9.2.2　反生产行为 …………………………………………………………124

　　9.2.3　政治技能 ……………………………………………………………124

　　9.2.4　组织公平 ……………………………………………………………125

　9.3　研究设计 …………………………………………………………………125

　　9.3.1　研究假设与理论模型 ………………………………………………125

　　9.3.2　研究样本 ……………………………………………………………127

　　9.3.3　研究变量 ……………………………………………………………129

　9.4　实验结果与分析 …………………………………………………………129

　　9.4.1　描述性统计与相关分析 ……………………………………………129

　　9.4.2　同源偏差检验 ………………………………………………………130

　　9.4.3　信效度分析 …………………………………………………………130

　　9.4.4　假设检验 ……………………………………………………………131

　9.5　研究结论与讨论 …………………………………………………………134

　　9.5.1　相关结论 ……………………………………………………………134

　　9.5.2　管理建议 ……………………………………………………………136

　　9.5.3　研究局限与展望 ……………………………………………………136

第10章　总结与展望 ………………………………………………………138

　10.1　研究总结与政策含义 …………………………………………………138

　10.2　存在的不足及可能的扩展方向 ………………………………………143

参考文献 ……………………………………………………………………145

附录1　第3章实验材料 ……………………………………………………158

附录2　第4章实验材料 ……………………………………………………163

附录3　第5章实验材料 ……………………………………………………167

附录4　第7章实验材料 ……………………………………………………169

附录5　第8章调查问卷 ……………………………………………………178

附录6　第9章调查问卷 ……………………………………………………184

第1章　绪　　论

1.1　国内外研究现状述评及研究意义

1.1.1　国内外研究现状述评

过去二十几年来，锦标赛机制(tournament)作为一种基于相对绩效评价的激励策略已被广泛研究。Lazear 和 Rosen(1981)首先提出了锦标赛理论，其基本观点为锦标制度提供的激励取决于"成功者"和"失败者"之间的报酬差距，而最高的报酬水平超过了代理人的生产力。同基于边际产出的激励合同相比，锦标赛机制具有四点优势：首先，薪酬是基于代理人边际产出的排序，而不是具体的边际产出，因此可降低衡量成本。其次，薪酬差距可以激励基层员工参与排序竞争，参赛员工更关心能否击败对手，而不是仅关注自身的绝对业绩。第三，锦标赛中的奖金是事先确定的，可以减少委托人或监督人员的道德风险或机会主义行为，增强企业激励承诺的可信度。第四，相对业绩可以比较有效地排除外部干扰因素的影响，减少代理人的附加风险，提高业绩评价的准确性。目前，锦标赛机制在企业员工薪酬与晋升管理(Knoeber and Thurman，1994；Conyon et al.，2001；Kräkel，2005；林浚清等，2003；李晓义等，2010)、专利与研发竞赛(Terwiesch and Xu，2008，Lakhani et al.，2013)、特许经营(Gillis et al.，2011)、公共部门与地方官员竞争(周黎安，2004，2007；周黎安和陶婧，2011；张军，2005；袁芳，2006)等诸多领域有着广泛应用。

锦标赛领域的相关研究主要沿两个方向展开：一是探讨薪酬水平与薪酬差距对代理人激励与公司绩效的影响(O'Reilly et al.，1988；Conyon et al.，2001；刘春和孙亮，2010)；二是对基于相对绩效的锦标赛机制与其他激励机制(如计件制)进行比较分析(Green and Stokey，1983；Bull et al.，1987；Tsoulouhas and Marinkis，2007；Cason et al.，2010)。以往对锦标赛机制的研究大都集中于静态环境，即代理人根据委托人设定的制度安排，在竞赛开始前就选择自身的努力水平，并且在整个竞赛期间，该努力水平是不发生变化的。然而，一方面，现实中的锦标赛往往是在较长的时期内进行的，因而从本质上讲锦标赛机制具有典型的多阶段动态特征(Ederer，2010)。例如，企业员工的晋升往往需要数年甚至更长的时间，体育竞赛如达喀尔汽车拉力赛也拥有多个不同的赛段。另一方面，在现实生活中，由于信息沟通、信息泄露、恶意打探和阶段性总结等因素，使各代理人之间大致了解其竞争对手的当前状态，进而可能在竞赛后阶段对自身行为做出调整(Eriksson et al.，2009a)。Klumpp 和 Polborn(2006)以美国总统选举为例指出，政党候选人必须依据当前的公众选择实时地调整他们的竞选策略；Tong 和 Leung(2002)也从生物科学和社会研究中得出结论，人们通常会根据对手先前的行为来改变自身的策略，"以牙还牙"(tit for tat)这种重复博弈就是一个很好的例子。同时，他们受"龟兔赛跑"启发，证明静态锦标赛的模型并不能应用于包括不确定因素和变化因素的动态锦标赛模型中，因而动态锦标赛中代理人的行为模式有待进一步研究。目前，学术界对于动态锦标赛的激励效应所知甚少(Charness and Kuhn，2010)，仅有的几篇文献也呈现出不同的结论。Gill 和 Prowse(2012)的研究结果表明，在第一阶段落后的代理人在第二阶段会付出更少的努力，他们将之称为"沮丧效应"；而 Berger 和 Pope(2011)利用超过 6 万场篮球比赛数据进行的实证研究却表明，上半场的轻度落后会增加球队最终获胜的概率，其作用之强几近主场效应的二分之一。

同时，以往研究针对锦标赛机制激励效应的讨论，多集中于探讨锦标赛机制是否能诱导代理人付出较高的努力水平。其基本结论是：当代理人产出具有较大的不确定性(共同风险)以及存在较高的衡量成本时，锦标赛就是一种有效的激励机制(Charness and Kuhn，2010)。然而在锦标赛机制中，代理人的报酬只依赖于他在所有代理人中的绩效排名，与其绝对绩效无关。为了赢得竞争，员工除了努力工作提高自己的产出之外，也可以通过拆台行为(sabotage)来破坏或降低竞争对手的产出。因此，为了考察锦标赛机制的激励效应，除了分析代理人的努力水平，还应该将代理人之间的拆台行为纳入研究视野，这一点与对计件制等其他机制的激励效应分析有着显著不同。目前，学术界关于锦标赛机制中拆台行为的理论研究并不多见，为数不多的文献主要探讨了奖金差距的大小(Lazear，1989)、参赛人数(Konrad，2007；Ch'ng，2013)、代理人的能力异质性(Chen，2003)、沟通条件(Sutter and Strassmair，2009)等因素对代理人拆台行为的影响；基于现场数据的实证研究稀少(Drago and Garvey，1998；Garicano et al.，2005)。据我们的文献调查，目前仅有 Gürtler 和 Münster(2010)研究了动态锦标赛中代理人的拆台行为，不过该文通篇为数理模型推演，缺乏相应的实证或实验证据；同时，模型中关于代理人努力成本为零的假设也与现实相去甚远。

综合上述分析可知，锦标赛的动态特征与代理人之间的拆台行为都会对锦标赛机制的激励效应产生影响，但国外的相关研究大多是在静态锦标赛环境下进行的，关注的重点也多集中于代理人的努力水平；从研究方法上看，基于数理模型的理论研究多，实证或实验研究少；国内相关领域的研究尚处于起步阶段。本书拟结合锦标赛的动态特征和代理人拆台行为两方面因素，综合运用理论研究、实验研究和实证研究方法，对锦标赛机制中代理人的行为模式和特点进行分析，为深入理解动态锦标赛的激励效应和科学进行激励机制设计提供理论支撑与现实依据。

1.1.2 研究意义

现实组织环境和人际竞争具有动态特征，代理人的行为并非一成不变，因此有必要在动态环境下考察代理人的行为模式和特点，而动态锦标赛中的一个关键因素是阶段性绩效反馈，即代理人会利用第一阶段的绩效产出信息，对第二阶段的行为做出相应的调整。在组织管理领域，绩效反馈政策颇为常见。Murphy 和 Cleveland(1995a)指出 74%～89%的商业组织拥有正式的绩效评估和反馈系统。DeVries 等(1986)认为，自 20 世纪 60 年代起，出于员工发展的需要，企业对于绩效评估和反馈的应用日益增多。实际上几乎任何组织都会为员工提供或披露他们在过往工作中究竟表现如何的信息(至少是部分信息)。在法律事务所和管理咨询公司，员工会被告知目前的绩效水平和未来升迁至合伙人的可能；大学或科研机构也会通过正式的评估告知年轻教师的任职表现和未来取得终身教职的机会。最常见的绩效反馈例子包括学生的测验、小考和期中考试等，这些信息对于教学质量提升而言有着重要的作用。在企业组织之外，绩效信息反馈的例子也不胜枚举。在专利竞赛领域，政府机构需要决定是否强制相关公司公开其特定创新或发明的最新进展情况；在体育竞赛领域，半场得分或之前纪录的信息一般都会让运动员知晓，但顶级足球联赛最后一轮却往往是同时开赛；在政治选举中，民意调查等中间阶段信息对于选情的最终发展有重要影响，不少国家允许公布民意调查的结果，但直到 2010 年之前澳大利亚法律都禁止在选举前一周公布民意调查信息(Ederer，2010)。

尽管阶段性绩效反馈在管理实践中应用广泛，但在经济学领域中学者们对此问题的关注却甚为少见。而且在为数不多的关于动态道德风险问题的经济学文献中，多数对绩效反馈持否定态度，即认为不应该让代理人获得中间阶段绩效信息(Sela et al.，2002；Fuchs，2007)。然而在人力资源管理与组织行为学领域，大量文献却探讨了绩效反馈机制的激励效应，不少学者(Stone，1985；Ashford，1986；Locke and Latham，1990)都认为绩效反馈为员工的自我评价提供了重要输入信息，而且其是保持高水平工作激励的关键因素(Murphy and Cleveland，1995a)。另有证据表明，引入绩效反馈机制既可能提升也可能降低员工的绩效表现(Liden and Mitchell，1985；Podsakoff and Farh，1989)，阶段性绩效反馈涉及在"发展"与"评价"两大冲突目标中的权衡[①]。鉴于经济学与管理学在阶段性绩效反馈作用问题上存在较大的分歧，本书尝试利用实验研究方法对此问题进行探讨，以期获得有价值的结论。

此外，鉴于拆台行为的隐蔽性及不易测度，目前学术界对于拆台行为的研究尚不多见，国内的相关研究更是屈指可数。但不能回避的一个事实是，在我国企业组织内部，拆台问题已成为人们工作生活的常态，并对员工与组织绩效、工作氛围与人际关系协调、员工对组织的认同等发挥着重要影响。对动态锦标赛机制激励效应的全面理解，不仅要分析员工的努力水平，也应考察员工之间的拆台行为。

综上所述，本书的理论意义在于：在动态锦标赛环境下，采用理论研究、实证研究与实验研究相结合的方法，分析阶段性绩效反馈、组织不公平、锦标赛的规模与结构三方面因素对代理人努力水平与拆台行为的影响，有助于弥补国内研究匮乏之不足，亦能为准确理解锦标赛机制的动态激励效应贡献新的知识。本书的实践意义在于：结合中国企业组织管理生态，通过对动态锦标赛中代理人努力行为和拆台行为的表现、特点及影响因素进行系统梳理，力图找到有效激励代理人、防范和治理拆台行为的实践途径，从而为我国企业激励机制设计提供指导和参考，这也是当前构建"和谐社会"的应有之义。

---

① 目前，学术界对于阶段性绩效反馈作用的讨论尚未取得一致，主要原因可能在于绩效反馈机制本身具有多重影响(Ederer，2010)。首先，绩效信息(无论是由委托人外生给出的还是由代理人之前产出水平内生决定的)公开后，获得正面评价的代理人在后续竞赛中会有更大的概率获胜，这被称为"评价效应"(evaluation effect)；其次，当代理人获得之前产出信息后，他们会更新关于自身能力的判断，因此会影响其工作士气，即"激励效应"(motivation effect)；第三，一种更隐蔽的效应是绩效反馈机制能使代理人获得更多信息进而优化其未来决策，例如代理人根据其能力类型付出适度的努力水平，在劳动经济学领域这被称为"分类效应"(sorting effect)。以往的文献多集中于对于评价效应的分析，而对于后两者察之不详。

1.2　研究的主要问题和基本思路

1.2.1　研究问题

1. 阶段性绩效反馈对代理人努力水平与拆台行为的影响

阶段性绩效反馈指在竞赛的中间阶段,委托人将各代理人的绩效表现信息(特别是相对绩效排位信息)在组织内部进行公开,它很好地体现了锦标赛机制的动态特征。考虑代理人的拆台行为因素,假定委托人选择实施阶段性绩效反馈,本书尝试回答如下问题:第一,在动态锦标赛中,某些代理人会在阶段性绩效排名中处于领先,另一些代理人会暂时落后,这种信息的获得会对代理人的努力水平带来怎样的影响? 会出现"龟兔赛跑"的问题吗? 第二,如果某代理人在前一阶段处于领先地位,那么在后一阶段他是否会成为其他代理人集中"拆台"的对象? 第三,如果该代理人预期他在前一阶段领先将导致他在后一阶段被集中拆台,那么他在第一阶段的理性选择是否应为不付出努力或少付出努力? 换句话说,"棘轮效应①"是否会出现?

传统意义上说,绩效反馈和绩效面谈往往是在竞赛结束后才进行的,此时的主要目标是确定奖金数额或晋升人选。而阶段性绩效反馈的主要目的却在于为代理人提供额外激励,它是委托人除了设定薪酬水平和薪酬差距之外的又一种激励手段。从本质上讲,当竞赛进行到中间阶段,代理人知道自己的努力信息,但是不知道或者是不准确知道其绩效表现在所有代理人中的相对位置,后一种信息只有委托人才清楚地知道,因而其是委托人的私有信息(private information)。委托人此时面临的一个问题是,要不要将阶段性绩效位次信息在组织内部公开? 进行阶段性绩效反馈的好处在于,它可能会对暂时落后的代理人产生压力和激励(Berger and Pope,2011;Falk and Ichino,2006)。而其弊端主要在于:第一,如果代理人之间的绩效差距过大,可能产生"龟兔赛跑"的问题,即落后者放弃,领先者懈怠。第二,可能诱发代理人之间的拆台问题。落后者为挽回不利局面,可能会通过封锁或歪曲信息、造谣中伤、破坏劳动工具、不配合工作等手段对领先者进行拆台。委托人面临的另一个问题在于:是公布真实的绩效排位信息,还是出于让竞赛更为激烈(即诱导代理人付出更高努力水平)的目的,对该信息进行扭曲或篡改? 例如,委托人可能会通过故意少报代理人之间绩效差距的方式对竞赛的激烈程度夸大其词(Gürtler and Harbring,2010;Ederer and Fehr,2007)。

2. 组织不公平及倾斜政策对代理人努力水平与拆台行为的影响

组织不公平体现在起点不公平(Gürtler and Münster,2010)和结果不公平(Schotter and Weigelt,1992)。假定动态锦标赛分为第一阶段和第二阶段,如果在第一阶段开始前,某

---

① 棘轮效应(ratcheting effects)一词最初来自对苏联式计划经济制度的研究(Weitzman,1980)。在计划经济体制下,企业的年度生产指标根据上年的实际生产不断调整,好的表现反而由此受到惩罚(因此,聪明的经理用隐瞒生产能力来对付计划当局)。这种标准随业绩的上升而上升的趋势被称为"棘轮效应"。

些代理人就已然处于领先地位,我们称之为起点不公平;如果第一阶段起点相同,委托人在观察了第一阶段各代理人产出情况后,对处于落后地位的代理人进行产出补偿,即在第二阶段人为地增加落后者的产出,我们称其为委托人实施了扶助落后者的倾斜政策。令人感兴趣的问题是:组织不公平与倾斜政策会对代理人的努力水平和拆台行为带来怎样的影响?代理人和委托人的收益呈现怎样的波动?

3. 动态锦标赛的规模和结构对代理人努力水平与拆台行为的影响

锦标赛机制设计的两个基本参数是锦标赛的规模与结构,规模指参赛人数,而结构主要指最终获胜者占全部参赛者的比例。本部分主要研究两个问题:第一,锦标赛规模的扩大对员工的努力水平和拆台行为有什么样的影响?例如一个 5 人参赛、1 人获胜的锦标赛与一个 50 人参赛、10 人获胜的锦标赛相比,代理人的努力水平和拆台水平有无变化?锦标赛规模扩大的主要弊端在于"搭便车"效应会比较严重,因为如果一个代理人对其他竞争者实施了拆台行为,他自身获胜的概率并不会显著增加,有可能出现"鹬蚌相争,渔翁得利"的局面。第二,获胜比例的改变将对代理人的努力水平和拆台行为产生怎样的影响?两种极端的获胜比例结构是 $1/n$ 和 $(n-1)/n$,前者反映的是常见的首位晋升制,而后者实际上对应的是末位淘汰制。

综合以上研究,结合中国企业组织管理生态的实际,本书提出防范和治理拆台行为、提高代理人激励的机制设计方案,为企业管理与员工激励实践提供依据和参考。

1.2.2　基本思路

本书的着眼点在于委托人的机制选择和代理人的行为选择。对委托人而言,为了在动态锦标赛环境下实现对代理人的激励,他可以利用的除了常见的薪酬手段之外,还有阶段性绩效信息披露与否、不公平或倾斜政策的选择、锦标赛规模与结构的设定等。对代理人而言,在给定委托人设定的机制框架下,代理人除了付出努力之外,还可能选择对竞争对手实施拆台行为,因此对于锦标赛机制中代理人行为的理解需要同时考察努力和拆台两个方面。本书实际上就是在动态锦标赛环境下研究不同锦标赛机制设计对于代理人努力水平和拆台行为的影响。

1.3　研　究　方　法

本书采用理论研究、现场实证研究与实验研究相结合的方法:在理论研究部分,构建包含拆台因素的动态锦标赛数理经济学模型,将阶段性绩效反馈、组织不公平等因素纳入模型分析框架,求解代理人努力水平和拆台水平的均衡条件并进行比较分析;在现场实证研究部分,利用现场资料收集、深度访谈与匿名问卷调查方式,获取一手数据,完成本书涉及主要问题的质性研究和部分量化研究;在实验研究部分,利用真实努力实验(real effort experiment),在静态锦标赛基准实验的基础上,引入阶段性绩效反馈、组织不公平、锦标赛规模和结构等操作性变量进行系列实验研究,并对实验结果进行统计分析和比较,对研究假设进行检验。

本书十分强调实验研究方法的应用，因为：第一，由于隐蔽性强和"负面"意味浓厚，拆台行为在管理实践上是难以清晰识别和准确测度的，更不易通过自陈式问卷让被调查者自我反映。目前，据笔者的文献调查，在市场营销学与组织行为学的交叉领域，有学者利用问卷调查方式研究服务行业从业人员以怠慢顾客方式破坏服务质量的问题（Harris and Obgonna，2006）。在其对"服务破坏"行为的测量中，所有 9 个问项全部使用了第三人称（people here），而非第二或第一人称。在组织行为学领域，Ambrose 等（2002）研究了组织不公平（organizational injustice）与"工作违反"（workplace deviance）行为之间的联系。为了对"工作违反"行为进行测度，他们雇用了三位评价者，针对 *American workplace：Anecdotes of dissatisfaction，mischief and revenge* 一书中所包含的 132 位员工的工作自述，对"工作违反"行为的若干维度和前因变量进行编码和评分。Logan 等（2010）以美国一家大型医院为样本，探讨了"领导-部属交换"（leader-member exchange，LMX）、感知到的组织支持（POS）、员工的内在激励、"去人性化"（depersonalization）四个因素对"工作违反"行为的影响，其研究方法更为有趣：年初对员工进行态度调查，年末查阅员工的绩效考评档案，看该员工是否发生过"工作违反"行为。综合以上文献可知，由于在实地环境中度量负面行为存在难以逾越的障碍，上述学者对于负面行为的测量，无一例外采用的都是间接方法，因此其研究结论的有效性还需要进一步考察。而基于科学设计的实验研究方法却可能对拆台等负面行为做出更为直接的测量和刻画（Falk and Fehr，2003；Harbring and Irlenbusch，2003，2005）。第二，受控实验方法可以排除无关因素的干扰，并有利于对相关实验参数进行明确而清晰的设定。实验研究方法的主要优势在于形成因果关系推论的可靠性。在实地研究中，许多有意义的变量是内生决定的，多数情况下人们也只能确认变量之间是相关的，很难确认变量之间的因果关系。然而通过合理的实验设计，我们可以有把握地推断变量间的因果关系。实际上，实验研究是确认变量间因果关系的最有效手段。

实验研究方法按其对现实的贴近程度又可以分为实验室实验、实地实验和自然实验。实地实验和自然实验对于现实的贴近程度更高，但这是以失去对无关因素的控制为代价的，得到准确因果关系的可能性降低；而且，对于本书的研究主题而言，自然实验属于可遇不可求，实地实验对各种资源和条件的要求极高，因此，本研究仍将使用实验室实验，待机会和条件允许，再将本研究扩展到实地实验乃至自然实验。实验室实验又可分为数字选择实验与真实努力实验。所谓真实努力实验，是指实验中的被试需要完成一个真实的任务，而非仅仅去选择一个数字；具体到本书，其实也可以称作"真实拆台"实验；为了符合惯常叫法，我们仍使用真实努力实验的说法。与以往研究多采用数字选择实验不同，本书拟在真实努力实验环境中，研究非对称锦标赛中代理人的拆台行为。正如 Van Dijk 等（2001）指出的，"一个真实的任务能够包含努力、疲劳、枯燥、激动及其他情绪因素，而这些因素在数字选择实验中是无法涉及的"。

1.4 可能的创新点

本书可能的创新之处包括：①与以往研究多集中于静态锦标赛环境不同，本书拟在动态锦标赛环境下对代理人行为模式和特点进行完整而全面的分析；②除着眼于代理人的努力水平之外，本书还将代理人之间的拆台行为纳入研究视野，综合分析锦标赛机制的正向激励作用与负面影响；③本书考察阶段性绩效反馈、组织不公平、锦标赛规模和结构等机制设计因素对代理人努力水平和拆台行为的影响，借此研究动态锦标赛的激励效应与机制设计优化问题；④本书运用真实努力实验方法，尝试对拆台这一特定类型的组织内部"负面行为"（negative activity）进行定量研究，有望为其他类似研究提供研究方法上的借鉴和参考；⑤本书在理论研究和实验研究的基础上，还利用问卷调查等实证方法探讨绩效反馈环境、组织公平、组织政治认知等因素对员工绩效及反生产行为的影响，以更好地反映企业管理实际。

1.5 内 容 安 排

本书主要分为六部分，共 10 章。

第一部分包含第 1 章绪论和第 2 章动态锦标赛数理模型分析，主要作用是引领全书和进行初步的规范分析。第 1 章绪论部分交代了本书的研究背景和研究意义，简要梳理了国内外研究现状，提出了研究涉及的主要问题和思路，说明了研究方法的选择和可能的创新点。第 2 章构建了包含努力和拆台因素的静态、动态锦标赛模型以及不公平与倾斜政策模型，并对均衡条件进行分析和比较。建模过程说明规范分析依赖于对称性的严格假设，因此有必要通过实验或实证研究对动态锦标赛中代理人的具体行为模式进行分析。

第二部分为第 3 章阶段性绩效反馈的激励效应与反馈策略研究。此章采用真实努力实验方法，分析阶段性绩效反馈不公开、公开、告知代理人比竞争对手稍微落后、稍微领先、大幅落后等信息反馈策略因素对代理人努力行为和拆台水平的影响。同时，我们还研究了委托人是否会为了提高竞赛的激烈程度（避免"龟兔赛跑"问题），对第一阶段代理人绩效差距信息进行篡改。

第三部分主要研究组织不公平及倾斜政策对代理人努力水平与拆台行为的影响，包括第 4 章起点不公平与拆台成本对动态锦标赛中代理人行为的影响和第 5 章结果不公平与倾斜政策对动态锦标赛中代理人行为的影响。这 2 章也使用了真实努力实验方法，研究了竞赛规则的不公平是否会改变代理人受到的激励。

第四部分探讨了锦标赛规模和结构的变化对代理人努力水平与拆台行为的影响，包括第 6 章动态锦标赛规模和结构对代理人行为的影响和第 7 章锦标赛结构、阶段性绩效反馈与无意识启动对代理人行为的影响。第 6 章通过操纵不同的规模和结构参数（1/2, 2/4, 1/4）考察代理人的行为反应；而第 7 章则在 3 人锦标赛中，分析首位晋升制和末尾淘汰制的激励效应，同时引入无意识启动技术，考察正、负向启动（priming）对代理人行为的影响。

　　第五部分为相关实证研究，包括第 8 章绩效反馈环境对员工绩效的影响研究：自我领导的中介作用与反馈导向的调节作用和第 9 章组织公平、组织政治认知与员工反生产行为的关系研究。由于第 3～7 章实验研究中的被试主要是在校学生，为了增强现实相关性，我们在本部分以企业员工为调查对象，实证考察绩效反馈环境、组织公平、组织政治认知等因素对员工绩效及反生产行为[1]的影响。

　　第六部分为第 10 章总结与展望，此章概括本书得出的主要结论，提出可能的管理政策建议，分析本书存在的不足之处并提出未来的研究方向。

---

① 第 9 章中反生产行为的内涵与之前章节的拆台行为类似，分为组织指向和人际指向的反生产行为，具体条目可参见附录 6。

第2章 动态锦标赛中代理人行为的数理模型分析

2.1 静态锦标赛模型

在锦标赛机制下，代理人收益的高低只取决于其在所有参与者中的绩效排名，并不受其绝对绩效水平及绩效差距的影响。我们在此处使用的模型与 Lazear(1989)类似。考虑一个只包含 2 名参赛者(i 和 j)的锦标赛，他们为了某种奖励(例如更多的奖金或职位晋升)展开非合作博弈竞争[①]。委托人以代理人产出高低作为判定获胜与否的标准，产出高的代理人获得 M，产出低的代理人获得 m，其中 $M>m$。

为了提高自身的获胜概率，参赛者 i 既可以通过提高自己的努力水平(e^i)进而增大自身产出，也可以对竞争对手进行拆台(s^i)以降低对手产出。当然，努力和拆台都伴随一定的成本，记 $c(e^i,s^i)$ 为代理人 i 的成本函数，且满足 $c(0,0)=0$，$c'(\cdot)>0$，$c''(\cdot)>0$，这些条件旨在保证成本函数为凸函数。进一步讲，我们假定产出函数满足 Inada 条件[②]，成本函数也足够凸，因此模型得到的均衡是内点解而非角点解。

代理人 i 和 j 的产出函数分别为：

$$y^i = e^i - s^j + \varepsilon^i$$
$$y^j = e^j - s^i + \varepsilon^j$$

其中，ε 是随机误差项，代表生产环境中的不确定因素(如运气)。

如果 $y^i>y^j$，那么代理人 i 在锦标赛中获胜；如果 $y^i<y^j$，那么代理人 j 获胜；如果 $y^i=y^j$，那么通过掷硬币的随机方式确定获胜者。记代理人 i 获胜的概率为 p^i，因此其收益函数为：

$$
\begin{aligned}
\pi^i &= m + p^i(M-m) - c\left(e^i,s^i\right) \\
&= m + (M-m)p\left[\left(e^i - s^j + \varepsilon^i\right) - \left(e^j - s^i + \varepsilon^j\right) > 0\right)\right] - c\left(e^i,s^i\right) \\
&= m + (M-m)p\left(\varepsilon^j - \varepsilon^i < e^i - e^j + s^i - s^j\right) - c\left(e^i,s^i\right)
\end{aligned}
$$

其中，$p(\cdot)$ 为获胜概率 p^i 的具体表达。记 $\varepsilon^j - \varepsilon^i$ 的累计分布函数(CDF)为 $G(\cdot)$，其单峰密度函数为 $g(\cdot)$ [③]，上式可写为：

$$\pi^i = m + (M-m)G(e^i - e^j + s^i - s^j) - c\left(e^i,s^i\right) \tag{2.1}$$

式(2.1)对 e^i 和 s^i 的一阶条件分别为：

[①] 本节内容为一次性博弈(one-shot game)或单阶段博弈，因此是一个静态模型。

[②] Inada 条件(也称为稻田条件)指某种新古典生产函数，满足：$f(0)=0$，一阶导数大于 0，二阶导数小于 0。另外，当生产要素投入趋于 0 时，一阶导数的极限无穷大；当生产要素的投入趋于无穷大时，一阶导数的极限等于 0。

[③] 常见的单峰(unimodal)密度函数包括正态分布和均匀分布。

$$\frac{\partial \pi^i}{\partial e^i} = (M-m)g(e^i-e^j+s^i-s^j) = \frac{\partial c}{\partial e^i} \tag{2.2}$$

$$\frac{\partial \pi^i}{\partial s^i} = (M-m)g(e^i-e^j+s^i-s^j) = \frac{\partial c}{\partial s^i} \tag{2.3}$$

式(2.2)和式(2.3)左边代表每增加 1 单位努力或拆台带来的边际收益,右边代表每增加 1 单位努力或拆台导致的边际成本。在均衡状态下,边际收益必然等于边际成本。由于代理人 i 和 j 在模型中完全相同,因此可假定存在对称均衡 $e^i=e^j$, $s^i=s^j$。式(2.2)和式(2.3)可化简为:

$$(M-m)g(0) = \frac{\partial c}{\partial e^i} \tag{2.4}$$

$$(M-m)g(0) = \frac{\partial c}{\partial s^i} \tag{2.5}$$

由成本函数 $c(e^i,s^i)$ 的凸性可知,奖金差距($M-m$)越大,代理人的努力水平和拆台水平越高,即当获胜带来的价值越大,则代理人受到的激励越强。$g(0)$ 越小,代理人的努力水平和拆台水平越低;$g(0)$ 表征了 $\varepsilon^j-\varepsilon^i$ 的离散程度,其值越小代表随机误差项的分布越离散。它实际上反映了生产环境中的运气成分,如果运气对竞赛结果的影响占据主导地位,那么代理人受到的激励将大为削弱。

2.2 动态锦标赛模型

下面我们将静态锦标赛模型扩展至动态锦标赛模型。动态模型的主要特征是:锦标赛分为两阶段;第一阶段结束后,代理人能得到关于第一阶段自身及对手产出的信息反馈。博弈时序如下:第一阶段,双方各自选择努力水平,第一阶段产出为第一阶段努力水平和随机误差项之和($y_1^i = e_1^i + \varepsilon_1^i$)[①];第二阶段,双方在看到各自第一阶段产出后(存在阶段性绩效信息反馈),选择第二阶段努力水平和拆台水平,第二阶段产出为第二阶段努力水平和随机误差项之和减去受到竞争对手的拆台数量($y_2^i = e_2^i + \varepsilon_2^i - s_2^j$)。委托人根据两阶段总产出大小判定谁是获胜者。

不失一般性,假设代理人 i 在动态锦标赛中获胜,有 $y_1^i + y_2^i > y_1^j + y_2^j$,其收益函数为:

$$\pi^i = m + (M-m)p(y_1^i+y_2^i > y_1^j+y_2^j) - c(e^i,s^i)$$

$$= m + (M-m)p\big[(e_1^i+\varepsilon_1^i+e_2^i-s_2^j+\varepsilon_2^i) - (e_1^j+\varepsilon_1^j+e_2^j-s_2^i+\varepsilon_2^j) > 0\big] - c(e^i,s^i)$$

$$= m + (M-m)p\big[\varepsilon_2^j-\varepsilon_2^i < (e_1^i+\varepsilon_1^i)-(e_1^j+\varepsilon_1^j)+(e_2^i-s_2^j)-(e_2^j-s_2^i)\big] - c(e^i,s^i)$$

令 $\Delta = y_1^i - y_1^j = (e_1^i+\varepsilon_1^i)-(e_1^j+\varepsilon_1^j)$,上式改写为:

$$\pi^i = m + (M-m)p(\varepsilon_2^j-\varepsilon_2^i < (e_2^i-s_2^j)-(e_2^j-s_2^i)+\Delta) - c(e^i,s^i)$$
$$= m + (M-m)G[(e_2^i-s_2^j)-(e_2^j-s_2^i)+\Delta] - c(e^i,s^i) \tag{2.6}$$

---

①公式中的下标 1 和 2 分别代表第一阶段和第二阶段,下同。

注意到，Δ 实际上反映的是双方第一阶段的产出差距。式 (2.6) 对 e_2^i 和 s_2^i 的一阶条件分别为：

$$\frac{\partial \pi^i}{\partial e_2^i} = (M-m)g\left[(e_2^i - s_2^j) - (e_2^j - s_2^i) + \Delta\right] = \frac{\partial c}{\partial e_2^i} \qquad (2.7)$$

$$\frac{\partial \pi^i}{\partial s_2^i} = (M-m)g\left[(e_2^i - s_2^j) - (e_2^j - s_2^i) + \Delta\right] = \frac{\partial c}{\partial s_2^i} \qquad (2.8)$$

由对称性可知，$e_2^i = e_2^j$，$s_2^i = s_2^j$，式 (2.7) 和式 (2.8) 简化为：

$$(M-m)g(\Delta) = \frac{\partial c}{\partial e_2^i} \qquad (2.9)$$

$$(M-m)g(\Delta) = \frac{\partial c}{\partial s_2^i} \qquad (2.10)$$

假设 ε_2^i 和 ε_2^j 服从均值为 0，方差为 σ^2 的正态分布，则 $\varepsilon_2^j - \varepsilon_2^i$ 服从均值为 0，方差为 $2\sigma^2$ 的正态分布，其密度函数为：

$$g(\varepsilon_2^j - \varepsilon_2^i) = \frac{1}{\sqrt{2\sigma^2}\sqrt{2\pi}} \exp\left[-\frac{(\varepsilon_2^j - \varepsilon_2^i - 0)^2}{2 \times 2\sigma^2}\right]$$

因此，

$$g(\Delta) = \frac{1}{\sqrt{2\sigma^2}\sqrt{2\pi}} \exp\left[-\frac{(\Delta - 0)^2}{2 \times 2\sigma^2}\right] = \frac{1}{2\sigma\sqrt{\pi}} \exp\left(-\frac{\Delta^2}{4\sigma^2}\right) \qquad (2.11)$$

从 (2.11) 式可知，$g(\Delta)$ 在 $\Delta = 0$ 时取得最大值。结合式 (2.9) 和式 (2.10)，由于成本函数 $c(e^i, s^i)$ 是凸函数，一、二阶导数均大于零，所以 Δ 绝对值越大，代理人的努力水平和拆台水平越低。也就是说，代理人在第一阶段的产出差距增大，其第二阶段的努力水平和拆台水平下降。

2.3　静态模型与动态模型的均衡比较

静态模型与动态模型的主要区别实际上在于是否存在阶段性绩效反馈。由于动态锦标赛模型包含两阶段，因此我们先从第二阶段入手，对动态模型与静态模型的博弈均衡进行比较分析[①]。

静态锦标赛的均衡由式 (2.4) 和式 (2.5) 刻画，动态锦标赛第二阶段的均衡由式 (2.9) 和式 (2.10) 反映。先观察代理人的努力水平，在式 (2.4) 和式 (2.9) 中，唯一的差别在于 $g(0)$ 和 $g(\Delta)$。由于密度函数 $g(\cdot)$ 具有单峰性质，因此当 $\Delta \neq 0$ 时，必有 $g(0) > g(\Delta)$。这其实是说，对于均值为零的正态分布，$\varepsilon_2^j - \varepsilon_2^i$ 在均值处有着最高的发生频率。另外，从式 (2.11) 看，$g(\Delta)$ 是 Δ^2 的减函数，因此任何一个非零 Δ，其密度值必然小于 $g(0)$。

只要第一阶段产出差距不为零，并且代理人知晓此点，那么由于成本函数的凸性（其一阶导数和二阶导数均大于零）可得：动态锦标赛中代理人第二阶段的均衡努力水平小于

---

① 静态锦标赛虽然只有一阶段，但可以将其视作两阶段完全一致的动态锦标赛，不过这样的做法容易造成概念混淆。因此我们在做比较分析时，仍是将动态锦标赛第一阶段和第二阶段均衡与静态锦标赛均衡分别进行对比。

静态锦标赛中代理人的均衡努力水平，$e_2^i < e^{i*}$。同样，对于式(2.5)和式(2.10)的比较也可得出：动态锦标赛中代理人第二阶段的拆台水平小于静态锦标赛中代理人的拆台水平，$s_2^i < s^{i*}$。

无论是静态锦标赛还是动态锦标赛的第一阶段，竞赛双方都没有额外信息，即代理人处于完全一样的地位，因此动态锦标赛中代理人第一阶段的努力水平和拆台水平与静态锦标赛无差异。更详细的技术分析可参见 Ederer 和 Fehr(2007)。

从上述分析可知，动态锦标赛第一阶段与静态锦标赛无差异，但由于第一阶段产出差距的存在使得代理人第二阶段的努力水平和拆台水平低于静态锦标赛。综合数理模型分析的结果来看，较之静态锦标赛，动态锦标赛有助于减少拆台行为，但同时也降低了努力激励。

2.4　不公平与倾斜政策模型

在不公平锦标赛(unfair tournament)中，锦标赛规则偏袒一部分员工，人为地使这些人的产出高于其竞争对手；而倾斜政策(affirmative action)指委托人在观察到第一阶段各代理人产出情况后，对处于落后地位的代理人进行产出补偿，即在第二阶段人为地增加落后者的产出[①]。

不失一般性，假设动态锦标赛中代理人 i 因规则偏袒而受益，其最终产出被人为地加上 k，且 $k>0$。那么其收益函数为：

$$\pi^i = m + (M-m)p(y_1^i + y_2^i + k > y_1^j + y_2^j) - c(e^i, s^i)$$

$$= m + (M-m)p\left[(e_1^i + \varepsilon_1^i + e_2^i - s_2^i + \varepsilon_2^i + k) - (e_1^j + \varepsilon_1^j + e_2^j - s_2^i + \varepsilon_2^j) > 0\right] - c(e^i, s^i)$$

$$= m + (M-m)p\left[\varepsilon_2^j - \varepsilon_2^i < (e_1^i + \varepsilon_1^i) - (e_1^j + \varepsilon_1^j) + (e_2^i - s_2^j) - (e_2^j - s_2^i) + k\right] - c(e^i, s^i)$$

根据 2.2 节的分析，上式的一阶条件可写为：

$$(M-m)g(\Delta + k) = \frac{\partial c}{\partial e_2^i} \tag{2.12}$$

$$(M-m)g(\Delta + k) = \frac{\partial c}{\partial s_2^i} \tag{2.13}$$

当 $\Delta = 0$ 及 $k = 0$ 时，式(2.12)和式(2.13)刻画的其实就是静态锦标赛的努力均衡和拆台均衡。当 $\Delta \neq 0$ 及 $k = 0$，对应的是动态锦标赛的均衡。在 2.1 节至 2.3 节，我们已做了详细的讨论。

如果不管 Δ 的符号是正是负，始终对代理人 i 进行产出扶助($k>0$)，那么这就是一个不公平的动态锦标赛。也就是说，竞赛规则始终偏袒代理人 i，但对代理人 j 不公平。然而，我们不能先验地对不公平因素的激励效应做出评价。

对比式(2.9)和式(2.12)，区别在于 $g(\Delta)$ 和 $g(\Delta + k)$。如果代理人 i 在第一阶段领先即

---

① 另一种倾斜政策是对第一阶段产出更高的代理人即处于领先地位的代理人在第二阶段增加其产出，这种现象并不鲜见，俗称"马太效应"，详见第 5 章的讨论。

$\Delta>0$，又根据假设 $k>0$，那么 $\Delta+k$ 与 Δ 相比距离零点越来越远，根据密度函数 $g(\cdot)$ 的单峰性质及成本函数的凸性可知，此时代理人 i 的努力水平和拆台水平是下降的[①]。如果代理人 i 在第一阶段落后即 $\Delta<0$，又可以分为如下情况：如果 Δ 的绝对值大于 $k(|\Delta|>k)$，那么 $\Delta+k$ 是向零点靠近的，因此代理人 i 的努力水平和拆台水平是升高的；如果 Δ 的绝对值大于 $0.5k$ 但小于 k 时（$0.5k<|\Delta|<k$），那么 $\Delta+k$ 与 Δ 相比更靠近零点，因此代理人 i 的努力水平和拆台水平是升高的；如果 Δ 的绝对值小于 $0.5k$ 时（$|\Delta|<0.5k$），那么 $\Delta+k$ 会远离零点，因此，代理人 i 的努力水平和拆台水平是下降的。总之，我们不能简单地判定不公平锦标赛一定会损害代理人激励，要视具体情况而定。

如果产出的人为添加与 Δ 的符号有关，那么反映的就是倾斜政策模型。我们进一步地对其细分。当 $\Delta<0$ 及 $k>0$ 时，表明第一阶段落后的代理人在第二阶段计算总产出时会被人为地增加 k，这可以被称为"雪中送炭"倾斜政策。与不公平锦标赛类似，我们不能先验地判断"雪中送炭"倾斜政策是否一定提升代理人的努力水平和拆台水平。当 $\Delta>0$ 及 $k>0$ 时，表明第一阶段领先的代理人，第二阶段计算总产出时会被人为地增加 k，这可以被称为"锦上添花"倾斜政策。根据密度函数 $g(\cdot)$ 的单峰性质，$\Delta+k$ 越远离零，则 $g(\Delta+k)$ 越小；再由成本函数的凸性可知，较之标准动态锦标赛，"锦上添花"倾斜政策会降低代理人的努力水平和拆台水平。另外容易看出，在 $|\Delta|$ 相同的条件下，与"锦上添花"倾斜政策相比，"雪中送炭"倾斜政策环境下代理人的努力水平和拆台水平更高。

2.5　研究结论与讨论

本章关于动态锦标赛的数理模型分析显示，第一阶段产出差距对于代理人第二阶段的努力水平和拆台水平有重要影响；较之于静态锦标赛，动态锦标赛中阶段性绩效信息的披露可能会降低代理人的努力激励。该结论与 Gürtler 和 Harbring（2010）以及 Gürtler 等（2013）的研究发现有一些相似之处。前者认为只有当产出不对称性不大时，委托人才应该向代理人公布绩效信息；后者认为对于成为拆台受害者的担忧会破坏代理人的努力激励，委托人应采用"聪明"信息管理策略，即隐藏阶段性绩效信息。同时，本章也发现阶段性绩效信息的披露将减少代理人的拆台行为。动态锦标赛中代理人的总产出取决于努力与拆台两方面因素的比较权衡，但是从数理模型本身我们尚无法先验地判断产出究竟是增加还是减少。此外，对于不公平与倾斜政策的数理模型分析也难以得出清晰的结论，其激励效应主要视均衡条件中 $g(\Delta)$ 和 $g(\Delta+k)$ 的大小比较而定。

需要指出的是，本部分在均衡求解过程中，非常依赖对称性（代理人在模型中是完全一样的）假设，这固然是简化模型的需要，但也离现实较远。同时，这也令代理人的产出比较和胜负关系最终仅依赖随机误差项。我们认为，数理模型作为一种规范研究有其自身的价值，但是对于动态锦标赛中代理人行为模式和特点的描述性分析，可能会更好地帮助我们理解动态锦标赛机制的激励效应与机制设计。

---

① 对代理人 j 的分析与之类似，主要是在均衡条件中比较 $g(\Delta)$ 和 $g(\Delta+k)$。

第3章 阶段性绩效反馈的激励
效应与反馈策略研究

3.1 引　言

信息共享性及其阶段性作为动态锦标赛最为特殊的一个特征,引起众多学者的广泛关注。这是因为在动态锦标赛机制中,阶段性绩效反馈既有可能刺激代理人提高努力水平以增加获胜概率,也可能导致落后者放弃,领先者懈怠,并引起代理人之间互相拆台(Gürtler and Münster, 2010)。此问题引发了学者们对动态委托代理关系中最优信息反馈策略的探讨。例如 Gürtler 和 Harbring(2010)就提出在代理人绩效相差不大时提供反馈才是最优信息反馈策略。循着这条思路,在代理人绩效比较接近时,受代理人能力的同质性、期望效应等因素的作用,其努力水平也会相应提高。因此委托人有篡改阶段性绩效反馈信息的动机,目的在于营造这种竞争氛围,强化代理人激励。

当前,虽然国内外学者对动态锦标赛的研究已经取得了一些成果,但是其相关理论发展尚处于探索阶段,且对动态锦标赛中的最优信息反馈策略众说纷纭,并没有达成共识。国内学者对这一领域也是鲜有涉足。以往研究在对最优信息反馈策略进行探讨的同时,也没有将拆台因素纳入其中。本章着眼于分析不同反馈策略对代理人努力水平及拆台行为的影响,同时探讨委托人篡改信息的动机及表现,以期丰富动态锦标赛机制的理论与实证研究。

3.2 文　献　综　述

Lazear 和 Rosen(1981)最早提出了锦标赛理论,其基本观点为锦标制度提供的激励取决于"成功者"与"失败者"之间的报酬差距。此后,诸多学者从不同方向对锦标赛理论进行了探究。一些学者将锦标赛机制同线性报酬契约(Lazear and Rosen, 1981)、合同理论(Green and Stockey, 1983)、计件工资制(Bull et al., 1987; So et al., 2017)、分级锦标赛和赢家通吃锦标赛(Vandegrift et al., 2007)等激励机制进行比较研究,发现锦标赛机制下代理人的绩效产出最高。然后,又有学者从锦标赛机制中薪酬差距的大小与代理人努力行为的关系(Orrison et al., 1998)、锦标赛规模与结构对代理人行为的影响(曾馨逸和闫威,2010)等方面对锦标赛理论进行了研究,发现不同的薪酬差距对代理人努力水平的影响也是不同的,总结发现各学者对此并未达成共识。

以往对锦标赛机制的研究大都集中于静态环境,而现实中的锦标赛却往往是在较长的时期内进行的,因此从本质上讲,锦标赛机制具有典型的多阶段动态特征(Ederer, 2010)。

例如，企业员工的晋升往往需要数年甚至更长的时间，体育竞赛如达喀尔汽车拉力赛也拥有多个不同的赛段。值得注意的是，信息共享性和阶段性是动态锦标赛固有特征，那么对于委托人来讲，公开阶段性绩效信息是否最优？因为阶段性绩效反馈有可能会对暂时落后的代理人产生压力和激励（Berger and Pope，2011；Falk and Ichino，2006），但是还需考虑到如果代理人的绩效差距过大，则可能导致落后者放弃，领先者懈怠，并有可能引发代理人之间的拆台问题（Gürtler and Münster，2010）。

Tong 和 Leung（2002）从生物科学和社会研究中得出结论，人们通常会根据对手先前的行为来改变自身的策略。"以牙还牙"这种重复博弈就是一个很好的例子。如此，在动态锦标赛真实信息反馈下，代理人会如何根据之前的行为结果来调整自身行为呢？Fershtman 和 Gneezy（2011）在动态锦标赛机制下对代理人行为进行研究，发现锦标赛机制的确会引导代理人提高努力水平，提升整体绩效，但是也会导致更多的放弃行为。他认为在动态锦标赛下，由于代理人每阶段都能观察到竞争对手的产出，了解自己的相对排名，那么就会因为排名不佳而受到打击，进而不再努力。Klein 和 Schmutzler（2016）的两阶段排名锦标赛中，对比是否进行信息反馈，发现其对代理人的最优努力激励也会有所不同。在 Ederer 和 Fehr（2007）两阶段的委托代理关系研究中，委托人会在第一阶段结束之后将相对绩效信息反馈给代理人，然后代理人会在第二阶段开始之初决定自己的努力水平。其通过将不反馈与真实反馈两种实验进行对比，发现在真实反馈情况下，代理人第二阶段的努力水平会随第一阶段的产出差距而发生变化，即若第一阶段代理人差距比较大，双方第二阶段努力水平都会降低；若代理人差距较小，则双方第二阶段努力水平都会很高。因此总体而言，在真实反馈实验中，代理人第二阶段平均努力水平要比不反馈情况下低，而代理人第一阶段平均努力水平与不反馈情况努力水平一样。同样在生活中也不乏类似的例子，例如告诉员工他们在每月的销售业绩中是如何落后，可能会导致其离职。

除此之外，信息的共享性及阶段性特征不止体现在对代理人努力行为的影响，代理人的拆台动机同样会受到影响。在闫威和邓鸿（2013）的拆台者信息泄露实验中，代理人倾向于向拆台者报复。在高能力者占多数的实验中，公开拆台者身份会减少拆台；而在低能力者占多数的实验中，公开拆台者身份则会增加拆台概率。Chowdhury 和 Gürtler（2015）则认为在锦标赛中，参与者认为拆台成本低于其所引发的竞争对手的绩效削减幅度，拆台行为就会有积极的利益。Deutscher 和 Schneemann（2017）通过研究足球队的中间信息、参赛者能力异质性与拆台行为之间的影响，发现对高技能的球员进行限制，以诱导更高的努力水平，可能会导致处于劣势的球员更多的拆台行为；同时，更多的拆台并不会为参赛者带来回报，因为它不会影响比赛结果。Ishida（2012）则认为在动态激励下，拆台行为会造成高能力者于早期隐藏自身能力以避免在后续阶段成为其他代理人拆台的目标，产生类似"棘轮效应"的现象，因此其在设置的两阶段动态锦标赛框架下讨论了两种激励机制——快速通道（fast track）和延迟选择（late selection），对缓解代理人拆台现象的作用。

由于阶段性绩效反馈对代理人存在正负向的激励效应，从而引发学术界对于最优信息反馈策略的探讨。其中部分学者认为可以通过隐藏部分信息的方式进行反馈，这可能是由于他们认为绩效信息往往只是具有部分价值的（Gibbs，1991）。在 Ertac（2005）的实验里，被试被随机分配在五人团队中，并选择投资水平，其投资回报取决于被试个人因素即能力

(被试能力具有异质性)与随机因素(信号可高可低)。若被试个人因素与随机因素都比较高，获得较高产出的概率接近 1；若两个因素一高一低，概率为 0.5；若两个因素都比较低，则概率为 0。实验过程中，在观察到其他人的产出之后，被试会被询问他们对自身因素及随机因素的看法。结果发现，当奖金是外生且不受其他因素影响时，对委托人来讲隐藏其他代理人的信息是最优选择。Gürtler 和 Harbring(2010)在锦标赛机制下对委托人的最优反馈策略进行探讨。他们发现，如果在代理人阶段性绩效差距比较大的时候提供反馈，代理人会降低自身努力水平；但若不反馈，代理人也会将信息不反馈看作阶段性绩效差距较大的信号，代理人同样会降低努力水平，并且在第一种情况下尤其显著。而在第二种情况下，委托人会倾向于隐藏信息，并宣称他不能通过沟通以获得信息。如此，代理人就不会表现得很极端。因此委托人会倾向于隐藏较高的绩效差别信息。而在均衡中，委托人只有在代理人绩效差距不大的时候才会公开他们之前阶段的绩效信息。

同时，在对真实信息反馈的研究中，学者发现当代理人之间竞争差距最小时，竞争也是最为激烈的，双方都想一决胜负(Berger and Pope，2011)。然而符合隐藏部分信息的反馈策略的条件毕竟有限，因此委托人有动机通过篡改信息以营造限制性信息反馈策略的情境。Ederer 和 Fehr(2007)通过构建两阶段的委托代理模型发现，如果代理人第一阶段的产出差距比较小，代理人在第二阶段会提供更高的努力水平。且当代理人绩效差距不能被直接观察到的时候，委托人通常会有很强烈的动机去提供错误的或是虚假的反馈去引导代理人提供更高的努力水平。Rosaz(2012)则通过实验研究的方法探讨委托人是否会篡改信息，以及经过篡改的信息会不会影响代理人的努力决策。在他的两阶段实验中，代理人能力具有异质性，且分为三种能力类型，委托人并不知道代理人的能力类型。由于代理人不能观察到自身绩效排序，委托人在收到代理人能力信息之后，可以选择发出高估或者是低估代理人能力的信号。另外在 Rosaz(2012)的第三个实验中，委托人篡改信息是有成本的，以此来检测委托人会否因为篡改信息是免费而加以篡改。最后得出结论委托人的确会篡改信息，但是代理人依然相信他们接收到的反馈信息，并据此在下一阶段调整自己的努力水平。这可能是因为 Rosaz(2012)在实验中为了使委托人反馈的信息具有一定的真实性，将信息篡改的幅度做了限制，即委托人只能对代理人绩效进行轻微的高估或者低估。所以从某种程度上来讲，反馈给代理人的信息具有一定的可信度，以避免发生代理人完全不信任委托人反馈信息的情况。总体而言，篡改信息会改善代理人绩效，并提高委托人收益，但并不会提高工作效率。

由上述分析可知，当前国外文献对锦标赛机制激励效应的研究多集中于静态锦标赛环境，而且探讨的焦点在于激励机制对代理人努力水平的影响，结合锦标赛的动态特征与代理人拆台行为两方面的研究甚为少见。国内这一领域的研究更是处于起步阶段，除了在政治锦标赛和高管薪酬领域的少数几篇文献，几乎没有发现针对锦标赛机制与组织中代理人行为的实证研究。本章尝试在动态锦标赛机制框架下，运用真实努力实验方法，探讨阶段性绩效反馈不公开、公开、告知代理人比竞争对手稍微落后、稍微领先、大幅落后等因素对代理人努力行为与拆台动机的影响。与以往文献相比较，本章可能的创新点为：第一，创新性地将动态锦标赛激励机制下不同信息反馈策略进行细化，并将现实中的拆台现象作为重要因素引入实验研究中，逐一对比分析其对代理人行为决策的影响，以此寻求最佳信息反馈方式；第二，采用真实努力实验方法，选取中国被试，以预期股票价格为具体实验任务，研究不同信息反馈策略对代理人行为的影响；第三，引入委托人自选择实验，从委托人欺骗厌恶程度视角对委托人行为进行更为完整的分析；第四，把真实努力实验和对代理人个人特质问卷调查相结合，以期对代理人行为变化的影响因素进行更全面的分析。

3.3　研　究　设　计

3.3.1　实验设计

本章主要探讨在动态锦标赛激励机制下，不同阶段性绩效信息反馈策略对代理人努力水平与拆台水平的影响，及委托人自主选择信息反馈策略的倾向性，从而为设计合理的锦标赛激励机制提供理论基础。在研究方法上，本章采用国外学者经常使用的实验室研究法[①]，并设计了 7 个真实努力实验。其中努力任务为根据已公布的信息预测股票价格[②]。被试预测的股票价格与真实股票价格越接近，代表被试的努力水平越高。

在实验中，被试每两人为一个小组进行竞争，每个实验有 10 个小组。电脑对被试进行随机分组，且小组成员在竞争中保持不变。同时，小组成员之间互不了解即被试彼此不知晓竞争对手是谁，以排除干扰因素。

被试在预测股票价格的同时，也可以通过拆台来降低对手的绩效。但是拆台是有成本的，且其边际成本随拆台数量的增加而增加。在本实验中，每单位拆台成本为 0.05，被试的拆台成本会直接从其收益中扣除(详见附录 1)。

因此，根据第一阶段被试股票预测价格是否公开、如何公开、委托人自主选择信息反馈策略等因素，实验分为以下几种情况：

(1)被试竞争对手的预测差距即股票预测价格与实际价格的差距是否公开：在第一阶段结束之后，若被试阶段 1 差值绝对值不公开，即为阶段性绩效信息不公开；若公开，代理人则可根据第一阶段的差值绝对值信息及对手差值绝对值信息选择拆台水平及第二阶段的努力水平。

(2)稍微领先、稍微落后绩效差距信息反馈：稍微领先绩效反馈即每组内每位代理人在第一阶段结束之后，都会收到显示自身绩效比对手略微领先 10%的信息；而稍微落后绩效反馈即代理人收到显示自身绩效比对手略微落后 10%的信息[③]。

(3)较大落后绩效差距信息反馈：每组中每位代理人在第一阶段结束之后，都会收到显示自身绩效比对手落后 40%的信息。

(4)委托人自选择反馈策略：委托人在收到代理人第一阶段绩效信息之后，自我选择是否篡改信息。若不篡改，则真实公开第一阶段代理人绩效信息；若虚假反馈，则可对代

[①] 实验室研究法在锦标赛领域常常被采用，而在心理学领域的应用更加广泛。

[②] 它是一个"多线索概率学习任务"(multiple-cue-probability-learning task，MCPL)。目前，在实验经济学领域，"多线索概率学习任务"在研究中得到了广泛的应用(Vandegrift and Brown，2003；Vandegrift and Yavas，2010)。

[③] Berger 和 Pope(2011)曾采用比对手落后 1 分、领先 1 分、落后 50 分的策略，研究其能否促使代理人获胜。与其使用绝对数值差距不同，本书采用相对数值表示代理人之间的绩效差距。

理人绩效信息进行篡改。

具体实验设计如表 3.1 所示：

表 3.1　实验设计

序号	委托人信息反馈策略	信息差距反馈范围	拆台成本	M	m	随机数范围	人数
实验 1	阶段性绩效信息不公开	不反馈	0.05	1.3	0.7	[-5, 5]	2×10
实验 2	阶段性绩效信息真实公开	真实反馈	0.05	1.3	0.7	[-5, 5]	2×10
实验 3	稍微落后绩效反馈	-10%	0.05	1.3	0.7	[-5, 5]	2×10
实验 4	稍微领先绩效反馈	10%	0.05	1.3	0.7	[-5, 5]	2×10
实验 5	较大落后绩效反馈	-40%	0.05	1.3	0.7	[-5, 5]	2×10
实验 6	委托人自选择信息反馈策略	委托人自主决定篡改信息程度	0.05	1.3	0.7	[-5, 5]	2×10
实验 7	委托人自选择信息反馈策略	委托人自主决定篡改信息程度	——	1.3	0.7	[-5, 5]	2×10

最后，在完成锦标赛实验之后，对被试进行问卷调查（详见附录 1）。调查问卷的第一部分主要是收集被试的性别、专业、年龄及是否发现信息被篡改等基本信息。第二部分则是调查被试的社会价值取向。在问卷中我们仿照 De Dreu 等（1999）设置的 9 级博弈，每一个博弈的 A、B、C 分别代表个人型、竞争型、亲社会型。被试选择 6 个以上相同选项才能代表其价值取向。第三部分采用 Kramer 和 Weber（2012）的调查方式，对被试的风险态度进行调查。问卷的 11 种风险策略代表被试不同的风险偏好程度。其中策略 1 为偏好风险程度最高，而策略 11 为风险态度最保守。最后，在代理人调查问卷中的第四部分就被试对不利评价的态度及自我效能感进行调查。这个设置与 Leary（1983）与 Chen 等（2001）一样。选项 1～5 分别代表被试不同程度的反应。委托人调查问卷的第四部分则主要是采取 Lundquist 等（2009）的量表对被试的欺骗厌恶程度进行测量。

3.3.2　研究假设

本章主要研究在动态锦标赛机制下，不同的信息反馈策略对代理人行为的影响，以及委托人自主选择信息反馈策略情况。第一阶段结束之后，差值绝对值是否公开及如何公开的方式在不同的实验中是不同的。且被试在收到信息之后，再选择其在第二阶段的努力水平及是否对竞争对手进行拆台。其中，拆台的后果就是进一步扩大对手的预测值的差值绝对值，即对手的股票预测价格更加偏离真实股票价格。

在两阶段的委托代理关系中，我们会发现，若代理人第一阶段绩效差距不大时，其在第二阶段会有更高的努力水平，此时竞争也最为激烈。例如在 Ederer 和 Fehr（2007）设置的两阶段委托代理关系中，于第一阶段结束之后真实反馈相关信息，发现若第一阶段代理人之间差距较小，其会提高第二阶段的努力水平。Berger 和 Pope（2011）同样对这一现象进行论证，发现代理人在稍微落后的情况下，更有可能获胜。综上分析，笔者认为在这种动态委托代理关系中，当代理人之间绩效差距不大时，竞争会更加激烈，此时对应的努力水平也会提高。原因一方面可能是代理人能力的同质性。Eriksson 等(2009b)对代理人之间的风险态度同质性进行研究，发现将风险偏好一致的代理人分配在一起比赛时，能够提高代理人的努力水平。对于这种能力的同质性，也会使委托人从中受益(Kräkel, 2007)。因此，在动态锦标赛机制中，委托人在观察到代理人第一阶段的绩效信息之后，就有动机去提供错误或者虚假的反馈，来营造代理人能力同质性的竞争环境，确保竞争的激烈程度，从而使代理人提高努力水平、降低拆台水平。另一方面的原因则有可能是受代理人目前所处的相对位置对其努力动机、拆台动机的影响。这可以用前景理论(Tversky and Kahneman, 1992)来解释。前景理论指出人们会根据其实际产出与参考点的差距来判断是获利还是遭受损失，且对于损失厌恶型代理人其损失比获得更痛苦。因此代理人在稍微落后的情况下，会因为厌恶损失或面子因素(王轶楠和杨中芳, 2005)而尽可能地努力工作，而非自暴自弃。而在代理人稍微领先的情况下，则有可能会因为担心会被竞争对手超过而不敢懈怠，从而最终提高委托人收益。鉴于此，我们提出以下假设：

假设 1a：在两阶段动态锦标赛机制下，第一阶段结束之后告知代理人比竞争对手稍微落后，代理人第二阶段努力水平要比真实反馈机制下高。

假设 1b：在两阶段动态锦标赛机制下，第一阶段结束之后告知代理人比竞争对手稍微落后，代理人第二阶段拆台水平要比真实反馈机制下低。

假设 2a：在两阶段动态锦标赛机制下，第一阶段结束之后告知代理人比竞争对手稍微领先，代理人第二阶段努力水平要比真实反馈机制下高。

假设 2b：在两阶段动态锦标赛机制下，第一阶段结束之后告知代理人比竞争对手稍微领先，代理人第二阶段拆台水平要比真实反馈机制下低。

Gürtler 和 Münster(2010)曾提出如果代理人绩效差距过大，可能会诱发代理人之间的拆台问题，且有可能造成"龟兔赛跑"的问题，即领先者懈怠、落后者放弃。但 Charness 等(2010)也指出代理人参与竞争是为了获得荣誉或是避免失败带来的负面影响而非仅仅为了获得更高的报酬，而这可能是由于竞争型的环境能够激发出代理人更强烈的求胜欲望，因此即便是比较落后的代理人也能够贡献出较高的努力水平(Malhotra, 2010)。综上研究，我们提出以下假设：

假设 3a：在两阶段动态锦标赛机制下，第一阶段结束之后告知被试其绩效大幅落后于竞争对手，代理人第二阶段努力水平要比真实反馈机制下高。

假设 3b：在两阶段动态锦标赛机制下，第一阶段结束之后告知被试其绩效大幅落后于竞争对手，代理人第二阶段拆台水平要比真实反馈机制下低。

虽然 Berger 和 Pope(2011)认为代理人在稍微落后的情况其获胜的概率会增加，但还有其他因素能对代理人行为产生影响。Gill 和 Prowse(2012)利用真实努力试验研究了代理人在竞争中所表现的挫败效应(discouragement effect)。在搬运箱子游戏中，其发现当第二位被试在观察到第一位被试非常努力时，为了不让自己失望，前者会相应降低自身努力水平；相反，若观察到第一位被试努力水平不高时，其第二位被试又会相对更加努力。因此基于这种挫败效应，且考虑到我们的实验中还包括拆台因素及设立研究标靶的需要，我们提出假设：

假设 4：在两阶段动态锦标赛机制下，第一阶段结束之后，相比实验 3，实验 4 中代理人努力水平更低。

以往研究中，有学者认为在代理人绩效相差不多时提供信息反馈，才是最优信息反馈策略（Gürtler and Harbring，2010）。但也有学者通过分析被试的欺骗厌恶程度，发现被试的欺骗厌恶程度会随承诺强度的增加而增加（Lundquist et al.，2009）。因此，当委托人可以自主选择信息反馈策略时，委托人会否因为篡改信息所带来的效益而选择欺骗代理人呢？基于此，我们提出以下假设：

假设 5a：在两阶段动态锦标赛中，委托人在自主选择信息反馈策略时，会反馈真实绩效。

假设 5b：在两阶段动态锦标赛中，委托人在自主选择信息反馈策略时，其篡改信息的幅度与自身欺骗厌恶程度负相关，即委托人欺骗厌恶程度越高，篡改信息幅度越小。

但是需要注意的是，委托人在选择反馈策略时，其篡改信息的决定既要着眼于代理人的努力水平，也要顾虑到代理人之间的拆台行为。委托人篡改信息的结果，一方面有可能提升代理人在后续阶段的努力水平，另一方面却可能诱发代理人之间更为严重的拆台问题。因此为了进一步验证篡改信息对代理人努力动机及委托人篡改信息行为的影响，本章通过实验 6 与实验 7 的对比，提出假设：

假设 6：在没有拆台因素的实验情境下，委托人篡改信息的频率比有拆台因素的实验情况更高。

此外，代理人在进行决策时还会受自身风险偏好、自我效能感、对不利评价的担心及社会价值取向等因素的影响。Stajkovic 和 Luthans（1998）认为自我效能感对帮助人们实现理想目标有着重要作用。所谓自我效能感即人们实现目标的信念。因此，在遇到困难时，拥有高自我效能感的人更有可能保持或加强自身努力水平（Bandura，1997）。另外，人们对不利评价的担心同样会影响决策。Watson 和 Friend（1969）的调查研究表明，员工越是担心获得不利评价，就越会更加努力地完成任务；并且在他们收到消极评价时感觉很糟（Smith and Sarason，1975）。据此，我们提出以下假设：

假设 7a：被试对不利评价担心程度越高，则努力水平越高。

假设 7b：被试自我效能感越高，则努力水平越高。

Carpenter 等（2010）认为在锦标赛机制下，风险爱好者的投机取巧性会比风险规避者更强，而合作型的被试在信任与互惠、最后通牒实验中的行为与个人型、竞争型被试有显著不同（Gokhan and David，2013）。鉴于此，我们提出以下假设：

假设 8a：被试风险偏好程度越高，则拆台水平越高。

假设 8b：性格类型偏向于合作型的被试比个人型被试拆台水平要低。

3.3.3　实验操作

Fehr 和 Schmidt（2004）认为，最合适的经济管理类实验参与主体为高年级本科生和低年级硕士生。因为他们既有一定的相关背景知识，又不像社会参与者那样有很强的思维定式。2014 年 1～4 月期间，我们在重庆大学共招募了 160 名被试。其中 84 名男生，76 名女生，男女比例分别为 52.5%和 47.5%。被试年龄大多在 20 岁到 23 岁之间，约占 61.25%，而约 36.25%的被试年龄在 24 岁到 27 岁之间，其他占 2.5%。被试专业覆盖计算机、资环、生物、动力、经管、建筑等多个学科，具有较好的代表性。

我们的实验是在 Z-Tree 软件基础上改良的股票价格竞猜实验，并在重庆大学经济与工商管理学院行为学实验室进行。所有实验都在晚上进行，每个实验进行 10～20 轮，每轮分为两个阶段。但一般在 12 轮后就结束实验，以防被试在最后一轮行为发生变异。因此每个实验大约持续 120 分钟。在实验正式开始之前，被试可以随机选择一个电脑机位坐下。每个机位之间都有隔板及门帘进行隔断，在实验过程中被试不能相互交流进而影响其决策行为。每个电脑机位上都放有被试指导语、数据关系表、草稿纸、铅字笔、报纸。摆放报纸主要是防止被试在实验过程中因等待其他人而出现烦躁情绪。实验过程中所有的被试都是匿名的，其序号及配对成员都是由计算机随机生成。每位作为实验参加者的被试都会获得 5 元出场费，在锦标赛中获胜的被试会额外获得 20 元，失败的被试则获得 10 元。

在实验开始之前，通过被试自己阅读和实验助理讲解，让被试理解他们获得的收益是由他们第一阶段股票预测价格与真实价格之差的绝对值、第二阶段股票预测价格与真实价格之差的绝对值、被拆台数、拆台数四部分决定的。其中，被试阶段性差值绝对值=｜股票实际价格-预测价格｜，每轮差值绝对值总和=阶段 1 差值绝对值+阶段 2 差值绝对值+被拆台个数。赢家将获得实验币 $M=1.3$，输家将获得实验币 $m=0.7$。被试每轮收益为=M 或 $m-0.05×n$（0.05 为每单位拆台成本，n 为拆台个数）。然后，由被试就实验程序提问，实验助理负责解答。被试提问结束后，实验助理随机挑选 3 名被试，向其询问实验程序中的具体问题。通过这样的双向检查（double check）过程，确保每名被试彻底明白实验规则。

随后开始第一轮预实验。例如实验 3 的具体步骤如下：

第一步，股票数据表中每组数据的股票价格同时受影响因子 1 和影响因子 2 影响，被试根据这一条件在 10 分钟之内进行股票价格预测。其中影响因子和股票真实价格遵循以下关系：

$$真实股票价格 =15+0.31×E1+0.73×E2+RANBETWEEN(-5,5)$$

第二步，进入预实验（预实验成绩不计入总收益）。此时，电脑屏幕会公布第一阶段因素 1 和因素 2。被试根据之前猜测的规律来预测本阶段股票价格。（时间为 2 分钟）

第三步，2 分钟后，电脑会反馈如下信息：股票实际价格、第一阶段预测的股票差值绝对值=｜股票实际价格-预测价格｜、对手差值绝对值。

第四步，根据电脑反馈的信息及公布的第二阶段因素 1 和因素 2，预测第二阶段股票价格，并决定是否要对竞争对手进行拆台，若拆台，则需选择拆台个数。注意：拆台可以直接影响对手的预测结果，但是也会造成自身成本的增加而影响最终收益。

第五步，两阶段结束之后，电脑会反馈如下信息：股票实际价格、第二阶段差值绝对值、两阶段绩效总和（差值绝对值总和）、被拆台个数、输赢情况、本轮收益、累积收益。

第六步，如此循环 10～20 轮游戏，总收益较大者获胜。

3.4   实验结果与分析

3.4.1   努力水平分析

1. 真实信息反馈对代理人努力水平的影响

由于本章中代理人的绩效由其对股票实际价格的预测准确度来决定，代理人的预测价格越接近真实股票价格，代表其努力水平越高。为了验证本章信息反馈策略的合理性，我们首先将基准实验：实验 1 和实验 2 进行对比，以验证真实信息反馈策略的优越性。在真实信息反馈实验中，被试会在第一阶段结束之后收到系统反馈的该阶段的差值绝对值。被试为了获胜，有可能会因此调整第二阶段的努力行为与拆台行为。根据表 3.2 我们可以发现实验 1 预测的差值绝对值总和大于实验 2，即实验 2 的预测精准度较实验 1 更好，实验 2 中被试绩效水平更高。利用 Mann-Whitney 检验[①]方法对实验 1 与实验 2 第一阶段的差值绝对值进行分析，其相伴概率值为 0.001，小于显著性水平 0.05[②]，因此拒绝零假设，即实验 1 与实验 2 第一阶段的差值绝对值存在显著差异。这也说明在真实信息反馈环境下，被试的竞争欲望更容易被激发。

但是对两个实验第二阶段的差值绝对值、最终值[③]进行 Mann-Whitney 检验，得出其相伴概率值为 0.735、0.377，大于显著性水平 0.05。因此不能拒绝零假设，即实验 1 与实验 2 第二阶段的差值绝对值、最终值不存在显著性差异。但鉴于实验 2 代理人的产出高于实验 1 的产出，仍有必要就不同的信息反馈策略对代理人努力行为的激励作用做进一步研究。

表 3.2   实验 1 与实验 2 实验信息

序号	条件	第一阶段差值绝对值均值	第二阶段差值绝对值均值	最终值
实验 1	不反馈	6.225	5.930	15.875
实验 2	真实反馈	4.830	6.880	14.255

2. 稍微落后信息反馈对代理人努力水平的影响

在实验 3 中，第一阶段结束之后，代理人会收到系统反馈的自身第一阶段预测的股票价格与实际股票价格之间的差距（差值绝对值），及其竞争对手第一阶段的差值绝对值。但是在实验 3 的设计中，系统反馈的代理人竞争对手的差值绝对值始终比其差值绝对值小 10%，即代理人始终稍微落后于竞争对手。那么如此接近的绩效产出是否会对代理人的努力水平产生影响呢？由表 3.3 得出实验 3 第一、二阶段差值绝对值均值分别为 5.610、

---

① Mann-Whitney 检验是一种非参数检验方法，主要用于检验两个未知分布总体的均值是否有显著差异。其零假设为：样本来自的两个独立样本总体均值无显著差异。

② 若无特殊说明，本书的统计检验使用的显著性水平是 5%，均为双侧检验。

③ 最终值等于两阶段差值绝对值之和再加上被拆台个数，下同。

2.874，被试第二阶段的股票预测精准度更高。利用 Wilcoxon 秩和检验[①]对这两组数据进行检验，其概率值为 0.000，小于显著性水平 0.05，应该拒绝零假设。也就是说在稍微落后信息反馈机制下，被试在接收到系统反馈的信息之后，其行为发生了显著变化，论证了稍微落后反馈机制对被试的影响有效性。对比实验 2 和实验 3 的第一阶段差值绝对值，发现实验 3 第一阶段均值 5.610 高于实验 2 的第一阶段差值绝对值的均值 4.830，对这两组数据进行 Mann-Whitney 检验，其相伴概率为 0.082，高于显著性水平 0.05。因而接受零假设，即实验 2 与实验 3 第一阶段的差值绝对值不存在显著差异。说明在信息反馈下，代理人第一阶段的差值绝对值并不会受到明显影响。但是对比两个实验第二阶段的差值绝对值，发现实验 3 中第二阶段差值绝对值为 2.874，明显低于实验 2 第二阶段的差值绝对值均值 6.880。对实验 2 与实验 3 第二阶段的差值绝对值进行 Mann-Whitney 检验，其相伴概率为 0.000，低于显著性水平 0.05，拒绝零假设，即实验 2 与实验 3 第二阶段的差值绝对值存在显著差异。

以上说明在稍微落后的信息反馈机制下，代理人知道自己与对手绩效相差不多，获胜的概率还比较大，就有可能奋起直追，争取获胜。也因此在实验 3 中，代理人在第二阶段明显提高了努力水平。综合来看，实验 3 的最终值均值为 10.393，也明显低于实验 2 的最终值均值 14.255。对这两组数据进行 Mann-Whitney 检验，其相伴概率为 0.000，也证实了假设 1a，即在两阶段动态锦标赛机制下，第一阶段结束之后告知代理人比竞争对手稍微落后，代理人第二阶段努力水平要比真实反馈机制下高。

表 3.3　实验 2 与实验 3 实验信息

序号	条件	第一阶段差值绝对值均值	第二阶段差值绝对值均值	最终值	Wilcoxon 秩和检验
实验 2	信息公开	4.830	6.880	14.255	0.003
实验 3	稍微落后	5.610	2.874	10.393	0.000

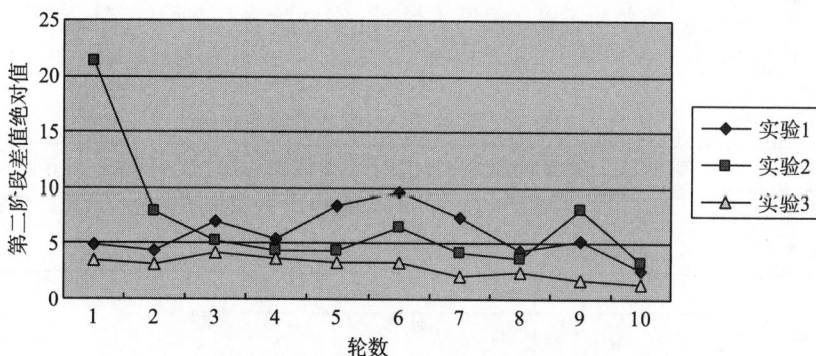

图 3.1　实验 1、实验 2、实验 3 第二阶段差值绝对值分析

3. 稍微领先信息反馈对代理人努力水平的影响

在实验 4 中，第一阶段结束之后，系统反馈的代理人竞争对手的第一阶段差值绝对值

---

① Wilcoxon 秩和检验的零假设为：样本来自的两配对总体分布无显著差异。

会始终落后于自身10%，即代理人第一阶段的差值绝对值始终领先对手。那么在始终稍微领先对手的竞争氛围之下，代理人是否会因此懈怠而放弃提高努力水平吗？由表3.4可以看出，实验4中被试第一、二阶段的差值绝对值均值分别为7.087、3.622，即被试在第二阶段有更为精确的股票预测，努力水平也更高。通过Wilcoxon秩和检验对这两组数据进行检验，其概率值为0.000，低于显著性水平0.05，拒绝零假设。在第一阶段结束之后告知被试其比竞争对手稍微领先，其努力行为受到这一信息的显著影响，论证了稍微领先的反馈机制对被试行为影响的有效性。

而对比实验4与实验2，实验4第一阶段的差值绝对值均值7.087，明显高于实验2的4.830，利用Mann-Whitney对其检验，其相伴概率为0.000。这一定程度上证实了代理人在始终领先的竞争氛围中，会出现麻痹大意的情况。但是观察第二阶段的差值绝对值均值，却发现实验4中，代理人有更高的预测精准度。同样，对这两组数据进行Mann-Whitney检验，其相伴概率也为0.000，即实验2与实验4的第二阶段的差值绝对值存在显著差异。假设2a得到证实，即在两阶段动态锦标赛机制下，对第一阶段结束之后反馈代理人的信息进行篡改即告知代理人比竞争对手稍微领先，代理人第二阶段努力水平要比真实反馈机制下高。

虽然实验4中第一阶段的差值绝对值均值明显高于实验2，但是由于实验还受拆台等因素的影响，则实验4中最终值均值依然低于实验2。对这两组数据进行Mann-Whitney检验，其相伴概率为0.069，高于显著性水平0.05。不能拒绝零假设，即实验4最终值与实验2最终值没有显著差异。

对比表3.4与表3.3，实验3第二阶段的差值均值为2.874，而实验4第二阶段的差值均值为3.622。不难发现实验3的信息反馈策略比实验4的信息反馈策略对代理人努力行为的激励强度更大。对实验3与实验4的第二阶段的差值绝对值进行Mann-Whitney检验，其相伴概率为0.027，高于显著性水平0.05，不能拒绝零假设。实验3与实验4第二阶段的差值绝对值存在显著差异。所以，假设4得证，在两阶段动态锦标赛机制下，第一阶段结束之后，稍微领先的反馈方式相比稍微落后机制，代理人努力水平更低。

表3.4　实验2与实验4实验信息

序号	条件	第一阶段差值绝对值均值	第二阶段差值绝对值均值	最终值	Wilcoxon秩和检验
实验2	信息公开	4.830	6.880	14.255	0.003
实验4	稍微领先	7.087	3.622	11.754	0.000

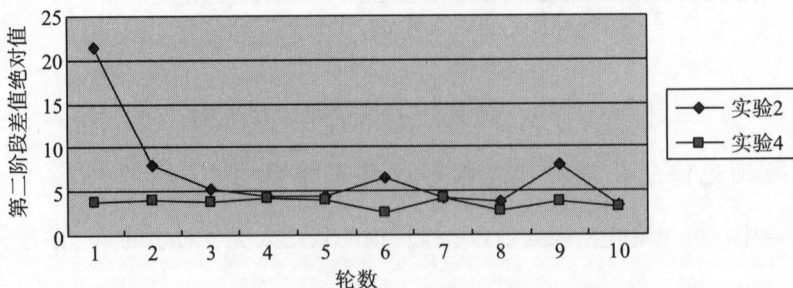

图3.2　实验2、实验4第二阶段差值绝对值分析

4．较大落后信息反馈对代理人努力水平的影响

在实验 5 第一阶段结束之后，被试会始终被告知自身产出低于对手 40%，从表 3.5 可看出，实验 5 第一、二阶段差值绝对值均值分别为 6.796、3.667，同样第二阶段中被试有更高的股票预测精准度。对这两组数据进行 Wilcoxon 秩和检验，其概率值为 0.000，低于显著性水平 0.05，拒绝零假设。在第一阶段结束之后，告知被试其始终与对手存在较大差距，会显著影响其在第二阶段的表现。稍微落后的信息反馈机制对被试行为影响的有效性得到论证。

将实验 5 与实验 2 对比，可发现实验 5 中第一阶段的差值绝对值均值为 6.796，明显高于实验 2 的 4.830。对这两组数据进行 Mann-Whitney 检验，其相伴概率值为 0.001。但是实验 5 中第二阶段的差值绝对值均值为 3.667，明显低于实验 2 的差值绝对值均值 6.880。这就说明在这种信息反馈机制下，告知被试其始终比竞争对手落后，会促使其反击，调整自己的策略，其中一个表现就是对被试努力水平的影响。对这两组数据进行 Mann-Whitney 检验，其相伴概率值为 0.000，低于显著性水平 0.05。同样假设 3a 也得到证实，即在两阶段动态锦标赛机制下，第一阶段结束之后告知被试其绩效大幅落后于竞争对手，代理人第二阶段努力水平要比在真实反馈机制下高。

但是观察两个实验的最终值，实验 5 的最终值均值为 13.133，只是略低于实验 2 的 14.255。利用 Mann-Whitney 对实验 2 与实验 5 的最终值进行检验，其相伴概率值为 0.562，高于显著性水平 0.05，不能拒绝零假设。这就说明实验 5 的最终值与实验 2 没有明显差异。

表 3.5　实验 2 与实验 5 实验信息

序号	条件	第一阶段差值绝对值均值	第二阶段差值绝对值均值	最终值	Wilcoxon 秩和检验
实验 2	信息公开	4.830	6.880	14.255	0.003
实验 5	较大落后	6.796	3.667	13.133	0.000

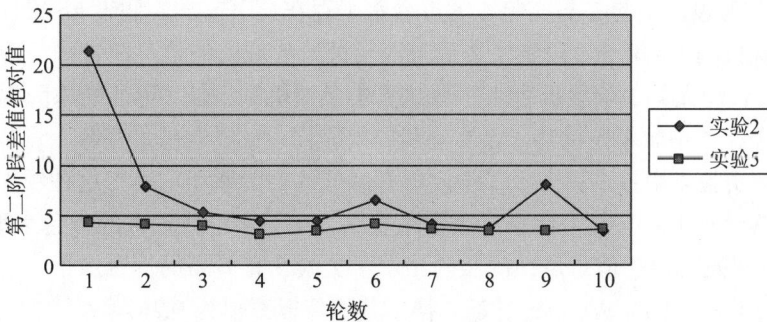

图 3.3　实验 2、实验 5 第二阶段差值绝对值分析

综合比较实验 3、实验 4、实验 5 的相关信息，不难发现阶段绩效反馈对被试都产生了显著的影响。被试在收到第一阶段的相关绩效信息之后，会相应调整自身行为，具体表现则为提高自身努力水平，不管被试处于何种实验情景之下。其中，实验 3 中被试的总绩效最高，且被试第二阶段努力水平提高最显著。实验 4 中代理人拆台水平最低，但

明显存有懈怠心理。而在实验 5 中，由于被试始终被告知与竞争对手存在较大差距，导致被试会最大限度地利用拆台来使自身获胜概率更大。因此，综合来看，实验 3 对代理人努力水平的激发程度最大。

3.4.2　拆台水平分析及被试信息信任度调查

1. 信息反馈策略对代理人拆台水平的影响

从表 3.6 可发现，在本章的 5 个实验中，信息不公开的实验机制下，被试有更高的拆台水平。其可能的原因是在信息不公开的情景下，为了消除这种模糊性带来的压力和焦虑，被试会倾向于仓促行动，而这种仓促决策和观念冻结会导致首因效应（primacy effect）、晕轮效应（halo-effect）等决策偏差（De Dreu et al.，1999），从而导致实验 1 中被试有偏高的拆台水平。在真实信息反馈的实验 2 中，被试的拆台水平则有所降低。这也在一定程度上印证了公开拆台信息会在一定程度上抑制拆台行为。利用 Mann-Whitney 检验，对实验 1 与实验 2 的拆台数据进行检验，其相伴概率值为 0.000，明显低于显著性水平 0.05，拒绝零假设，实验 1 与实验 2 的拆台水平存在显著差异。

在实验 3 中，第一阶段结束之后始终告知被试比竞争对手稍微落后。在这种信息反馈机制下，被试降低了其拆台水平，拆台均值为 2.04。原因可能为在被试绩效差距不大的情况下，其仍有机会获胜，但若对竞争者拆台则会增加自身成本。通过 Mann-Whitney 检验对实验 2 与实验 3 的拆台数据进行检验，其相伴概率值为 0.009，低于显著性水平 0.05，因此拒绝零假设。实验 2 与实验 3 的拆台水平存在显著差异，即实验 3 中的反馈机制能显著影响被试的拆台水平。假设 1b 得证，即在两阶段动态锦标赛机制下，第一阶段结束之后告知代理人比竞争对手稍微落后，代理人第二阶段拆台水平要比真实反馈机制下低。

在实验 4 与实验 5 中，同样对被试告知植入式反馈的影响，且实验 4 中被试的拆台水平最低，为 1.05。对实验 2 与实验 4 进行 Mann-Whitney 检验，得出其相伴概率值分别为 0.000，拒绝零假设。实验 2 与实验 4 的拆台水平存在显著差异。假设 2b 得证，即在两阶段动态锦标赛机制下，第一阶段结束之后篡改反馈给代理人的信息即告知代理人比竞争对手稍微领先，代理人第二阶段拆台水平要比真实反馈机制下低。可能的原因为告知被试始终比竞争对手存在稍微领先优势，容易使其放松警惕，也更容易"宽容"竞争对手。且对比其他实验，实验 4 中被试第一、二阶段都有偏低的努力水平，而在这种领先优势下，也会影响被试拆台水平。与其他信息反馈策略相比，实验 4 中代理人的拆台水平也最低。

从表 3.6 可发现，在信息反馈的实验当中，实验 5 有最高的拆台水平，为 2.86。对实验 5 与实验 2 进行 Mann-Whitney 检验，得出其相伴概率值为 0.267，不能拒绝零假设，即实验 5 与实验 2 的拆台水平不存在显著差异。因此假设 3b 不能得证，即在两阶段的动态锦标赛机制下，第一阶段结束之后，告知被试其绩效大幅落后于竞争对手，代理人第二阶段拆台水平要比真实反馈机制下高。

2. 被试信任度调查

由于本章中所有的实验都是分为两阶段并多轮进行的，虽然在实验 3、实验 4 中篡改信息的比例不大，但是代理人始终被告知比竞争对手落后或者是领先，有可能会引起代理人的怀疑与猜测。因此有必要在实验结束之后调查代理人的这种心理活动，以分析这种现象对代理人行为的影响程度。实验 3 中被试对反馈的信息信任度的调查显示，有 61.9%的被试认为计算机反馈的信息是不真实的。不过这种植入式反馈仍然对实验 3 中被试的努力行为与拆台行为产生显著影响。对实验 4 中被试的信息信任度进行调查，却发现仅有 27.3%的被试认为计算机反馈的信息不真实，原因可能为自利归因偏差。Miller 和 Ross（1975）将人们接受成功荣耀、拒绝失败责任的倾向称为自利归因偏差。Johnson 等（1964）通过实验研究证明了人们在归因过程中的自我价值保护倾向。通过调查实验 5 中被试的信息信任度，发现有 59.1%的被试认为计算机反馈的信息是不真实的。

但是由于被试的信任度调查是在实验结束之后进行的，所以很多被试在没有看到这个问题之前并没有疑惑，具体表现为在实验进行过程中被试并没有表现出强烈的怀疑而举手提问。因此，即使被试始终被告知其绩效与竞争对手存在大幅差距，仍有被试没有放弃，实验 5 的信息反馈机制仍然对被试的阶段性努力水平产生了显著影响。

表 3.6　实验 1 至实验 5 的拆台信息

序号	条件	拆台均值
实验 1	信息不公开	3.720
实验 2	信息公开	2.545
实验 3	稍微落后	2.040
实验 4	稍微领先	1.050
实验 5	较大落后	2.860

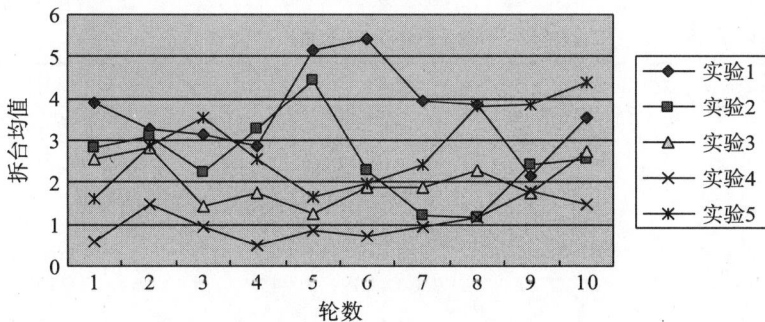

图 3.4　实验 1 至 5 拆台均值分析

3.4.3　委托人自选择策略分析

1. 委托人自选择策略的选择情况

在真实信息反馈下，代理人能够有效了解竞争对手的绩效信息，避免了模糊效应，提高了总绩效水平。但对于委托人来讲，也可能通过篡改信息的策略来提高代理人努力水平。不过欺骗是有心理成本的（Klein and O'Flaherty，1993）。我们利用实验 6、实验 7 来进一步探讨了这一行为。实验 6、实验 7 中各有 10 个小组，每组中有一名委托人和两名代理人。第一阶段结束之后，委托人会根据代理人的绩效表现自主选择信息反馈策略。不同的是实验 6 中代理人拆台有成本，而在实验 7 中则剔除了这一因素，以对委托人篡改信息的动机做进一步分析。

如图 3.5，实验 6 中有 46.875%的委托人在第一阶段结束后收到代理人差值绝对值信息后，未进行信息篡改。而通过分析委托人篡改信息的幅度发现，实验 6 中有 41.25%的委托人在反馈信息时，并未对其管理的两名代理人的真实绩效差距进行改变。47.5%的委托人在篡改代理人信息时会选择缩小代理人之间的绩效差距，11.25%的委托人会选择拉大这一差距。

为了就代理人真实绩效差距是否会对委托人篡改信息产生影响做进一步分析，将委托人反馈的绩效差距（Gap2）作为因变量，代理人间真实差距（Gap1）、性别（Gender）、实验（Exp）作为自变量的模型 1，进行回归分析。其中对性别、实验情景做虚拟变量转换。且考虑到不同实验情景、委托人性别、真实绩效差距与委托人反馈的信息关系中，真实绩效差距可能发挥着调节作用。因此在模型 1 的基础上加入交互项（Gap1×Gender、Gap1×Exp$_7$）为模型 2。以模型 2 为例，列举如下：

$$Gap2 = a + b_1 Gap1 + b_2 Exp_7 + b_3 Gender + b_4 Gap1 \times Exp_7 + b_5 Gap1 \times Gender + \mu$$

从表 3.7 可看出，在实验 6、实验 7 中，代理人真实绩效差距会显著影响委托人篡改信息的动机。综合实验 6、实验 7 可以看出，委托人篡改信息与代理人真实差距正相关，且相关系数为 0.401，说明委托人在篡改信息时倾向于少报代理人之间的绩效差距。综上所述，假设 5a 不成立，委托人在自选择实验中，不会完全真实地向代理人反馈绩效信息。不过出现这种现象的原因可能为在本实验设置中，委托人篡改信息的条件是方便且没有成本的。

表 3.7 影响委托人篡改信息的因素分析

Variable	模型 1	模型 2
a	2.351*** (2.792)	−1.610*** (−2.555)
Gap1	0.401*** (9.980)	0.864*** (20.301)
Exp	−1.824 (−1.432)	3.156*** (4.144)
Gender	−1.388 (−1.432)	0.747 (1.058)
Gap1×Exp		−0.575*** (−7.137)
Gap1×Gender		−0.247*** (−3.248)
F	34.236	86.752
R^2	0.391	0.733
Ad. R^2	0.380	0.725

注：***表示 1%的显著性水平。

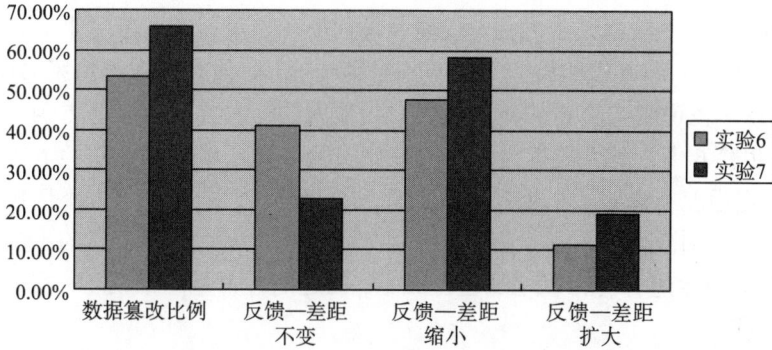

图 3.5　实验 6、实验 7 中委托人篡改信息程度比较

在实验 7 中，有 66.1%的委托人对代理人第一阶段绩效差距进行了篡改，高于实验 6 的 58.75%。说明在没有拆台的实验情景下，影响委托人决策的因素变少，委托人更容易篡改信息以使自身收益最大化，因此论证了假设 6，即在没有拆台因素的实验情境下，委托人篡改信息的频率会高于有拆台因素的实验情况。

对委托人欺骗厌恶程度进行调查，发现委托人篡改信息的幅度与自身欺骗厌恶程度存在相关性。对实验 6、实验 7 中委托人篡改信息幅度与其欺骗厌恶程度的数据进行相关性分析，其相关系数为-0.233，显著性概率为 0.078，不能拒绝零假设，因此假设 5b 不成立。但从其相关关系上来看，委托人欺骗厌恶程度与其篡改信息幅度之间存在一定的负相关。

2. 委托人自选择策略对代理人努力水平及拆台水平的影响

在实验 6 中，委托人篡改信息之后被试的行为会出现什么样的变化呢？由表 3.8 可以看出，与真实信息反馈实验相比，在实验 6、实验 7 中，代理人阶段 1 差值均值分别为 6.954、8.682，明显高于实验 2 代理人阶段 1 差值均值，通过 Mann-Whitney 检验，其相伴性概率分别为 0.041、0.000，因此拒绝零假设。实验 2 与实验 6、实验 7 中被试第一阶段的差值具有显著差异。而实验 6 中代理人第二阶段的差值均值虽然略小于实验 2，但对其进行 Mann-Whitney 检验，相伴概率为 0.281，高于显著性水平 0.05，因此不能拒绝零假设。在实验 6 中，委托人自选择反馈策略对代理人努力水平的提高并不显著。而对比实验 7 与实验 2 中第二阶段的差值绝对值，其相伴概率为 0.000，因此拒绝零假设，在实验 7 中被试努力水平显著低于实验 2。这也说明了在实验 7 中，由于委托人频繁篡改代理人差值绝对值，使得代理人对其反馈信息不信任，或者大打折扣，从而导致实验 7 中被试努力水平不高。

表 3.8　实验 2、实验 6、实验 7 信息

序号	条件	第一阶段差值绝对值均值	第二阶段差值绝对值均值	拆台水平	最终值	Wilcoxon秩和检验
实验 2	信息公开	4.830	6.880	2.545	14.255	0.003
实验 6	委托人自选择	6.954	6.472	0.690	14.113	0.818
实验 7	委托人自选择(无拆台)	8.682	7.623	—	16.305	0.098

　　在实验6中，第一阶段结束之后，代理人收到委托人反馈的竞争对手信息却并未改善努力水平，利用 Wilcoxon 秩和检验对实验6中第一、二阶段代理人差值绝对值进行检验，其概率为 0.818，也说明实验6的相关设置对代理人的行为并没有显著影响。但是观察表3.8 却发现，实验6中代理人的拆台水平明显比实验2低，对比其他实验，拆台水平也属最低。这在一定程度上说明了在委托人自选择反馈策略中，由于代理人不信任委托人的反馈信息，不仅没有刺激代理人进一步提高努力水平，而且因为这种信息的不确定性导致代理人不敢轻易对对手进行拆台以增加自身成本。在这两种力量的推动下，实验6中代理人最终值略低于实验2。

　　因此，总体上来说，在实验6、实验7中，虽然自身欺骗厌恶程度会对委托人篡改信息的幅度有一定影响，但是由于篡改是随意且没有成本的，因此委托人仍然希望通过篡改信息来激励代理人提高努力水平。结果，代理人会因委托人频繁的篡改行为而对其信息反馈不信任，使得代理人在收到委托人反馈信息之后将其大打折扣，引起代理人对信息真实性的质疑。因此对比其他实验机制，实验6、实验7中代理人努力水平没有得到显著改善，同时导致实验6中代理人对拆台行为影响的忌惮。

3.4.4　代理人努力水平与拆台水平的相关因素分析

1. 代理人努力水平的相关因素分析

　　在不同信息反馈策略下，被试第二阶段努力水平、拆台水平不仅会受到第一阶段绩效的影响，还会受到自身风险偏好、自我效能感、对不利评价的担心及社会价值取向等因素的影响。因此有必要进行回归分析，以确定不同因素对代理人行为决策的影响程度。

　　由于在本实验中，被试差值绝对值大小反映其努力水平，而对股票的精准度越高代表其努力水平越高，即差值绝对值与被试努力水平负相关。因此，选取被试两阶段差值绝对值总和为因变量。在模型1中，我们选取了被试对不利评价的担心程度（FNE）、自我效能感（SE）、性别（Gender）3 个自变量。其中性别分为男、女两组，设置1个虚拟变量。同时考虑到不同实验的信息反馈策略造成的差异性因素，我们在模型1的基础上加入了实验虚拟变量，构成模型2。将不同实验分为5组：实验3～实验7，并依此设置4个虚拟变量，分别记为 EXP_4、EXP_5、EXP_6 和 EXP_7，赋值方式如下：

$$EXP_4 = \begin{cases} 1, & \text{实验4} \\ 0, & \text{非实验4} \end{cases}, \quad EXP_5 = \begin{cases} 1, & \text{实验5} \\ 0, & \text{非实验5} \end{cases},$$

$$EXP_6 = \begin{cases} 1, & \text{实验6} \\ 0, & \text{非实验6} \end{cases}, \quad EXP_7 = \begin{cases} 1, & \text{实验7} \\ 0, & \text{非实验7} \end{cases}$$

　　另外，考虑到在被试自我效能感、对不利评价的担心程度与其差值绝对值总和的关系中，不同形式的信息反馈策略可能发挥着调节作用，因此，在模型1的基础上纳入交互项（FNE×Gender、SE×Gender、FNE×SE）构成模型3、模型5、模型7；纳入交互项（FNE×EXP_4、FNE×EXP_5、FNE×EXP_6、FNE×EXP_7），以检验是否存在调节效应，构成模型9。在模型1的基础上纳入交互项（SE×EXP_4、SE×EXP_5、SE×EXP_6、SE×EXP_7），构成模型11。在模型3、模型5、模型7、模型9、模型11的基础上加入实验虚拟变量，构成模型 4、模型 6、模型 8、模型 10、模型 12。最后将所有自变量都列入构成一个全模型，即模型 13。限于篇幅，以模型 13 为例，列举如下[①]：

$$
\begin{aligned}
\text{Effort} = {} & a + b_1\text{FNE} + b_2\text{SE} + b_3\text{Gender} + b_4\text{EXP}_4 + b_5\text{EXP}_5 + b_6\text{EXP}_6 + b_7\text{EXP}_7 + b_8\text{FNE} \\
& \times \text{Gender} + b_9\text{SE}\times\text{Gender} + b_{10}\text{FNE}\times\text{SE} + b_{11}\text{FNE}\times\text{EXP}_4 + b_{12}\text{FNE}\times\text{EXP}_5 \\
& + b_{13}\text{FNE}\times\text{EXP}_6 + b_{14}\text{FNE}\times\text{EXP}_7 + b_{15}\text{SE}\times\text{EXP}_4 + b_{16}\text{SE}\times\text{EXP}_5 + b_{17}\text{SE} \\
& \times\text{EXP}_6 + b_{18}\text{SE}\times\text{EXP}_7 + \mu
\end{aligned}
$$

分析结果如表 3.9 所示。表 3.9 的所有方程都通过了 F 检验。从表 3.9 中也可以看出，对比实验 3，实验 4、实验 5、实验 6、实验 7 中代理人努力水平都有所下降，与之前的分析结果也是一致的，说明在这几种信息反馈策略当中，向被试反馈其竞争对手稍微落后，能够有效激发代理人的努力水平。从模型 9、模型 11 中可以看出，实验 5、实验 6、实验 7 中的信息反馈策略对被试的自我效能感及就不利评价的态度的调节作用是很明显的。总体来看，被试对不利评价的担心程度及自我效能感与其差值绝对值总和呈负相关，即被试对不利评价的担心程度越高，努力水平越高；被试自我效能感越高，努力水平也越高，因此假设 7a、假设 7b 得证。

2. 代理人拆台水平的相关因素分析

以被试拆台水平为因变量，被试的风险偏好程度、性格类型、性别为自变量，构建模型 2。其中，性别分为男、女两组，性格类型分为个人型、合作型两组，分别设置虚拟变量。同上述步骤构建模型 3、4、5、6、7，最后将所有自变量列入其中构成全模型，即模型 13。限于篇幅，以模型 13 为例，列举如下[②]：

$$
\begin{aligned}
\text{Sabotage} = {} & a + b_1\text{Personality} + b_2\text{Risk} + b_3\text{Gender} + b_4\text{EXP}_4 + b_5\text{EXP}_5 \\
& + b_6\text{EXP}_6 + b_7\text{Personality}\times\text{Gender} + b_8\text{Risk}\times\text{Gender} \\
& + b_9\text{Personality}\times\text{Risk} + b_{10}\text{Personality}\times\text{EXP}_4 + b_{11}\text{Personality} \\
& \times\text{EXP}_5 + b_{12}\text{Personality}\times\text{EXP}_6 + b_{13}\text{Risk} + b_{10}\text{Personality} \\
& \times\text{EXP}_5 + b_{15}\text{Risk}\times\text{EXP}_6 + \mu
\end{aligned}
$$

分析结果如表 3.10 所示。

[①] FNE、EXP_i、SE 分别为被试对不利评价的担心程度、不同信息反馈策略、自我效能感的标准化变量，是误差项。之所以将交互项标准化，是为了消除可能存在的多重共线性问题。

[②] Personality、Risk 和 EXP 分别为被试性格类型、风险态度、不同信息反馈策略的标准化变量；μ 是误差项。

表3.9 努力水平影响因素分析

变量	模型1	模型2	模型3	模型4	模型5	模型6	模型7	模型8	模型9	模型10	模型11	模型12	模型13
a（常数项）	21.583*** (6.471)	21.861*** (6.496)	25.951*** (0.467)	26.576*** (5.360)	18.629*** (3.212)	20.754*** (4.050)	1.948 (0.115)	5.628 (0.382)	25.689*** (6.969)	15.080** (2.349)	26.761*** (7.109)	14.644 (1.518)	16.303 (0.831)
FNE	-0.125* (-1.663)	-0.222*** (-3.237)	-0.207** (-2.009)	-0.309*** (-3.381)	-0.108 (-1.376)	-0.215*** (-3.016)	0.384 (0.886)	0.202 (0.534)	-0.315*** (-4.190)	-0.023 (-0.142)	-0.199** (-2.871)	-0.239*** (-3.357)	-0.126 (-0.259)
SE	-0.186* (-1.673)	-0.248*** (-2.564)	-0.225* (1.940)	-0.290*** (-2.285)	-0.110 (-0.725)	-0.218 (-1.627)	0.458 (0.832)	0.286 (0.598)	-0.241** (-2.453)	-0.274*** (-2.789)	-0.446*** (-3.944)	0.032 (-0.090)	-0.164 (-0.223)
Gender	1.843 (1.576)	2.699** (2.632)	-5.172 (-0.841)	-4.782 (-0.900)	6.719 (0.984)	4.558 (0.765)	2.226 (1.839)	2.988*** (2.832)	2.597** (2.497)	2.681*** (2.892)	2.599** (2.491)	2.828*** (2.943)	0.287 (0.039)
EXP_4		2.458 (1.444)		2.518 (1.486)		2.392 (1.389)		2.454 (1.444)		8.023 (0.976)		6.468 (0.548)	6.429 (0.518)
EXP_5		3.791** (2.211)		3.706*** (2.170)		3.788*** (2.220)		3.573** (2.074)		9.064 (1.026)		13.794 (1.035)	8.680 (0.566)
EXP_6		6.054*** (3.915)		5.954*** (3.865)		6.026*** (3.874)		5.913*** (3.817)		20.164*** (2.678)		9.616 (0.862)	14.850 (1.261)
EXP_7		9.914*** (6.082)		9.970*** (6.145)		9.861*** (5.994)		9.838*** (6.039)		11.385 (0.878)		25.204*** (2.231)	14.059 (0.867)
FNE×Gender			0.179 (1.162)	0.190 (1.435)									0.151 (1.010)
SE×Gender					-0.166 (-0.725)	-0.063 (-0.317)							-0.116 (-0.541)
FNE×SE							-0.017 (-1.193)	-0.014 (-1.139)					0.000 (-0.024)
FNE×EXP_4									0.054 (1.162)	-0.141 (-0.639)			-0.119 (-0.443)
FNE×EXP_5									0.091** (2.078)	-0.142 (-0.641)			-0.063 (-0.234)
FNE×EXP_6									0.137*** (3.368)	-0.374* (-1.917)			-0.314 (-1.303)

续表

变量	模型 1	模型 2	模型 3	模型 4	模型 5	模型 6	模型 7	模型 8	模型 9	模型 10	模型 11	模型 12	模型 13
$FNE \times EXP_7$									0.233*** (5.714)	-0.055 (-0.176)			0.093 (0.261)
$SE \times EXP_4$											0.099* (1.640)	-0.155 (-0.374)	0.014 (0.028)
$SE \times EXP_5$											0.132** (2.190)	-0.352 (-0.764)	-0.095 (-0.181)
$SE \times EXP_6$											0.215*** (3.874)	-0.134 (-0.340)	0.098 (0.206)
$SE \times EXP_7$											0.315*** (5.565)	-0.518 (-1.322)	-0.288 (-0.607)
F	3.573	8.319	3.026	7.608	2.800	7.232	3.045	7.462	7.576	5.735	7.364	5.629	3.678
R^2	0.087	0.348	0.098	0.360	0.091	0.349	0.098	0.356	0.327	0.375	0.321	0.371	0.403
Adj. R^2	0.062	0.306	0.065	0.313	0.058	0.301	0.066	0.308	0.284	0.310	0.277	0.305	0.294

注：①*、**、***分别表示 10%、5%、1% 的显著性水平；②括号中的值为系数估计值对应的 Z 统计量。

表 3.10　拆台水平影响因素分析

变量	模型 1	模型 2	模型 3	模型 4	模型 5	模型 6	模型 7	模型 8	模型 9	模型 10	模型 11	模型 12	模型 13
C（常数项）	1.832*** (2.991)	2.811*** (4.213)	1.904*** (2.898)	2.985*** (4.196)	0.963 (1.254)	2.286** (2.652)	1.026 (1.087)	2.055** (2.100)	1.824*** (3.024)	2.169*** (2.931)	2.014*** (3.464)	2.480** (2.524)	-0.230 (-0.138)
Personality	-0.932** (-2.230)	-0.842** (-2.226)	-1.062* (-1.083)	-1.112** (-2.089)	-0.936** (-2.272)	-0.851** (-2.248)	0.327 (0.273)	0.243 (0.221)	0.403 (0.573)	0.268 (0.349)	-0.842** (-2.140)	-0.769** (-2.030)	0.940 (0.669)
Risk	0.105 (1.038)	0.027 (0.284)	0.105 (1.035)	0.026 (0.272)	0.279** (2.030)	0.116 (0.877)	0.371 (1.437)	0.259 (1.081)	0.113 (1.117)	0.064 (0.695)	0.145 (1.343)	0.082 (0.571)	0.577 (1.659)
Gender	-0.937** (-2.166)	-0.834** (-2.059)	-1.075* (-1.743)	-1.118** (-1.978)	1.102 (0.927)	0.189 (0.166)	-0.979** (-2.259)	-0.867** (-2.136)	-1.012** (-2.334)	-0.933** (-2.397)	-0.761* (-1.829)	-0.849** (-2.000)	1.058 (0.783)
EXP_4		-1.012* (-1.789)		-1.056* (-1.850)		-0.902 (-1.561)		-0.908 (-1.581)		-0.769 (-1.020)		-1.986 (-1.239)	0.370 (0.190)

续表

变量	模型 1	模型 2	模型 3	模型 4	模型 5	模型 6	模型 7	模型 8	模型 9	模型 10	模型 11	模型 12	模型 13
EXP_5		0.604 (1.034)		0.601 (1.027)		0.654 (1.115)		0.663 (1.130)		2.248*** (2.918)		4.693** (2.400)	6.323*** (3.058)
EXP_6		-1.660*** (-3.186)		-1.681*** (-3.212)		-1.531*** (-2.846)		-1.613*** (-3.088)		-1.351* (-1.922)		-1.585 (-1.222)	-0.482 (-0.324)
Personality ×Gender			0.264 (0.315)	0.549 (0.722)									0.411 (0.519)
Risk×Gender					-0.365* (-1.838)	-0.182 (-0.963)							-0.368* (-1.699)
Personality ×Risk							-0.114 (-1.121)						-0.087 (-0.792)
Personaliy ×EXP₄									-1.341 (-1.524)	-0.566 (-0.520)			-0.701 (-0.637)
Personality ×EXP₅									-1.150 (-1.290)	-3.296*** (-3.023)			-2.733** (-2.416)
Personality ×EXP₆									-2.181 (-2.749)	-0.801 (-0.809)			-0.485 (-0.476)
Risk×EXP₄											-0.140 (-1.317)	0.205 (0.698)	-0.138 (-0.409)
Risk×EXP₅											0.053 (0.577)	-0.652** (-2.173)	-0.673** (-2.131)
Risk×EXP₆											-0.256 (-2.901)	-0.014 (-0.067)	-0.129 (-0.563)
F	2.960	5.549	2.222	4.804	3.126	4.885	2.541	4.922	2.856	5.263	4.264	4.641	3.689
R^2	0.094	0.286	0.095	0.291	0.128	0.294	0.107	0.296	0.171	0.372	0.236	0.343	0.428
Ad. R^2	0.062	0.235	0.052	0.230	0.087	0.234	0.065	0.236	0.111	0.301	0.180	0.269	0.312

注：①*、**、***分别表示 10%、5%、1%的显著性水平；②括号中的值为系数估计值对应的 Z 统计量。

表 3.10 中所有的方程都通过了 F 检验，从表中可以看出，在被试被告知其比竞争对手稍微领先的实验中，被试有最低的拆台水平，与之前的分析结果是一致的。虽然部分交互项不是很显著，但从总体上来看，与个人型被试相比，合作型被试的拆台水平偏低，假设 8b 得证。且性别与拆台同样存在显著的相关性。从回归分析中可以看出，女生的拆台水平明显低于男生。但是在对风险偏好程度与拆台水平的分析中，却发现两者并不显著，假设 8a 不成立，但发现被试的风险偏好程度与拆台水平正相关，即风险规避的被试拆台水平反而更高。

3.5　研究结论、现实思考与建议

3.5.1　研究结论

(1) 就静态锦标赛与信息如实公开的动态锦标赛对代理人行为影响的研究表明：当信息不公开时，被试会因信息的模糊性感到压力与焦虑，使被试无法根据竞争对手的绩效信息做出合适的行为选择，造成决策偏差。因此，对比真实信息反馈的动态锦标赛，静态锦标赛机制下代理人总体绩效偏低。且在信息不公开的实验设置中，被试更会存在期望通过拆台来增加获胜概率的侥幸心理。而在真实信息公开的实验设置中，被试在收到竞争对手的相关信息之后，更能综合考虑拆台给自身带来的成本及对获胜概率的边际影响，也因此在这一实验设置中能够有效抑制被试的拆台水平。本章在锦标赛机制下印证了信息反馈对代理人努力水平、拆台水平、总体绩效有重要影响，为继续探讨不同信息反馈策略对代理人行为的影响做铺垫。

(2) 就始终向代理人反馈其稍微落后于竞争对手的反馈策略对代理人行为影响进行研究，发现：首先，在两阶段动态锦标赛机制中，第一阶段结束之后，被试始终被告知稍微落后于竞争对手，被试赶超竞争对手的欲望能够被有效激发，且被试在第二阶段会显著提升其努力水平；其次，对比真实信息反馈机制下的实验，被试的拆台水平更低。综合来看，被试始终被告知稍微落后于竞争对手，其努力水平会得到明显提升、拆台水平则显著下降。这一锦标赛机制也能够明显增加委托人的收益，同时在一定程度上印证了委托人有篡改信息的动机，为继续探讨委托人信息反馈策略提供论证。

(3) 就始终向代理人反馈其稍微领先于竞争对手的反馈策略对代理人行为影响进行研究，发现：与真实信息反馈实验机制相比，在实验 4 中被试阶段努力水平同样得到显著提升。同样对比实验 3 与实验 4，被试始终被告知与竞争对手相差不多，不论是稍微落后还是稍微领先，都会有效激发被试的竞争欲望。第二，始终告知被试稍微领先于竞争对手，不仅使其因为相差不多的绩效而不敢有所懈怠，同时因为领先而更为"宽容"，具体表现就是其拆台水平与其他实验环境相比最低。综合比较真实信息反馈实验，稍微领先信息反馈实验中被试的总体绩效得到有效改善，努力水平显著上升，拆台水平得到有效抑制。

(4) 就始终向代理人反馈其绩效大幅落后于竞争对手的反馈策略对代理人行为影响进行研究，发现：第一，在这一实验环境中，虽然被试被告知与竞争对手存在较大差距，获胜率较低，但被试并没有因此而放弃，相反其在第二阶段会显著提升努力水平。闫威等

(2012)在对时间起点不公平动态锦标赛机制中处于劣势的代理人行为进行分析,发现其总体绩效并不比公平锦标赛机制中的代理人表现差。Frank(1985)同样认为绩效排名的结果会促使代理人提高努力水平。在本章中,被试虽然被告知大幅落后于竞争对手,但是锦标赛机制的排名促使其为了不被贴上"失败者"的标签而不敢自暴自弃。第二,在较大幅度落后的反馈策略下,被试拆台水平相对偏高。说明被试在大幅落后的情况下会最大限度地利用其他可以帮助获胜的手段,例如拆台。

(5)综合分析三种信息反馈策略对代理人行为影响发现:当被试被告知比竞争对手稍微落后时,被试的努力水平最高;当被试在稍微落后的情况下,更容易扭转战局。当被试被告知比竞争对手稍微领先时,被试的拆台水平最低,努力水平稍低于实验3。但当告知被试与竞争对手存在较大差距时,虽然能在一定程度上激发被试的努力水平,拆台行为则更为激烈。因此综合比较,告知被试比竞争对手稍微落后的信息策略最优。

(6)对委托人篡改信息的程度及欺骗厌恶程度的分析发现:第一,存在拆台因素条件下,委托人会综合考虑不同信息反馈策略及拆台因素对代理行为的影响。因为在这两种因素的综合作用下,委托人的决策有可能对代理人造成适得其反的效果。第二,在委托人自选择的实验6、实验7中,委托人在篡改信息的时候更倾向于缩小代理人差距。第三,虽然在本章实验中委托人篡改信息没有成本,但是鉴于其心理上的"成本",本书对委托人的欺骗厌恶程度进行调查,发现虽然被试篡改信息的幅度与自身欺骗厌恶程度的相关性并不显著,但总体上来看仍呈负相关。委托人在篡改信息的过程中,仍部分受到自身对欺骗态度的影响。

(7)本章还探讨了自我效能感、代理人对不利评价的担心程度、风险偏好、社会价值取向、性别等因素对代理人行为的影响,发现:自我效能感越高的被试努力水平越高;被试对于不利评价的担心程度越高,越容易刺激代理人提高努力水平;合作型代理人的拆台水平显著低于竞争型代理人。但对代理人风险偏好与其拆台水平的相关性研究中却发现其相关性并不显著。

3.5.2　现实思考

随着全球一体化竞争的加剧,当今世界的竞争逐渐演化成人才的竞争。人力资源作为企业最重要的资源之一,越来越受到关注与重视。激励机制作为有效开发企业现有人力资源的工具,对企业而言具有重要意义。其中,锦标赛机制作为一种相对绩效评估激励机制在现实中得到广泛的应用。但是以往对于锦标赛机制的研究多集中于静态领域,而在现实生活中,锦标赛的进行往往需要很长的时间。例如在组织中,员工的晋升往往需要数年。此外,由于某些信息的共享性及传播性,员工通常有机会根据竞争对手的状态来对自身的策略进行相应的调整。

动态锦标赛能够对这种现实生活的动态变化进行深度刻画,而其阶段性绩效反馈所造成的影响及如何反馈则成为众多学者探究的重点。这是因为在锦标赛激励机制下,代理人虽然清楚自身努力水平及拆台水平,但却不清楚自己在组织内部的排名,而委托人却十分了解这一点。在我们的实验中分类探讨了委托人选择的信息反馈策略,发现若委托人不反馈任何信息,则代理人有可能会因为竞争环境的模糊性导致努力水平不佳,拆台水平偏高。综合来看,在这几种信息反馈策略中,委托人告知代理人比竞争对手稍微落后的信息反馈策略能使其利益最大化。在这种信息反馈策略中,代理人在接收到信息之后努力水平显著上升,拆台水平显著下降。告知代理人比竞争对手稍微领先的信息反馈策略中,代理人的拆台水平是最低的。告知代理人与竞争对手存在较大差距,虽然会刺激代理人提高努力水平,但是在这种情况下,其也会最大限度地利用拆台来实现自己的目的。

从实践层面看,学校老师会经常利用阶段性信息反馈策略来影响学生对其能力的认知。例如老师在学生考试成绩太差的情况下,会保留部分信息以防止学生因过于沮丧而放弃(Longenecker et al.,1987)。本章的实验研究表明,委托人出于让竞争更加激烈的目的,可能会对阶段性绩效信息进行篡改,以提升员工的努力水平。委托人篡改绩效差距信息的另一个可能原因在于通过员工制衡而巩固自身的领导地位,例如,不管是在企业还是机关单位中,领导为了控制下属有时会刻意扶助处于相对弱势地位的员工,营造相对均衡的竞争局面,避免某个员工或群体独大而变得不可替代或难以掌控。通过员工之间制衡,可以凸显委托人的资源分配权力和重要地位。

3.5.3　局限性和后续研究建议

1. 本章研究的局限性

首先,本章的实验为固定配对实验,且重复多轮进行。这种实验方式有可能会对被试行为造成一定的影响。

其次,本章的实验 6、实验 7 中,委托人篡改信息的行为并不会伴随着成本的增加,仅从心理上(如欺骗厌恶)对篡改行为进行考量,没有对委托人的篡改行为进行经济约束。

再次,由于时间、财力有限,本章研究为实验室研究,内部效度好但外部效度有限,因此所获结论是否能推广至组织管理实践,还需要进一步检验。

2. 后续研究的建议

首先,在本章研究中,所有实验都为固定配对实验。例如在前 5 个实验中每组都是固定的两名被试。在多轮实验背景下,重复博弈可能会对代理人行为产生一定影响。后续研究可以考虑采用随机配对方式,检验不同配对方式对实验结果的影响。

其次,在本章研究中的前六个实验都是在允许拆台的实验机制下进行的,并没有将无拆台实验行为作为对照。后续研究可以考虑在各个实验条件下,增加无拆台的对比实验,以更准确地分析不同信息反馈策略对代理人努力水平和拆台行为的影响。

第三,实验 6、实验 7 中委托人篡改信息是没有成本的,这会容易增加委托人篡改信息的频率。后续的研究中,可以考虑将欺骗厌恶这种心理上的负担转换为实际的经济成本,以更有效地对委托人篡改信息行为进行探讨。

第四,在本章研究中,不同的实验情境下代理人的拆台水平有着明显的变化。但拆台水平的高低并非只与拆台成本、信息反馈策略相关。在后续的研究中,可以考虑将委托人事后惩罚力度这一因素纳入研究范围,以进一步探讨降低代理人拆台水平的相关因素。

第4章 起点不公平与拆台成本对动态锦标赛中代理人行为的影响

4.1 引　言

Tong 和 Leung(2002)从生物科学和社会研究中得出结论，人们通常会根据对手先前的行为来改变自身的策略。"以牙还牙"这种重复博弈就是一个很好的例子。那么，代理人根据信息反馈结果调整自身策略之后，其努力水平和拆台水平会发生怎样的变化，委托人又该如何选择信息公开方式呢？Ludwig 和 Lünser(2012)通过控制第一阶段努力水平的信息反馈情况，对代理人在两阶段锦标赛中的努力行为进行研究，得出结论：第一，被试会根据第一阶段的努力水平信息调整他们第二阶段的努力情况；第二，尽管第一阶段领先的被试在第二阶段会表现出更高的努力水平，但是与第一阶段相比仍呈下降趋势，且被试之间的努力水平差距加大；第三，第一阶段的努力水平差距越大，第二阶段的努力水平就会越低。Gürtler 和 Harbring(2010)通过限制委托人在锦标赛中的信息传递来寻求委托人的最优信息反馈政策，认为如果代理人的绩效水平相差不大时，委托人会公开代理人的信息以达到最优均衡。

但是此类文献多集中于探讨锦标赛机制能否诱导代理人付出较高的努力水平。然而为了赢得竞争，员工除了努力工作提高自己的产出之外，也可以通过拆台行为(sabotage)来破坏或减少竞争对手的产出。但是目前，学术界关于锦标赛机制中拆台行为的理论研究并不多见，为数不多的文献主要探讨了奖金差距的大小(Lazear，1989)、参赛人数(Konrad，2000)、代理人的能力异质性(Chen，2003)、沟通条件(Sutter and Strassmair，2009)等因素对代理人拆台行为的影响；基于现场数据的实证研究更为稀少(Drago and Garvey，1998；Garicano et al.，2005)。据我们的文献调查，目前仅有 Gürtler 和 Münster(2010)研究了动态锦标赛中代理人的拆台行为，不过该文通篇为数理模型推演，缺乏相应的实证或实验证据；同时，模型中关于代理人努力成本为零的假设也与现实相去甚远。

在此，需要注意的是，代理人一旦有机会对其他竞争对手拆台，即使拆台成本很高，对代理人来说还是种诱惑。员工之间的相互拆台，不仅会给企业造成经济上的损失，还很有可能引发团队合作失效、个人信誉降低、同事关系紧张等工作危机。如何才能缓解拆台现象？Ishida(2012)在两阶段的动态锦标赛框架下讨论了两种激励机制——快速通道(fast track)和延迟选择(late selection)对代理人拆台行为的影响。Horssen(2010)则提出解决代理人之间拆台问题的一种可能途径就是提高代理人的拆台成本，但其对代理人行为的具体影响还有待进一步研究。

除此之外，竞赛规则是否公平也可能会对代理人努力水平、拆台水平产生影响。

Weigelt 等(1989)、Schotter 和 Weigelt(1992)在锦标赛实验中分析了机会公平规则和倾斜政策对被试行为的影响,结果表明实施机会公平规则有利于提高被试的努力水平,进而提高了雇主的收益;在不对称锦标赛中,当被试的努力成本差距(即代理人能力差距)非常大时,实施倾斜政策能够提高不利代理人的努力水平,同时提高雇主的收益。闫威和陈长怀(2012)循着 Schotter 和 Weigelt(1992)的分析框架,采用实验研究的方法,研究机会公平规则和倾斜政策对员工努力水平及委托人产出的影响,发现在不公平锦标赛实验中,被试的努力水平会有所降低。但是以往文献都是在静态环境下研究竞赛规则是否公平对代理人努力水平的影响,且多为数理模型推演,并没有在动态锦标赛环境下探讨不公平因素对代理人拆台行为的影响。

由上述分析可知,当前国外文献对锦标赛机制激励效应的研究多集中于静态锦标赛环境,而且探讨焦点在于激励机制对代理人努力水平的影响,结合锦标赛的动态特征与代理人拆台行为两方面的研究还甚为少见;国内这一领域的研究更是处于起步阶段,除了在政治锦标赛和高管薪酬领域的少数几篇文献,几乎没有发现针对锦标赛机制与组织中代理人行为的实证研究。本章尝试在动态锦标赛机制框架下,运用真实努力实验方法,探讨阶段性绩效信息公开与否、拆台成本高低、竞赛规则是否公平三个因素对代理人努力行为和拆台行为的影响。与以往文献相比,本章可能的创新点为:第一,通过对比静态锦标赛和动态锦标赛机制中代理人的行为选择,分析动态锦标赛机制对代理人的激励作用;第二,采用真实努力实验方法,选取中国被试,以预期股票价格为具体实验任务,研究动态锦标赛机制对代理人行为的影响;第三,在动态锦标赛领域,将阶段性绩效信息是否公开、拆台成本高低、竞赛规则是否公平等三个因素结合起来,对代理人的努力水平及拆台行为进行研究,以期为组织管理实践提供理论参考和实验证据。

4.2　研　究　设　计

4.2.1　实验设计

以第一阶段被试预测数字差值绝对值[①]信息是否公开、拆台成本大小、起点是否相同为操控变量(manipulating variables)进行实验设计,三个操控变量的具体定义如下。

(1)预测数字差值绝对值信息是否公开:在第一阶段结束后,若不公开被试预测差值绝对值信息,即阶段性绩效信息不公开,也称为静态锦标赛;若公开,被试则可根据第一阶段的预测差值信息选择第二阶段的努力水平和拆台水平,即阶段性绩效信息公开,也称为动态锦标赛。

(2)拆台成本大小:虽然拆台可以降低竞争对手的绩效水平,但由于个人精力的有限性(预算约束)以及拆台行为被发现进而招致报复或惩罚的可能性,拆台行为也有与之对应的成本。拆台成本越高,单位拆台行为导致的自身成本增加也越多。

---

① 预测数字差值绝对值表示被试对股票价格的预测值与真实值之间的差距,差距越小代表被试的预测效果越好,努力水平越高。

（3）起点是否相同：起点相同即两位代理人参加锦标赛两个阶段的时间长短都相同；起点不同即在锦标赛开始一段时间后，某些代理人才加入锦标赛中，造成竞争者之间开始时间不同。为方便操作，起点不同在本研究中体现为第一阶段的竞赛时长不同[①]。但代理人参与锦标赛后，后续竞争时间相同，也就是第二阶段时长相等。

本章通过实施以下 5 个实验来研究动态锦标赛中被试的行为模式（表 4.1），实验控制变量如下所示：

实验 1：第一阶段绩效信息不公开，被试起点相同，拆台成本较低。

实验 2：第一阶段绩效信息公开，被试起点相同，拆台成本较低。

实验 3：第一阶段绩效信息公开，被试起点相同，拆台成本较高。

实验 4：第一阶段绩效信息公开，被试起点不同，拆台成本较低。

实验 5：第一阶段绩效信息公开，被试起点不同，拆台成本较高。

表 4.1　实验设计

序号	阶段性绩效信息是否公开	第一阶段时间长短	拆台成本	M	m	随机数范围	参与人数
实验 1	第一阶段绩效信息不公开	(2, 2)min[②]	0.05	1.3	0.7	[−5, 5]	2×10[③]
实验 2	第一阶段绩效信息公开	(2, 2)min	0.05	1.3	0.7	[−5, 5]	2×10
实验 3	第一阶段绩效信息公开	(2, 2)min	0.1	1.3	0.7	[−5, 5]	2×10
实验 4	第一阶段绩效信息公开	(1, 2)min	0.05	1.3	0.7	[−5, 5]	2×10
实验 5	第一阶段绩效信息公开	(1, 2)min	0.1	1.3	0.7	[−5, 5]	2×10

4.2.2　研究假设

本章主要研究多阶段动态锦标赛机制中被试的行为模式，我们提出以下假设：

Tong 和 Leung（2002）借鉴生物科学和社会科学的研究成果指出，阶段性绩效信息反馈会影响代理人的后续策略；在其他条件不变的情况下，动态锦标赛的激励机制比静态锦标赛对代理人的激励效果更好。此外，在心理学领域，Kruglanski 和 Webster（1996）提出了"认知闭合需要"（need for cognitive closure）理论，认为在模糊性和不确定的环境中，个体都有给所面临的问题找到一个明确答案的愿望和动机。按照个体所具有的这种认知特质的强烈程度可以将其分为高认知闭合者和低认知闭合者。高认知闭合的个体在面对模糊情境时，为了消除模糊性带来的压力和焦虑，即使没有充足的证据也会立刻做出决策或确定行动方向，并会有意无意地排斥新信息（刘雪峰等，2007）。而这种仓促决策和观念冻结会导致首因效应（primacy effect）、晕轮效应（halo-effect）等决策偏差（De Dreu et al.，1999）。结合上述分析，笔者认为锦标赛的动态特征使阶段性信息获得和代理人后续行为调整成为可能，可能因此改善代理人的决策质量和绩效水平。毕竟从信息经济学角度讲，能获得新

---

① 起点不同实际上反映的是一种不公平的锦标赛机制。

② 每组实验中，(2, 2)min 表示被试的参赛时间均为 2 分钟，(1, 2)min 表示两名被试的参赛时间分别为 1 分钟和 2 分钟，即被试的起点不同。显然，在后一种情况下，对第一名被试来说是不公平的。

③ 每个实验都有 20 个人，分成 10 组，每个小组有 2 名成员。

的信息总比没有信息好。据此我们提出假设 1："井底之蛙"假设,即阶段性绩效信息不公开时,由于被试不能够得知竞争对手的预测差值、绩效排名等信息,决策环境中充满着模糊性和不确定性,进而影响后续决策的有效性;在这种情形下,被试的努力程度和产出相对较低。

由于拆台对于企业来讲不仅会受到经济上的损失,还很有可能引发团队合作失效、个人信誉降低、晋升失败等工作危机,因此代理人之间的相互拆台一直是委托人极力抑制的行为。Daniel 等(2002)发现一旦委托人降低监控频率,代理人就存在着卸责偷懒的机会主义行为倾向(opportunistic behavior)。代理人的负面行为与委托人监控力度与惩罚措施直接相关。Horssen(2010)也提出解决拆台问题的一种可能途径就是增加代理人的拆台成本。因为如果拆台成本比努力成本还要高,代理人就不会把拆台作为赢得竞争的手段,即拆台成本的增加有可能会降低代理人的拆台行为。由此我们提出假设 2:"代价"假设,即拆台行为会随拆台成本的变化而变化。

Akerlof(1984)、Akerlof 和 Yellen(1990)、 Gill 和 Prowse(2012)发现如果代理人之间存在不公平竞争关系时,代理人就有可能为了平衡这种落差而降低努力水平,表现得相对消极。该现象或可用 Adams(1965)提出的公平理论(equity theory)来解释。管理现实中充斥着各种不公平因素,而且不公平问题在权力距离(power distance)较大的东方社会尤为突出(Hofstede, 1993)。因此,本章试图通过操控不同的时间起点,将竞争中的不公平因素引入研究框架。据此提出假设 3:"后来者放弃"假设,即对组内相互竞争的被试而言,竞赛开始一段时间以后,某些被试才参加到竞争中,由于比赛时间不等,影响被试产出,从而造成后来者的放弃心理。

若假设 3 成立,当落后者在竞赛中处于很明显的劣势时,会倾向于降低自身的努力水平。Eriksson 等(2009a)的研究结论证实了这一点。那么在不公平锦标赛中,如果领先者预计到后来者可能放弃努力,会否出现懈怠现象,从而降低整体产出呢?据此我们提出假设 4:"时间劣势"假设,被试在起点不同时,即存在时间劣势前提下,后来者会产生"放弃"行为,领先者也会懈怠,从而造成整体产出低于起点相同机制下的产出。

在两阶段动态锦标赛中,代理人为了能够在第二阶段获得高额薪酬,会倾向于在早期向市场发出他是高能力者的信号,因而在第一阶段付出较高的努力水平(Irlenbusch and Sliwka, 2006)。但是由于动态锦标赛的信息共享性特征,任何程度的产出差距都有可能造成落后者对领先者拆台,那么在第一阶段表现突出的代理人就有可能在后续阶段成为拆台目标,如此高能力者就可能产生在早期隐藏自己能力的动机,在第一阶段降低自身努力水平,即类似"棘轮效应"(Ishida, 2012)。综合上述分析可知,学术界在该问题上尚未取得共识。出于设立研究标靶的需要,我们在此提出假设 5:"职业关注[①]"假设,即被试为了获得最终收益最大化,并不会在第一阶段故意隐瞒自己的实力造成能力偏低的假象,而是选择在两个阶段都最大化自身收益使总收益最大。

---

① 职业关注即在动态锦标赛机制下,由于市场不能够区分代理人的产出中其努力水平和能力水平的比例情况,促使代理人倾向于向市场发出其是高能力者的信号,以期在未来获得较高的薪酬。

4.2.3　实验操作

Fehr 和 Schmidt(2004)认为，高年级本科生和低年级硕士生是最合适的经济管理类实验参与主体。因为一方面他们了解相关理论背景，能够很好地理解实验逻辑；另一方面他们又不像社会参与者那样具有很强的思维定式，更容易实现与实验主题的行为一致性。在2011 年 11~12 月，我们在重庆大学共招募了 100 名被试参加实验。其中男生 46 名，女生 54 名，性别比例基本相当。年龄在 20 岁到 23 岁的被试占多数，其比例达到 66.6%，而年龄在 24 岁到 27 岁的被试占 30.6%，其他占 2.8%。被试专业覆盖工商管理、经济、建筑、物理、生物制药等多个学科，具有较好的代表性。

实验开始之前，被试被带入实验室，将其随机指派到标有座号的位置上[①]。实验助理将实验指导语、股票数据关系表、股票价格预测表(以上材料详见附录 2)、第一阶段信息公开表(应用于实验 2、实验 3、实验 4、实验 5)发放给每一位被试。通过被试自我阅读和助理讲解的方式告知被试他们获得的收益是由他们第一阶段股票预测价格与真实价格之差的绝对值、第二阶段股票预测价格与真实价格之差的绝对值、被拆台数、拆台数四部分决定。然后，由被试就实验程序提问，实验助理负责解答。被试提问程序结束后，实验助理随机挑选 3 名被试，就实验程序中的具体问题进行询问。通过这样的双向检查(double check)过程，确保每名被试彻底明白实验规则。

随后开始第一轮预实验，具体实验步骤如下：

第一步，由于股票数据表每组数据中的股票价格受影响因子 1 和影响因子 2 共同影响，被试根据这一条件在 10 分钟之内对股票价格进行预测。影响因子和股票真实价格遵循以下关系：

$$真实股票价格 = 15 + 0.31 \times E1 + 0.73 \times E2 + RANDBETWEEN(-5, 5)$$

其中，E1、E2 分别表示影响因子 1 和影响因子 2，RANDBETWEEN(-5, 5) 则表示 -5 至 5 之间的一个随机数，用以表示不可控因素的影响。

第二步，由实验助理宣布第一阶段的两个影响因子。被试根据之前判断的关系在 2 分钟之内预测第一阶段的股票价格，并将预测值填入股票预测表(根据时间起点是否相同，由实验助理控制两位被试第一阶段的预测时间。实验 4 与实验 5 中被试的时间分别为 1 分钟和 2 分钟)。

第三步，由实验助理宣布第一阶段股票价格，各被试据此计算自己的预测差额绝对值，并将其填入股票预测表和第一阶段信息公开表中(其中实验 1 不需要填写第一阶段信息公开表)，之后被试在两分钟之内思考并填写拆台个数。

第四步，第二阶段价格预测开始，所有被试在 2 分钟之内预测股票价格(重复第一轮操作)。

---

① 本实验研究采用了随机分组的原则，是为了保证被试之间的能力相对平均，并尽可能降低人为影响。同时也可因此认为各组被试之间在情绪变量是大致相同的；即便存在一些微小的差异性，也是由于"自然"(nature)原因，在研究中是可以接受的，研究结论的有效性并不会因此受到影响。事实上，随机因素在任何社会科学研究中都是无法彻底消除的，随机分组方法正是将自然误差降低到最小程度的一种方式。

第五步，两阶段实验结束之后，实验助理将相应的表格收上来，并根据如下公式进行最终值的计算：

$$最终值=第一阶段差值绝对值+第二阶段差值绝对值+被拆台个数$$

第六步，分配 M 或者 $m(M>m)$。其中差额总和小的被试获得 M，即最终值越接近真实股票价格的被试获胜；反之则获得 m。

第七步，实验助理按照如下公式进一步计算被试的收益：

$$所获收益 = M或者m - 拆台成本 \times n$$

其中，n 为拆台数。

第八步，整轮实验结束，进入下一轮。每一轮实验重复前七步，直至 10 轮正式实验结束。对比两位被试在 10 轮中所获收益的总和，确定最终的获胜者[①]。

4.3　实验结果与分析

4.3.1　信息反馈实验

1. 信息公开条件下的努力水平分析

根据实验 1 和实验 2，分析阶段性绩效信息公开对被试行为产生的影响。由表 4.2 可以看出被试在实验 1 中的最终值大于实验 2，即实验 1 的预测效果低于实验 2。对被试努力水平进行分析，由表 4.2 可以看出实验 1 第一阶段的差值绝对值均值大于实验 2。利用 Mann-Whitney 检验方法对十轮数据进行分析，得出相伴概率值为 0.001，明显低于显著性水平 0.05。因此拒绝零假设，即实验 1 与实验 2 的第一阶段差值绝对值存在明显差异。

表 4.2　实验 1 与实验 2 数据比较

序号	条件	第一阶段差值绝对值均值	第二阶段差值绝对值均值	拆台水平	最终值
实验 1	信息不公开	6.225	5.930	3.720	15.875
实验 2	信息公开	4.830	6.880	2.545	14.255

从实验 1 和实验 2 中被试每一轮第二阶段的股票预测差值绝对值的变动情况来看（如图 4.1 所示），第一轮实验 2 中被试第二阶段差值绝对值明显大于实验 1，不过其余轮数波动均大致相同。这可能是由于股票预测异常值的出现使得实验 2 的第一轮预测值脱离了正常波动。但是利用 Mann-Whitney 检验方法计算得出相伴概率值为 0.735，高于显著性水平 0.05，不能拒绝零假设，因此认为实验 1 与实验 2 的第二阶段差值绝对值不存在显著差异。

---

① 获胜者获得一个价值 35 元的暖手宝，与之配对的另一名被试则获得一个价值 18 元的烘鞋器。

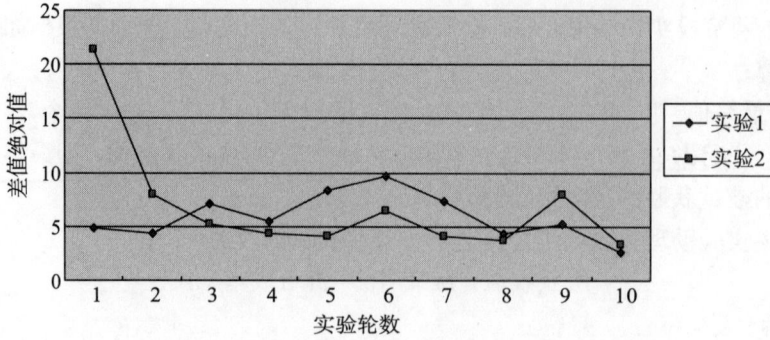

图 4.1　实验 1 和实验 2 第二阶段差值绝对值对比分析

2. 信息公开条件下拆台行为分析

表 4.2 中实验 1 的拆台均值为 3.720，实验 2 的拆台均值为 2.545，由此可以看出实验 1 的拆台水平明显高于实验 2（如图 4.2 所示）。同时，利用 Mann-Whitney 检验可得显著性概率为 0.000，明显小于 0.05，因此拒绝原假设，得出实验 1 和实验 2 的拆台均值存在明显差异。由此可以推断，在阶段性绩效信息公开后，即动态锦标赛机制下，被试的拆台水平明显低于静态锦标赛机制下的拆台水平。

综上所述，通过 Mann-Whitney 检验得出实验 1 第一阶段的差值绝对值显著高于实验 2，说明在阶段性绩效信息公开情况下，被试为了提高阶段性排名，会选择提高努力水平。而在阶段性绩效信息不公开情况下，被试就降低了"力争上游"的意识，产生懈怠情绪，从而造成被试第二阶段的努力水平无显著差异。同时，Mann-Whitney 检验显示实验 1 中被试的拆台水平显著高于实验 2，表明虽然被试会产生懈怠情绪，但为了获胜，仍然具有危机意识，特别是在无法获得其他竞争对手信息的情况下，因为担心竞争对手的产出会高于自己，因而选择提高拆台水平。这就导致了被试在实验 1 的努力水平较低，拆台水平较高，总体产出水平较低的结果。由此可知，阶段性绩效反馈对被试的努力水平影响有限但可以降低其拆台水平，假设 1 即"井底之蛙"假设部分成立。

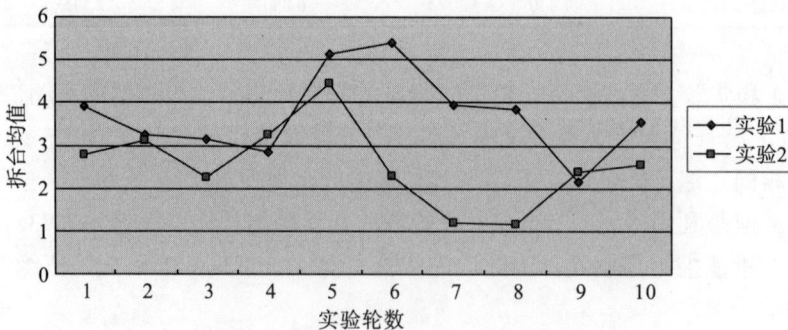

图 4.2　实验 1 和实验 2 拆台均值对比分析

4.3.2　拆台成本实验

通过实验 2 与实验 3 的对比，研究拆台成本对被试行为的影响。由表 4.3 可以看出，实验 2 和实验 3 的第一阶段差值绝对值均值分别为 4.830 和 5.635，第二阶段差值绝对值均值分别为 6.880 和 6.535。图 4.3 则对实验 2 和实验 3 每轮每阶段差值绝对值均值变化的情况进行了描述。利用 Mann-Whitney 对两个实验两阶段差值绝对值分别检验，得到其相伴概率分别为 0.359 和 0.467，均大于 0.05，因此接受原假设，即实验 2 和实验 3 的两阶段努力水平无显著差异。

表 4.3　实验 2 与实验 3 数据比较

序号	条件	第一阶段差值绝对值均值	第二阶段差值绝对值均值	拆台水平	最终值
实验 2	拆台成本 0.05	4.830	6.880	2.545	14.255
实验 3	拆台成本 0.1	5.635	6.535	1.765	13.935

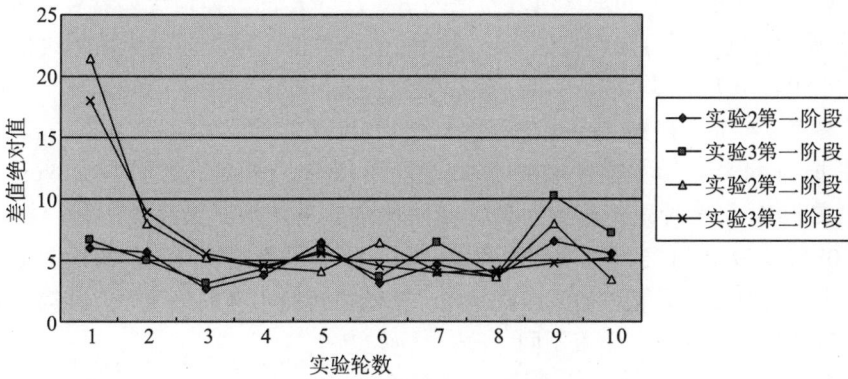

图 4.3　实验 2 和实验 3 差值绝对值对比分析

图 4.4 描述了实验 2 和实验 3 中代理人拆台行为的波动情况。由表 4.3 可以看出实验 2 的拆台均值高于实验 3，证明拆台成本的增高降低了被试的拆台水平。由 Mann-Whitney 检验得出的相伴概率为 0.000，明显低于 0.05，因此拒绝原假设，即实验 2 和实验 3 的拆台水平具有显著差异。

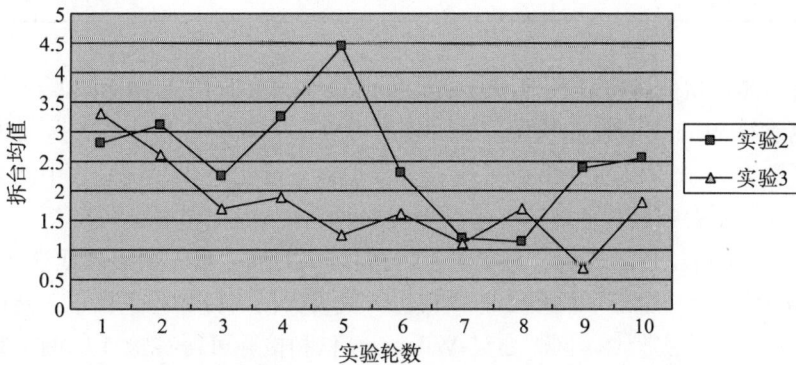

图 4.4　实验 2 和实验 3 拆台均值对比分析

所以我们可以得出，在拆台成本作为控制变量时，两种实验下的努力水平无显著影响，但拆台行为却随着拆台成本的增加而降低，假设 2 即"代价"假设成立，即拆台成本的提高有助于降低被试的拆台水平。

4.3.3 起点不同

1. 起点不同组内分析

在实验 4 和实验 5 中，由于加入竞赛的时间点不同，因此称被试 1 为不利被试，被试 2 为有利被试。在实验 4 第一阶段结束后，将被试 1 的差值绝对值与同组被试 2 的差值绝对值之差记为 T。若 $T>0$，则表示被试 1 的预测结果比较差；若 $T\leqslant0$，则表示被试 1 的预测结果并不差甚至更好。通过对持续 10 轮的 100 组数据进行分析，发现 $T\leqslant0$ 的数据为 53 组，即被试 1 未落后的概率（被试 1 领先或与被试 2 相等）为 0.53。同理，将两阶段实验结束后被试 1 与被试 2 的最终值之差记为 R。T 与 R 的具体情况如表 4.4 所示。通过 Wilcoxon 秩和检验分析可知两被试第一阶段差值绝对值、两阶段结束后最终值的相伴概率分别为 0.894、0.756，均大于 0.05，应接受原假设，即实验 4 中两被试第一阶段差值绝对值和最终值没有显著差异。同理在实验 5 的 100 组数据中，$T\leqslant0$ 的数据为 54 组。得出 $R\leqslant0$ 的数据为 44 组，即实验 5 中被试 1 未落后的概率为 0.44。通过 Wilcoxon 秩和检验分析可知实验 5 第一阶段差值绝对值、两阶段结束后两被试最终值的相伴概率分别为 0.971、0.081，均大于 0.05，应接受原假设，即实验 5 中两被试第一阶段的差值绝对值和两阶段结束后最终值无显著差异。也就是说，被试在起点不同的情况下，其第一阶段预测差值绝对值和最终值并没有显著不同。

表 4.4　实验 4 与实验 5 数据比较

序号	条件	被试 1 第一阶段未落后概率 $T\leqslant0$	被试 1 最终值未落后概率 $R\leqslant0$	被试 1 被拆台（均值）	被试 2 被拆台（均值）	被试 1 最终值均值	被试 2 最终值均值
实验 4	起点不同，拆台成本 0.05	0.530	0.490	3.460	2.900	14.140	14.040
实验 5	起点不同，拆台成本 0.1	0.540	0.440	2.050	1.420	12.870	11.510

为了进一步确认两种实验条件下被试的努力水平，我们对实验 4 和实验 5 第二阶段差值绝对值也进行 Wilcoxon 秩和检验，通过检验得到实验 4 的显著性概率为 0.409，实验 5 的显著性概率为 0.408，均大于 0.05，则接受原假设，即实验 4 和实验 5 中两被试的第二阶段差值绝对值不存在显著差异。在起点不同的两个实验中，被试之间的拆台行为是否存在差异？由表 4.4 可以看出实验 5 与实验 4 相比，被试的拆台水平明显降低（Mann-Whitney 检验，$P<0.01$），再次验证了假设 2 即"代价"假设。在两种实验条件下，被试 1 所遭受的拆台水平明显高于实验 2。同时通过 Wilcoxon 秩和检验可得实验 4 的两个被试的拆台显著性概率为 0.114，高于 0.05，说明两被试在实验 4 条件下的拆台水平无显著差异。而实验 5 两被试的拆台显著性概率为 0.024，低于 0.05，也就是说，实验 5 中被试 1 所遭受的拆台更多。

综上所述，在被试起点不同时，不利被试与有利被试在绩效水平和努力水平上并无显著差异，被试之间的拆台水平在拆台成本较低情况下也无显著差异，但是随着拆台成本的提高，被试之间的拆台行为存在明显差异。尽管被试 1 的预测时间较短，却遭受了更猛烈的拆台攻击，这表明在"时间劣势"情况下，被试 1 不但没有放弃努力，还对被试 2 造成了威胁，由此使被试 2 加大了对被试 1 的拆台力度。即使在拆台成本提高的情况下，被试 2 依然选择拆台，而这也是导致被试 2 的最终值均值低于被试 1 的部分原因。此外，通过 Wilcoxon 秩和检验分析得出实验 4 和实验 5 中两被试预测的两阶段差值绝对值和最终值无显著差异，也就是说，在被试起点不同的情况下，被试 1 也就是"后来者"可以与被试 2 达到"平分秋色"的结果，被试 1 在落后情况下并没有放弃努力。假设 3 即"后来者放弃"假设不成立。

2. 起点不同组间分析

为进一步分析被试是否受到起点不同的影响，我们通过将实验 2 与实验 4 对比，实验 3 与实验 5 对比来分析不公平锦标赛对代理人行为的影响。

由表 4.5 可以看出，实验 2 和实验 4 第一阶段差值绝对值均值为 4.830 和 5.100。对两个实验的第一阶段努力水平进行 Mann-Whitney 检验，其相伴概率 0.014，低于 0.05，拒绝原假设，两种实验条件下第一阶段努力水平有显著差异。同理，对第二阶段差值绝对值进行 Mann-Whitney 检验，得到其相伴概率为 0.762，高于 0.05，接受原假设，两种实验条件下第二阶段的努力水平无显著差异。

表 4.5　实验 2 与实验 4 数据比较

序号	条件	第一阶段差值绝对值均值	第二阶段差值绝对值均值	拆台水平	最终值
实验 2	起点相同，拆台成本 0.05	4.830	6.880	2.545	14.255
实验 4	起点不同，拆台成本 0.05	5.100	5.810	3.180	14.090

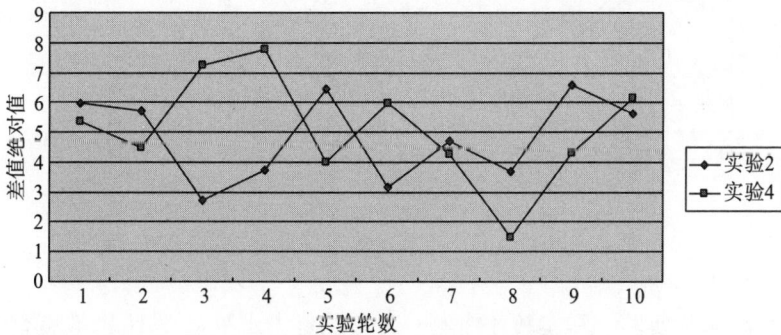

图 4.5　实验 2 和实验 4 第一阶段差值绝对值对比分析

同理，由表 4.6 可得实验 3 和实验 5 的第一阶段努力水平分别为 5.635 和 4.880，通过 Mann-Whitney 检验可得显著性概率 0.822，高于 0.05，接受原假设，即两种条件下第一阶段努力水平无显著差异。随后对第二阶段努力水平进行 Mann-Whitney 检验，得出显著性概率为 0.961，同样接受原假设，即实验 3 和实验 5 两阶段努力水平均无显著差异。

表 4.6　实验 3 与实验 5 数据比较

序号	条件	第一阶段差值绝对值均值	第二阶段差值绝对值均值	拆台水平	最终值
实验 3	起点相同，拆台成本 0.1	5.635	6.535	1.765	13.935
实验 5	起点不同，拆台成本 0.1	4.880	5.575	1.735	12.190

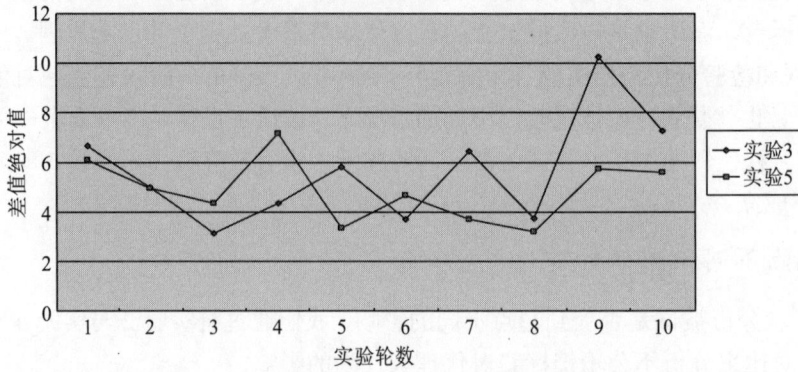

图 4.6　实验 3 和实验 5 第一阶段差值绝对值对比分析

最后我们对起点不同的实验进行拆台水平分析，由表 4.5 和表 4.6 可得，实验 2 和实验 4 的拆台水平分别为 2.545 和 3.180；实验 3 和实验 5 的拆台水平为 1.765 和 1.735。通过 Mann-Whitney 检验可得实验 2 与实验 4 的拆台水平显著性概率为 0.061，实验 3 与实验 5 中拆台水平均值比较的相伴概率为 0.183，均高于 0.05，也就是说，在起点不同的试验中，拆台水平并无显著差异。

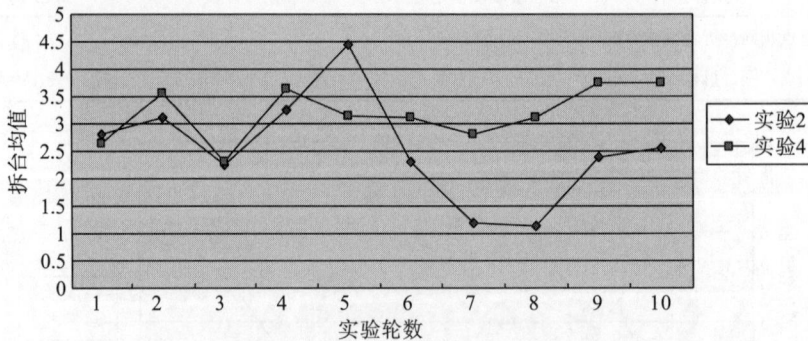

图 4.7　实验 2 和实验 4 拆台均值对比分析

由上述分析可得实验 2 和实验 4 在第一阶段的努力水平显著不同，但是随着拆台成本的提高，实验 3 和实验 5 中被试在第一阶段的努力水平并无显著差异。这说明拆台成本的提高，使被试不得不提高自身的努力水平，从而导致他们之间的产出无显著差异。同时，被试在第二阶段的差值绝对值和拆台水平不存在显著差异，证明起点不公平对被试后期行为的影响在统计上并不显著。但尽管如此，实验 2 的最终值 14.255 高于实验 4 的最终值 14.090；同样实验 3 的最终值 13.935 高于实验 5 的最终值 12.190。由于最终值越高代表预测效果越差,因此得出起点不同并没有降低被试的产出。特别是当起点不同、拆台成本较高时(实验5),被试产出最高。由此可见,尽管起点不同导致时间劣势,但被试的产出却并不低于起点相同情况的产出,假设 4 即"时间劣势"假设不成立。

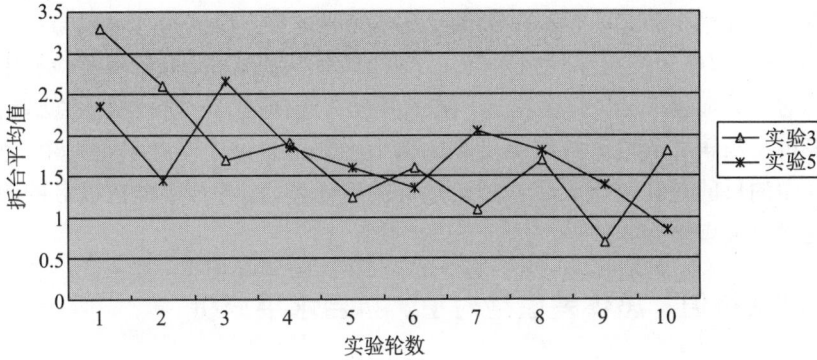

图 4.8　实验 3 和实验 5 拆台均值对比分析

4.3.4　职业关注

通过对四组动态锦标赛实验的阶段性股票预测差值分析,我们发现:四组实验中第一阶段的差值绝对值均小于第二阶段,也就是说被试在第一阶段预测的股票价格更加精准(如表 4.7 和图 4.9 所示)。

表 4.7　各实验第一阶段与第二阶段数据比较

序号	第一阶段差值绝对值均值	第二阶段差值绝对值均值	Wilcoxon 秩和检验
实验 2	4.830	6.880	0.003
实验 3	5.635	6.535	0.256
实验 4	5.100	5.810	0.048
实验 5	4.880	5.575	0.256

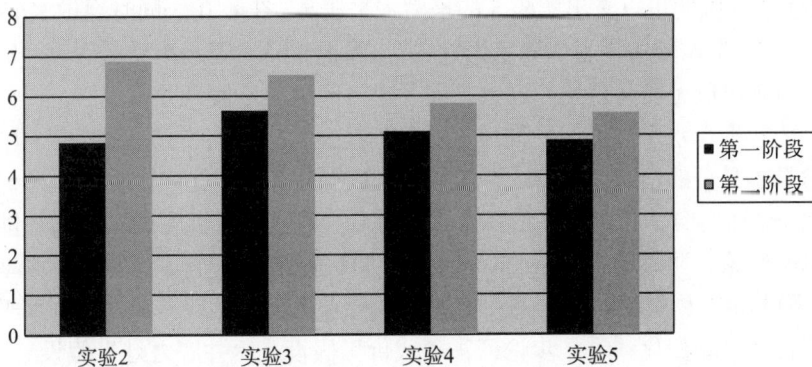

图 4.9　实验 2 至实验 5 两阶段差值绝对值对比分析

从图 4.9 可以看出，被试在第一阶段预测的股票价格精准度高于第二阶段的股票预测价格精准度，同时由 Wilcoxon 秩和检验得出在实验 2 和实验 4 中，第一阶段与第二阶段差值绝对值均值的相伴概率分别为 0.003 和 0.048，均小于 0.005，拒绝原假设，即被试在这两阶段的预测差值绝对值具有显著差异。这说明在拆台成本较低的情况下，被试第一阶段的努力水平明显高于第二阶段。而在实验 3 和实验 5 中，被试第一阶段与第二阶段差值经由 Wilcoxon 秩和检验得出相伴概率均大于 0.05，这说明在实验 3 和实验 5 中两阶段的预测差值绝对值无显著差异。综上所述，被试并没有选择在第一阶段故意隐瞒自身预测能力，而是表现出与第二阶段一样甚至更高的努力水平。假设 5 即"职业关注"假设成立。而被试这样做的目的是让委托人尽早相信他们的胜任能力，并希望能在以后的职业发展中获得更高的薪酬或者晋升。

4.3.5   被试最终值、总体差值绝对值、拆台水平分析

为了观察被试在五个实验中努力水平变化情况，我们将被试第一阶段和第二阶段差值绝对值合并为总体差值绝对值，如图 4.10 所示。同时对比五个实验中被试的最终值和拆台水平。

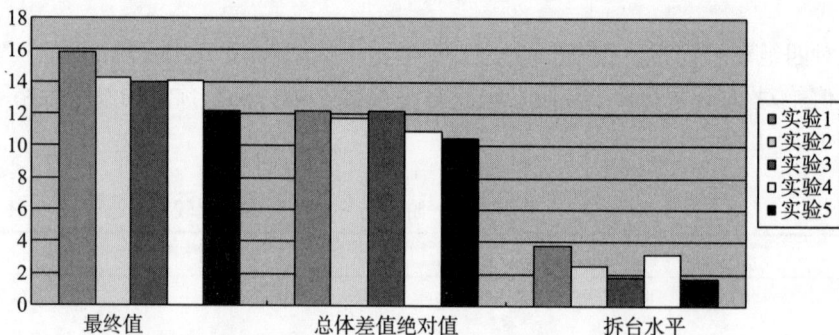

图 4.10   实验 2 至实验 5 数据分析

首先对比总体差值绝对值。预测价格与真实价格差额的绝对值越小，则预测越精准，即努力水平越高，因此可以看出实验 5 的努力水平较高（图 4.10）。同时通过 Kruskal-Wallis 检验[①]可得，这五个实验的显著性概率为 0.138，高于 0.05，因此接受原假设，即这五个实验的总体差值绝对值无显著差异。这也验证了"时间劣势"假设并不成立。

其次，比较拆台水平高低。由图 4.10 可以看出被试的拆台行为在实验 1 中最高，也就是说在信息不公开的情况下，被试无法做出正确的决策，由此产生的危机感促使被试提高了拆台水平。而实验 3 和实验 5 的拆台水平较低，则验证了拆台成本的增加能够降低被试拆台动机的结论。同时通过 Kruskal-Wallis 检验可得，这五个实验的相伴概率为 0.000，低于 0.05，因此拒绝原假设，即这五种实验的拆台水平存在显著差异，拆台水平会随着拆台成本的变化而显著变化，进一步论证了"代价"假设、"井底之蛙"假设。

---

① Kruskal-Wallis 检验为多个独立样本的非参数检验，其零假设为：多个样本总体分布无显著差异。

最后比较五组实验的最终值。由图 4.10 可以明显看出，实验 1 的最终值大于其他四组实验，而实验 5 的最终值最低。也就是说在信息不公开的情况下，被试的预测偏离程度和所受拆台情况最高，委托人收益最低。在实验 5 中，被试的预测偏离程度和所受拆台情况最低，委托人收益最高。同时通过 Kruskal-Wallis 检验可得，这五个实验的相伴概率为 0.000，低于 0.05，因此拒绝原假设，即这五种实验的最终值存在显著差异，即"井底之蛙"假设成立，"时间劣势"假设不成立。

4.4　研究结论、现实思考与建议

4.4.1　研究结论与现实思考

在动态锦标赛中，代理人可以根据阶段性绩效反馈的结果及时调整应对策略，代理人的努力水平和拆台水平也随之变化。本章利用 100 个被试进行的 5 个实验，在动态锦标赛环境下探讨阶段性绩效信息公开与否、拆台成本高低、竞赛规则是否公平三个因素对代理人努力行为和拆台行为的影响，获得以下结论：

第一，阶段性绩效信息反馈对代理人的努力水平影响不大但可以降低代理人的拆台水平，且在动态锦标赛中信息反馈能够使委托人获得更高的收益，这为企业提供了一个很好的参考。传统意义上看，绩效反馈和绩效面谈往往是在竞赛结束后进行的，此时的主要目标是确定奖金数额或晋升人选。而阶段性绩效反馈的主要目的却在于为代理人提供额外激励，它是委托人除了设定薪酬水平和薪酬差距之外的又一种激励手段。从本质上讲，当竞赛进行到中间阶段，代理人知道自己的努力信息，但是不知道或者是不准确知道其绩效表现在所有代理人中的相对位置，后一种信息只有委托人才清楚地知道，因而这是其私有信息（private information）。不过委托人面临的一个问题是，要不要将阶段性绩效位次信息在组织内部予以公开？因为进行阶段性绩效反馈虽然可能会对暂时落后的代理人产生压力和激励（Berger and Pope，2011；Falk and Ichino，2006），但却可能造成：第一，如果代理人之间的绩效差距过大，可能产生"龟兔赛跑"的问题，即落后者放弃，领先者懈怠；第二，可能诱发代理人之间的拆台问题（Gürtler and Münster，2010）。落后者为挽回不利局面，可能会通过封锁或歪曲信息、造谣中伤、破坏劳动工具、不配合工作等手段对领先者进行拆台。笔者认为，即便存在上述问题，阶段性绩效反馈仍然是一个有效的管理工具，从本章的"井底之蛙"结论可以得到，信息反馈是让代理人保持高水平工作状态的关键因素（Murphy and Cleveland，1995b；Locke and Latham，1990），是有益于委托人的。传统的"不及时反馈""不进行绩效面谈""绩效考核结果束之高阁"等做法实质上阻碍了信息的最优利用，不利于实现对代理人的有效激励。阶段性绩效信息的公开会促使代理人合理地调整自身行为，达到提高绩效的目的（Ederer，2010）。因此，在组织管理中，可以通过阶段性绩效反馈为企业的投资者、债权人、经营管理人员提供决策依据，给予组织成员自我价值实现方面的指导，从而为强化组织内外管理、挖掘各种改进潜力、获取更高管理绩效指明方向。

第二，提高拆台成本可以有效抑制代理人之间的拆台行为。现实生活中，拆台对企业的影响不仅是经济利益的损失,更有可能引发团队合作失效、个人信誉降低、晋升失败等工作危机。Horssen(2010)提出解决这种拆台问题的一种可能途径是增加代理人的拆台成本。本章通过对"代价假设"的论证,也得出提高拆台成本能够降低代理人之间拆台行为的结论。此外,Blank 等(2013)通过实验测量受试者大脑皮层对不同罚款金额的反应,发现随着金额的增加,受试者判断的准确性会提高。这一发现支持了加大拆台惩罚力度有助于代理人校正其行为的观点。斯金纳的强化理论也提出对员工不良行为给予批评或处分能够减少这种不良行为重复出现并弱化行为动机。而对企业来讲,虽然增加对内部拆台行为的惩罚力度能够有效遏制拆台现象,但是严厉的惩罚措施同样会给企业带来负担,诸如经济成本、监督成本及衡量成本。如何合理地平衡两者的关系,也是需要委托人进一步思考的问题。

第三,在时间起点不公平的动态锦标赛机制中,处于劣势的代理人并没有降低自己的努力水平和拆台水平,而且代理人的总体绩效并不比公平锦标赛机制下代理人的总体绩效差,"后来者放弃"和"时间劣势"假设不成立。这可能是因为绩效排名的结果促使代理人更加努力(Frank,1985)。Charness 等(2010)指出,代理人参与竞争并不仅仅是为了更高的报酬,而是为了获得荣誉或是避免失败带来的负面影响。Malhotra(2010)也认为竞争性的环境会激发代理人更强烈的求胜欲望。面对面竞争、时间压力和有观众在场,是加剧竞争紧张程度的三个重要因素。在本章的研究中,所有小组都是一对一竞争,因此即便是不利被试仍然能贡献出较高的努力水平。这一发现与 Schotter 和 Weigelt(1992)关于不利被试的努力水平高于理论预测值的研究结论是一致的。另外,国人的面子因素可能对此有一定的解释力(王轶楠和杨中芳,2005)。在工作竞赛中,落后的员工担心成为"倒数第一"或被贴上"失败者"的标签,从而受到组织成员的歧视、嘲笑。所以,即使获胜的机会很小,后来者也可能因为"面子"因素而尽可能地努力工作,而非自暴自弃。

最后,与 Gütler 等(2010)和 Ishida(2012)得出的结论不同,他们认为代理人会在早期隐藏自己的能力以避免受到对手的拆台攻击,从而形成棘轮效应。本章通过实验发现即便存在拆台现象,代理人也不会隐藏自身实力,第一阶段努力水平还是显著高于第二阶段,呈现出"职业关注"效应(Irlenbusch and Sliwka,2006)。因此,在现代企业管理实践中,不管是年度评奖、月度评奖还是周评价、日评价,都应让代理人意识到他们每天的表现受到领导及同事的关注。此外,委托人在利用职业关注效应时,也要对员工的表现及时给予奖励,如口头表扬、增加工资甚至提升职位等,使代理人相信他向委托人释放的声誉信号得到了委托人的肯定。

综上所述,本章关于动态锦标赛的研究成果,有助于解释中国企业组织管理背景下企业内部代理人之间的行为模式,为企业找到有效激励代理人努力行为、防范和治理拆台行为的激励机制提供指导和参考,也是当前构建"和谐社会"的应有之义。

4.4.2 后续研究建议

本章的研究也存在一定的不足,例如本章提到增加拆台惩罚力度能够有效降低代理人的拆台行为,但是加强对代理人拆台行为的监控和惩罚,也必然会增加委托人的成本。委托人如何在两者之间进行权衡，有待进一步的探讨。此外，本章主要研究了动态锦标赛机制中阶段性绩效信息反馈的影响，而淘汰锦标赛作为另外一种形式的动态锦标赛机制，即每一阶段淘汰排名最靠后的代理人，同样可能对代理人行为产生影响。后续研究可以考察不同晋升比例锦标赛（首位晋升制或末位淘汰制）对代理人行为的影响。再者，本章中的不公平因素主要针对"起点不同"的情况，并没有考虑对那些处于劣势的代理人给予倾斜或补偿，换言之，没有分析倾斜政策对代理人行为的可能影响。后续研究或可将起点不公平与结果不公平结合起来，进一步探讨倾斜政策（affirmative action）的激励效应和适用范围。

第 5 章 结果不公平与倾斜政策对动态锦标赛中代理人行为的影响

5.1 引 言

标准锦标赛理论模型是一个一般性的分析框架,为广大学者探讨相对绩效激励机制提供了合适的研究起点,但值得注意的是,不公平锦标赛和倾斜政策模型作为锦标赛理论的扩展形式,却更加贴近现实。在不公平[①]锦标赛(unfair tournament)中,锦标赛规则偏袒一部分员工,人为地使这些人的产出高于其竞争对手;倾斜政策(affirmative action)指委托人在观察到第一阶段各代理人产出情况后,对处于落后地位的代理人进行产出补偿,即在第二阶段人为地增加落后者的产出[②]。

以上关于锦标赛类型的划分,引发了我们对于如下问题的研究兴趣:第一,不公平锦标赛机制实际上包含对部分特定代理人的歧视问题(discrimination),这类歧视会不会挫伤代理人的工作积极性?第二,是否应对低产出的员工给予额外的照顾或补偿,即实施倾斜政策?倾斜政策的出发点在于尽可能保证代理人之间的同质性而让竞赛更为均衡(even)也更为激烈,但实施后会对代理人的努力水平和拆台行为带来怎样的影响?

5.2 文 献 综 述

组织是由个人组成的既合作又竞争的团体。不同的利益个体之间必然会有冲突,而组织公平在其中起到调和作用,通过一系列稳定的制度或政策制衡着各方冲突。早期的经典公平理论是 Adams(1965)提出的公平理论。它关注的是个体获得的分配结果,个体通常会把自己的投入产出比与他人比较,如果觉得差不多一致,会感到组织公平;否则会认为自己受到了不公正待遇。后来,研究深入到程序公平阶段。除了分配结果要公平外,分配的过程也影响着个体对公平的感知。程序公平最早由 Thibaut 和 Walker(1975)从法律程序的角度提出,之后由 Leventhal 等(1980)扩展到了组织方面。再后来,学者又引入了互动公平。Bies 和 Moag(1986)认为,在进行决策时,管理者有没有和员工进行沟通,有没有考

---

① 本章中不公平指因人为改变代理人产出而导致的结果不公平,下同。

② 在劳动经济学文献中,不公平锦标赛和倾斜政策模型被统称为有歧视的锦标赛(biased tournament),其共同点在于竞赛中的某一方会受到不公正的对待(handicap or discrimination),两者不同之处体现在:在不公平锦标赛中,哪一方代理人会受到歧视是由竞赛机制本身或委托人外生决定的;在倾斜政策模型中,往往是低能力或低产出的代理人会得到额外照顾,高能力代理人此时相对而言受到不公平待遇。简言之,不公平锦标赛主要针对与代理人能力无关的事前规则不公平,而倾斜政策涉及与代理人能力有关的事中或事后规则不公平。

虑员工的难处等因素会影响员工的组织公平感知。Greenberg(1993)、Colquitt(2001)进一步把互动公平分解为信息公平和人际公平。前者指决策时能否给相关员工提供足够的信息和解释，后者指决策时是否尊重员工及有正确的态度。在中国文化背景下，人们的传统观念里就有"不患寡而患不均"的意识，组织公平因素在企业管理中显得尤其重要。在组织管理领域，许多学者研究过组织公平与员工工作态度和工作行为之间的关系，例如探讨组织公平对员工的工作态度(如工作倦怠、工作满意度、离职意愿、组织认同、组织信任等)及员工行为(如绩效产出等)的影响(杨春江等，2014；张燕等，2015)。Moorman(1991)发现组织公平可以通过组织支持感最终影响员工绩效，同时还会作用于员工情绪(如紧张、焦虑等)。

在企业管理实践中，组织公平往往与代理人异质性及倾斜政策联系在一起。以锦标赛机制为例，竞赛参与人并不一定具有相同的能力或效率。一个极不均衡的竞赛存在如下不利之处：首先，对于不利群体如少数民族考生而言，形式上看似公平的竞赛机制却使得他们的获胜希望渺茫，因此他们的努力程度会大为降低甚至根本就不会参赛(Lazear and Rosen，1981；Runkel，2006)；其次，对有利群体或优势群体而言，得知此结果后可能降低自身努力水平，因为获胜既然板上钉钉，又何必辛苦付出呢？这样一来，在不对称锦标赛中代理人的总体努力水平通常较低，进而使得锦标赛机制的激励效果大打折扣，委托人机制设计目标落空。Brown(2011)利用男子职业高尔夫比赛数据发现，当竞赛中存在一名"超级明星"球手(如 Tiger Woods)时，其他选手的比赛结果更差(完赛杆数更多)，这暗示着选手们的努力程度更低。Sunde(2009)关于女子职业网球数据的实证研究也发现了类似的效应。

对委托人来讲，为了提升员工努力水平，让竞赛变得更均衡(even)是一个自然而然的目标。削弱有利群体或领先者的优势——跛足策略(handicapping)，就是促进竞赛均衡化的一种工具。该策略在晋升类锦标赛、体育赛事等诸多领域有着广泛的应用。例如，在速度赛马中，为了提高比赛的观赏性以及激烈程度，组织者会依据马匹的体重、高度以及以往成绩等各种因素给处于优势的部分马匹额外的负重(Brown and Chowdhury，2017)。类似的，在不少西方国家，竞选花费被规定有上限，以阻碍富豪候选人或其代理人利用金钱开道(Che and Gale，1998)。在经济学领域，跛足策略对应着一个更正式的称谓——倾斜政策。总体来说，多数理论研究和实证研究支持倾斜政策的运用有助于提升效率和公平的观点(Fryer and Loury，2005；Fu，2006；Franke，2012；Calsamiglia et al.，2013；Kirkegaard，2012)。但是，倾斜政策也可能带来负面影响，Sowell(2004)指出，受到照顾以及没有被照顾的群体都会放松努力，对前者而言努力没有必要，对后者而言努力是徒劳的。正如 Fryer 和 Loury(2005)所言："关于倾斜政策激励效应的分析尚无定论，经济学理论对此问题的指导较为缺乏。"

在锦标赛机制设计领域，关于公平与倾斜政策的实验研究并不多见。Weigelt 等(1989)、Schotter 和 Weigelt(1992)在锦标赛实验中分析了机会公平规则和倾斜政策对被试行为的影响，研究结果表明实施机会公平规则(消除不公平)有利于提高被试的努力水平，进而提高雇主的收益；在不对称锦标赛中，当被试的努力成本差距(能力差距)非常大时，实施倾斜政策能够提高不利代理人的努力水平，也提高了雇主的收益。闫威和陈长怀

(2012)循着 Schotter 和 Weigelt(1992)的分析框架，采用实验研究的方法，选取中国被试共 130 名，设计、实施了 7 个实验，研究机会公平规则和倾斜政策对员工努力水平及委托人产出的影响，研究表明，在不公平锦标赛实验中，被试的努力水平会有所降低，而且在不对称锦标赛情况下，随着代理人能力差距的增大，所有参与者(包括有利被试以及不利被试)的努力水平均有所降低，对不利被试实施倾斜政策，并没有增加员工的总产出，因此也不会提高委托人的总收益水平。Calsamiglia 等(2013)采用真实努力水平实验的研究方法，探讨了实施倾斜政策对代理人努力水平以及产出的影响。在实验中，其选取了两所学校 10 岁到 13 岁之间的学生为被试，任务要求是做四宫数独题[①]，持续时间是 30 分钟。不公平感体现在部分被试会提前进行数独方面训练，而其竞争对手却没有进行过类似的训练。此外，实验中会给予不利被试一定的倾斜政策(即在不利被试的产出上直接加产量或者按照不利被试的完成量以一定的比例进行产出的增加)。研究结论表明，实施倾斜政策并没有减少有利被试或者不利被试的努力水平，相反两者的产出都有所增加。此外，一般的获胜者来自未接受过训练的学生群体，因而倾斜政策增强了竞赛的公平性。这一研究虽然采用真实任务实验设计进行，但是，由于被试均是青少年，其外部效度还有待商榷。

以上研究多探讨组织公平(或不公平)对代理人努力水平的影响，据笔者的文献调查，仅有少量文献分析了组织公平感对员工拆台行为[②]的影响，研究结论显示员工的不公平感是导致拆台的共性因素(Greenberg，1990；Folger and Baron，1996；Flaherty and Moss，2007)。Greenberg(1990)以对雇员进行短期减薪的方式，研究公平感与员工拆台行为的关系，其中设定了以下三个场景：①公平感强的环境，在这里员工关于这次临时减薪得到了一个公平的解释；②公平感弱的环境，在这里员工关于这次减薪没有得到充分的理由；③控制环境，在这里员工的工资没有发生变化。研究表明，员工在公平感较弱情境下的拆台意识是在公平感较高环境下的两倍，这一研究结论表明对员工表示尊敬和对减薪情况进行合理解释将会增长员工公平感知，从而减少员工的拆台行为。目前只有 Brown 和 Chowdhury(2017)研究了倾斜政策环境下的拆台问题。他们利用 2011~2012 年度英国赛马比赛的 19635 场数据，实证发现倾斜政策确实能导致更高的努力水平，但同时也产生了更多的拆台行为(赛马之间的刻意干扰)。

综合以上文献可知，多数研究是在静态锦标赛环境下分析组织公平及倾斜政策对代理人努力水平的影响，且在研究结论上存在较大分歧。本章拟在动态锦标赛环境下，采用真实努力实验方法，探讨竞赛机制的不公平及倾斜政策对代理人努力水平及拆台行为的影响。较之以往研究，本章研究的创新之处主要体现在：第一，由于信息沟通、信息泄露和阶段性反馈等因素使各代理人大致了解其竞争对手的当前状态，进而可能在竞赛后阶段对自身行为作出调整，实践中的锦标赛具有典型的动态特征，因此我们尝试在动

---

① 四宫数独游戏是一种填数字游戏，在 4×4 个格子里已有若干数字，其他宫位留白。玩家需要自己按照逻辑推敲出剩下的空格里是什么数字，使得每一行与每一列都有 1 到 4 的数字，并且一个数字在每一行或每一列都只能出现一次。

② Bratton 和 Kacmar(2004)认为，组织内部的拆台行为包括"对重要且必要的信息进行封锁或误导；对同事进行造谣中伤；故意延迟工作；推诿卸责；把别人的功劳占为己有"等。Yumoto(2003)认为锦标赛机制中的拆台行为是代理人采取的旨在减少竞争对手产出的非建设性行为，具体表现为故意封锁公共信息、传播错误信息、损坏竞争对手的劳动工具以及破坏对手的劳动成果等。

态锦标赛环境下考察机制设计变量对代理人行为的影响。第二，为了赢得竞争，代理人除了努力工作提高自己的产出之外，也可以通过拆台行为来破坏或降低竞争对手的产出，对拆台行为的分析是本研究除努力水平之外的另一着眼点。第三，倾斜政策在以往研究中指对低能力或低产出代理人给予额外的产出补偿，而本章的研究认为除"雪中送炭"外，倾斜政策还可能体现在"锦上添花"上，即补偿或倾斜的对象反而是高能力或高产出代理人[1]。我们将同时考察这两种倾斜政策对代理人行为的影响。第四，以往针对组织公平和倾斜政策的实验研究多采用数字选择实验(effort-chosen experiments)方法，而本章使用真实努力实验[2](real effort experiments)方法，从而使实验环境更贴近组织管理的现实。

5.3　研　究　设　计

5.3.1　实验设计

我们在动态锦标赛环境下设计了 5 个真实努力实验，以研究不公平和倾斜政策两大方面因素对代理人努力水平及拆台行为的影响，从而为锦标赛激励机制设计及企业管理实践提供理论参考。较之常见的数字选择实验，本章研究使用了真实努力实验方法，其中被试需完成的任务是根据已公布的信息预测股票价格[3]。被试预测的股票价格与真实股票价格越接近，代表被试努力水平越高。

根据针对固定被试添加的 K 值[4](不公平)以及在第一阶段被试绩效基础上于第二阶段被添加的 K 值(倾斜政策)，实验分为五种情形：

实验 1 为基准实验(benchmark)，旨在为后续实验提供比较的基准。

实验 2 为较低程度的不公平实验：被试进入实验程序后就会被随机分配两种角色之一，一人会获得 $K=0$，另一人获得 $K=2$，K 值将会在每轮实验两阶段后被直接加到被试的最终值里；被试角色在实验过程中保持不变。

实验 3 为较高程度的不公平实验，其中 $K=0$ 或 4，除此之外其他所有方面均和实验 2 相同。

---

[1] 2017 年诺贝尔生理学或医学奖获得者、美国布兰迪斯大学退休教授、遗传学家杰弗里·霍尔吐槽学术明星的文章在很多圈子里引起热议。霍尔研究的是生物钟工作机理，他在 2003 年当选美国国家科学院院士，几年后却因为经费短缺而被迫关闭实验室。当年霍尔在接受 Current Biology 期刊采访时，吐槽那些不断在高影响期刊上发表文章并赢得大量研究经费的科学明星们未必有真才实学。有些学术明星在他面前吹嘘说几乎从不向 Nature、Cell、Science 之外的期刊投稿，而且几乎总能在这三大期刊发表。"关键是，这些文章并不总是那么好。"霍尔批评说，"这些'明星'雇佣大量劳动力从事研究工作，却不能给予实质的指导。而那些真正在第一线做研究的，则面临巨大压力。"(资料来源：http://www.sohu.com/a/199122492_456025)

[2] 正如 Van Dijk 等(2001)指出的，"一个真实的任务能够包含努力、疲劳、枯燥、激动及其他情绪因素，而这些因素在数字选择实验中是无法涉及的。"

[3] 这是一个"多线索概率学习任务"(multiple-cue-probability-learning task，MCPL)。在实验经济学领域，多线索概率学习任务在学术研究中被不少学者采用(Vandegrift and Brown，2003；Vandegrift and Yavas，2010)。

[4] 根据基准实验中两阶段差值绝对值(预测价格与真实价格的差距)的平均值制定了 K 值大小，如 $K=2$ 意味着较为可观的差距，$K=4$ 则意味着极其严重的差距。

实验 4 为倾斜政策实验：视每轮实验的第一阶段绩效不同，同组两名被试第二阶段绩效将会被添加不同的 K 值，其中第一阶段绩效落后者被添加 $K=0$，第一阶段绩效领先者被添加 $K=2$。这样的规则实际上是有利于阶段性落后者的，被称为"雪中送炭"。

实验 5 为逆向倾斜政策实验：K 值添加策略正好和实验 4 相反，第一阶段绩效领先者被添加 $K=0$，落后者被添加 $K=2$，此实验被命名为"锦上添花"。

具体实验设计如表 5.1：

表 5.1 实验设计

实验组别	实验条件	参与人数	M, m	轮数	拆台成本
实验 1	基准实验	2×13	1.3, 0.7	13	0.05
实验 2	固定 $K=0/2$	2×13	1.3, 0.7	11	0.05
实验 3	固定 $K=0/4$	2×15	1.3, 0.7	11	0.05
实验 4	"雪中送炭"	2×12	1.3, 0.7	11	0.05
实验 5	"锦上添花"	2×14	1.3, 0.7	11	0.05

5.3.2 研究假设

在组织管理研究领域，组织公平被认为是员工态度改变及组织绩效提升的前置变量（黄昱方和刘永恒，2016；Debjani et al.，2017）。如果企业在任务安排、绩效考核、人事调整及组织变革等一系列过程中存在不公平现象，会直接影响工作满意度，导致成员与组织、成员与成员之间关系紧张（苗青等，2015）。在锦标赛研究领域，Schotter 和 Weigelt（1992）利用数字选择实验，分析了不公平锦标赛机制对代理人努力水平的影响，研究结论显示虽然被试的努力水平（决策数字）高于理论预测值，但同公平锦标赛的基准实验相比，被试努力水平是显著下降的。

此外，根据 Adams（1965）提出的公平理论，人的工作积极性除与个人实际报酬多少有关，与人们对报酬的分配是否感到公平关系更为密切。人们总会自觉或不自觉地将自己付出的劳动代价及其所得到的报酬与他人进行比较，并对公平与否做出判断。当职工感到不公平时，除自我解释和自我安慰之外，还可能采取行动，改变对方或自己的收支比率，如要求把别人的报酬降下来、增加别人的劳动投入或要求给自己增加报酬、减少劳动投入等；还可能采取发牢骚、讲怪话、消极怠工、制造矛盾、破坏他人产出或弃职他就等负面行为。基于上述分析，我们提出假设 1a 和假设 1b。

假设 1a：竞赛规则的不公平将降低代理人的努力水平。

假设 1b：竞赛规则的不公平将增加代理人的拆台数量。

对于扶助落后者或惩罚领先者的"雪中送炭"倾斜政策，多数学者认为该政策有助于增强竞赛的公平性（或代表性），且能够提高代理人的努力水平（Fryer and Loury，2005）。Fu（2006）利用数理模型分析了大学招生中的倾斜政策，指出倾斜政策提高了少数族群及非少数族群学生的教育投资激励，其入学考试成绩更好，同时也有助于改善大学的学术质量。McCrary（2007）对警察队伍的研究表明，实施倾斜政策增大了黑人警官的比例，而且警队的绩效并未显著降低。Balafoutas 和 Sutter(2012)发现，当对女性员工予以倾斜照顾时，她们是愿意加入工作竞赛的，而且表现得与男性员工一样甚至更好。Brown(2011)和 Franke(2012)对业余高尔夫球赛的数据分析也表明，对优势选手设置障碍可以激发球手们更高的努力水平。Schotter 和 Weigelt（1992)的实验证据显示，当代理人之间的能力差距较大时，倾斜政策的运用提升了代理人的努力程度；当能力差距较小时，倾斜政策的激励效应不明显。闫威和陈长怀(2012)的实验研究对倾斜政策的激励作用提出了质疑，认为对不利被试实施倾斜政策，并不能增加员工的总产出。

　　"雪中送炭"倾斜政策促进了竞赛的均衡性或同质性，进而使竞赛变得更激烈，但这也可能导致代理人之间相互拆台问题愈发严重。对锦标赛机制中拆台问题的研究见诸于 Lazear(1989)、Konrad(2000)、Chen(2003)、Kräkel(2005)、Amegashie 和 Runkel(2007)、Münster(2007)、Soubeyran(2009)、Gürtler 和 Münster(2010)等。在政治竞选中，一方可能对另一方实施"抹黑策略"(Skaperdas and Grofman，1995)；在企业管理中，一个员工可能对其同事进行造谣中伤(Lazear，1989)。Fallucchi 和 Quercia(2016)发现，倾斜政策的使用提升了不利群体的参与性与努力水平，但有利群体与不利群体之间的报复行为也增多了。Leibbrandt 等(2015)指出，扶助女性员工的配额制增加了针对女性员工的拆台行为，而且有意思的是，这些拆台行为也主要来自其他女性员工。Brown 和 Chowdhury(2017)利用 2011~2012 年度英国赛马比赛的 19635 场数据，实证发现旨在让竞赛更均衡的倾斜政策(如给优势马匹额外负重)确实能导致更高的努力水平，但同时也产生了更多的拆台行为(赛马之间的刻意干扰)。基于上述分析，我们提出假设 2a 和假设 2b。

　　假设 2a："雪中送炭"倾斜政策将提升代理人的努力水平。

　　假设 2b："雪中送炭"倾斜政策将增加代理人的拆台数量。

　　现有文献关于"锦上添花"倾斜政策(马太效应)的研究甚为少见。周迪(2017)发现我国公共图书馆公平问题存在明显的"马太效应"，而效率的"马太效应"则较弱。即我国各地区公共图书馆财政补贴具有"多者恒多，少者恒少"的特征，中央政府对地区间投入不均的协调力度有限，不利于我国基本公共文化服务均等化的发展。谢荷锋和牟腊春(2017)对中国制造业上市公司高管流动及跨企业战略学习的实证研究显示，高管等关键人才的流动主要是从"好企业"到"好企业"，进而造成资源集中和垄断；相对于"差企业"，"好企业"在跨界学习和模仿中表现得更好。

　　较之"雪中送炭"，"锦上添花"倾斜政策让竞赛变得更不均衡，出现"强者愈强，弱者愈弱"的局面，导致竞赛双方失去努力激励——领先者懈怠，落后者放弃。另外一方面讲，"锦上添花"倾斜政策本质上也是一种不公平的竞赛规则，如果代理人在第一阶段领先，加之受到额外的优待，那么他在第二阶段获胜的可能性更大；竞争对手意识到这一点，可能会对其实施更多的拆台(Gürtler et al.，2013)。基于上述分析，我们提出假设 3a 和假设 3b。

　　假设 3a："锦上添花"倾斜政策将降低代理人的努力水平。

　　假设 3b："锦上添花"倾斜政策将增加代理人的拆台数量。

5.3.3　实验操作

本章研究在硬件和软件的准备上完成了大量的工作，包括实验场地选择、实验程序完善、实验材料准备、实验被试招募等，这一系列工作都是在实验经济学的基本原则指导下进行的。2015 年 12 月～2016 年 3 月，笔者在重庆大学共招募了 134 名学生被试参加实验。其中男生 48 名，女生 86 名，男女比例分别为 35.82% 和 64.18%。被试平均年龄为 21.5 岁，标准差 1.91 岁。被试专业涵盖经济、管理、法学、电气、土木、机械、通信等，具有较好的代表性。

被试在实验中需完成的主要任务是预测股票价格，共包含 10～20 轮，但通常会在第 10 轮后结束[①]。每轮分为两个阶段。第一阶段，被试在阅读数据关系表(股票实际价格受两个因素及随机成分的影响)的基础上，根据实验组织者提供的两个因素，对股票实际价格做出预测；第二阶段，被试在看到电脑屏幕上反馈出的第一阶段竞赛情况后，一方面再次根据新提供的两个因素预测股票价格，另一方面决定是否对竞争对手实施拆台(选择 1 单位拆台会增加对手的差值绝对值 1 单位，但也会耗费 0.05 的单位成本)。差值绝对值指股票预测价格与实际价格之间的差异，而最终值等于两阶段差值绝对值、被拆台数以及被添加的 K 值之和。最终值越小的被试，将获得竞赛的胜利。实验的具体内容及实施步骤请参阅附录 3[②]。

在实验正式开始之前，被试任意选择一个电脑机位坐下。每个机位之间都用隔板隔开，以防被试在实验过程中相互交流影响决策行为。在每个被试桌子上，均放置了被试指导语、数据关系表、草稿纸、铅笔、报纸。摆放报纸主要是防止被试在实验中因等待其他人出现烦躁情绪。在实验过程所有被试都是匿名的，其序号及配对成员都是由计算机随机生成，被试将获得一定数额参与实验的报酬。关于实验参与者即被试的所得报酬的设计，根据 Gneezy 和 Rustichini(2000) 的观点，当个体面对一个相对简单的工作，总愿意接受一份与之对应比较少的工资，而外在过多的物质补偿的引入，往往会极大削弱甚至取代其本来就存在的独立于任何外在报酬的内在动机。本章的实验结合重庆当地人力资源和社会保障局公布的当年度最低工资标准，非全日制职工最低小时工资标准约为 12.5 元/小时，再根据实验耗时及被试特征，本研究的被试报酬平均水平为 20 元(每名被试都可以得到出场费 5 元，另外根据胜负情况，竞赛中的获胜者还额外获得 20 元，失败者得 10 元；获胜者的总报酬为 25 元，而失败者的总报酬为 15 元)。综合比较，就我们的实验持续时间以及任务内容和物质激励来看，和这样的标准比较接近。另外，对比以往经典的锦标赛实验来看，我们的实验物质奖励程度也是合理的。

5.4　实验结果与分析

表 5.2 从整体上对 5 个实验的两阶段差值绝对值(努力水平)、拆台水平和最终值进行

---

① 这样做是为了避免被试行为在最后一轮产生突变。根据博弈论的观点，在有限次博弈中，参与人在最后一轮容易出现败德行为，在实验经济学中这被称为终止效应(termination effect)。

② 需要注意的是，本研究涉及各实验的差异主要在于 K 值的大小及不同添加方式。

了描述。

表 5.2　5 个实验组的实验信息

实验组别	实验设计	第一阶段差值绝对值	第二阶段差值绝对值	拆台水平	最终值
实验 1	基准实验	6.14	6.37	2.42	14.95
实验 2	固定 $K=2/0$	8.32	7.20	3.03	19.55
实验 3	固定 $K=4/0$	6.41	5.27	1.62	15.30
实验 4	"雪中送炭"	5.99	7.68	2.61	17.24
实验 5	"锦上添花"	6.68	7.24	3.27	18.12

5.4.1　努力水平分析

显然，两阶段差值绝对值之和越小代表被试预测得越准确，其在实验任务中付出的努力水平越高。5 个实验每一轮的平均努力水平如图 5.1 所示。

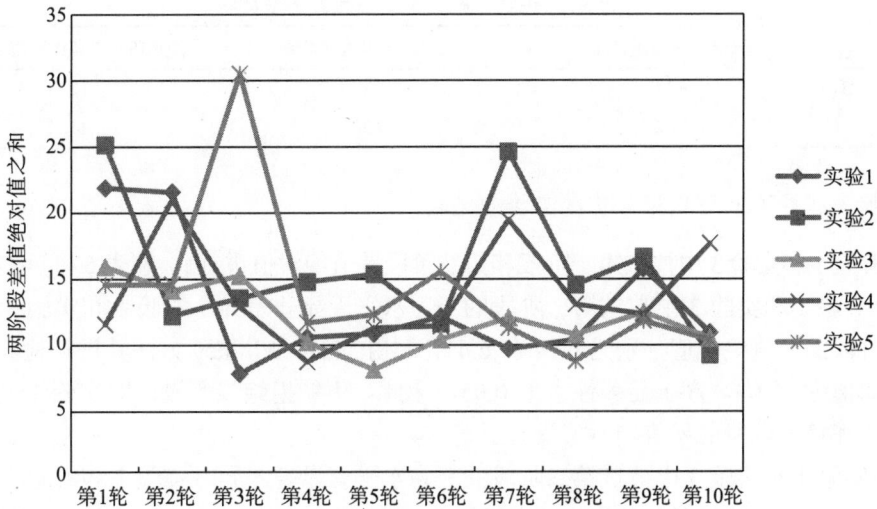

图 5.1　5 个实验组的每一轮平均努力水平

从图 5.1 中轮次数据看，在实验 2(较低程度的不公平)和实验 5("锦上添花")中，被试两阶段差值绝对值之和相对更大一些，因此其努力水平相对较低。

1. 不公平因素对代理人努力水平的影响

1)较低程度不公平实验与基准实验的比较

对实验 1 和实验 2 中被试第一阶段和第二阶段差值绝对值进行比较(表 5.3)，可以发现：

(1)实验 1 和实验 2 中被试在第一阶段的努力水平存在显著差异。实验 1 和实验 2 中被试在第一阶段的差值绝对值分别为 6.14 和 8.32，用 Mann-Whitney 方法对两组数据进行检验，得相伴概率值为 0.000，低于显著性水平 0.05，故拒绝零假设，即实验 1 与实验 2 的代理人在第一阶段的差值绝对值有显著差异。这说明在不公平因素 $K=2$ 或 0 的存在下，代理人在第一阶段的努力水平有显著降低。

(2)实验1和实验2中被试在第二阶段的努力水平存在显著差异。实验1和实验2中被试在第二阶段的差值绝对值分别为6.37和7.20,用Mann-Whitney方法对两者进行检验,相伴概率值为0.004,低于显著性水平0.05,故拒绝零假设,即实验1与实验2的代理人在第二阶段的差值绝对值存在显著差异。这说明在不公平因素$K=2$或0的存在下,代理人在第二阶段的努力水平也有显著降低。

(3)实验1和实验2中被试的平均努力水平也有着显著差异。实验1和实验2中被试两阶段差值绝对值之和分别为12.51和15.52,用Mann-Whitney方法对两数据进行检验,相伴概率值为0.000,低于显著性水平0.05,故拒绝零假设,即实验1与实验2的代理人在两阶段的总体平均努力水平存在显著差异。

综合上述分析可得出结论,较低程度不公平因素$K=2$或0的存在,使得被试的努力水平显著降低。假设1a在较低程度不公平锦标赛环境下得证。

表5.3　实验1和实验2的努力水平比较

实验组别	第一阶段差值绝对值	第二阶段差值绝对值	两阶段差值绝对值之和
1	6.14	6.37	12.51
2	8.32	7.20	15.52

2)较高程度不公平实验与基准实验的比较

对实验1和实验3中被试第一阶段和第二阶段差值绝对值进行比较(表5.4),可以发现:

(1)实验1和实验3中被试第一阶段的努力水平无显著差异。实验1和实验3中被试在第一阶段的差值绝对值分别为6.14和6.41,利用Mann-Whitney方法其进行检验,得其相伴概率值为0.103,高于显著性水平0.05,因此,不能拒绝零假设,即实验1与实验3的代理人在第一阶段的差值绝对值没有显著差异。

(2)实验1和实验3中被试第二阶段的努力水平有显著差异。实验1和实验3的代理人在第二阶段的差值绝对值分别为6.37和5.27,用Mann-Whitney方法对两组数据进行检验,得其相伴概率为0.033,低于显著性水平0.05,拒绝零假设,即实验1与实验3的代理人在第二阶段的差值绝对值存在显著差异。这说明在不公平因素$K=4$或0的存在下,代理人第二阶段的努力水平有了明显的提高。由于实验3中存在两类代理人($K=0$、$K=4$),故有必要继续探讨第二阶段努力水平发生改变的主要原因。

(3)实验1和实验3中被试的平均努力水平没有显著差异。实验1和实验3中被试两阶段差值绝对值之和分别为12.51和11.68,利用Mann-Whitney方法进行检验,得其相伴概率值为0.473,高于显著性水平0.05,不能拒绝零假设,即实验1与实验3的代理人在两阶段的总体平均努力水平没有显著差异。

综合以上分析可知,较高程度不公平因素$K=4$或0的存在,使得被试在第二阶段的努力水平有所提升;但较之基准实验,代理人第一阶段努力水平和两阶段总体努力水平没有发生显著变化。假设1a在较高程度不公平锦标赛环境下不成立。

表 5.4　实验 1 和实验 3 的努力水平比较

实验组别	第一阶段差值绝对值	第二阶段差值绝对值	两阶段差值绝对值之和
1	6.14	6.37	12.51
3	6.41	5.27	11.68

3）不同程度的不公平因素对代理人努力水平的影响

经由 Mann-Whitney 检验，我们发现实验 2 和实验 3 中被试第一阶段的努力水平、第二阶段及两阶段努力水平均存在显著差异（相伴概率分别为 0.003、0.000 和 0.000），实验 3 中被试努力水平明显高于实验 2（表 5.5）。

表 5.5　实验 2 和实验 3 的努力水平比较

实验组别	第一阶段差值绝对值	第二阶段差值绝对值	两阶段差值绝对值之和
2	8.32	7.20	15.52
3	6.41	5.27	11.68

综合以上分析可知，对比较低程度不公平实验，基准实验和较高程度不公平实验中被试的努力水平更高；较高程度不公平实验中被试整体努力水平与基准实验相比无显著差异，其第二阶段努力水平甚至更高。

该结论显示，不公平因素对代理人努力水平的影响可能并非线性关系，从实验数据看，二者之间呈现出"U"形关系，即较低程度的不公平激励效应最差，而公平或较高程度的不公平能激发代理人更高水平的努力。

4）特定角色代理人的努力水平

在实验 2 和实验 3 中，依据被添加的 K 值不同，实际上被试分为两种角色：得到公平对待的代理人（$K=0$）和受到不公平对待的代理人（$K=2$ 或 4），为方便表述，本书将其分别称为有利被试和不利被试。接下来我们对不同角色被试的努力水平做比较分析（表 5.6）。

表 5.6　有利被试与不利被试的努力水平

实验组别	代理人类别	第一阶段差值绝对值	第二阶段差值绝对值	两阶段差值绝对值之和
2	$K=0$	7.59	8.22	15.81
	$K=2$	9.05	6.19	15.24
3	$K=0$	5.94	4.63	10.57
	$K=4$	6.89	5.92	12.81

在实验 2 中，有利被试与不利被试第一阶段差值绝对值分别为 7.59 和 9.05，利用 Wilcoxon 秩和检验，其相伴概率为 0.306，因此接受零假设，有利被试与不利被试第一阶段努力水平无显著差异。对第二阶段差值绝对值和两阶段差值绝对值之和进行同样的分析，相伴概率分别为 0.548 和 0.819。因此，在实验 2 中，有利被试和不利被试的努力水平并无显著差异。与基准实验 1 相比努力程度的降低，主要是由于较低程度不公平因素的

存在，导致有利被试和不利被试均降低了努力水平。

在实验 3 中，有利被试与不利被试第一阶段差值绝对值分别为 5.94 和 6.89，利用 Wilcoxon 秩和检验，其相伴概率为 0.069，因此接受零假设，有利被试与不利被试第一阶段努力水平无显著差异。对第二阶段差值绝对值和两阶段差值绝对值之和进行同样的分析，相伴概率分别为 0.026 和 0.038，拒绝原假设，即有利被试的第二阶段努力水平和两阶段整体努力水平都高于不利被试。实验 3 与基准实验 1 相比，被试平均努力程度大体相当，主要由于有利被试在第二阶段增加了努力供给。换言之，有利被试在较高程度不公平实验中得到了最大优待，进而形成努力激励；不利被试的努力水平基本不变。

2. 倾斜政策对代理人努力水平的影响

1)"雪中送炭"实验与基准实验的比较

"雪中送炭"倾斜政策中，第一阶段绩效领先者将会被添加 $K=2$，使得其股票价格预测值距离真实值更远，降低其绩效产出，进而使锦标赛变得更均衡。实验 4 中，被试第一阶段差值绝对值、第二阶段差值绝对值和两阶段差值绝对值之和分别为 5.99、7.68 和 13.67（表 5.7）。利用 Mann-Whitney 检验同基准实验 1 进行比较，相伴概率分别为 0.752，0.230 和 0.436，因此接受零假设，实验 1 和实验 4 中被试的努力水平无显著差异。假设 2a 不成立。

表 5.7   实验 1、实验 4 和实验 5 的努力水平比较

实验组别	第一阶段差值绝对值	第二阶段差值绝对值	两阶段差值绝对值之和
1	6.14	6.37	12.51
4	5.99	7.68	13.67
5	6.62	7.24	13.86

2)"锦上添花"实验与基准实验的比较

"锦上添花"倾斜政策中，第一阶段绩效落后者将会被添加 $K=2$，这样的做法无疑加大了代理人之间产出差距，使得强者更强，弱者更弱。这样一种机制其实反映的是"马太效应"。实验 5 中，被试第一阶段差值绝对值、第二阶段差值绝对值和两阶段差值绝对值之和分别为 6.62、7.24 和 13.86（表 5.7）。利用 Mann-Whitney 检验同基准实验 1 进行比较，相伴概率分别为 0.008，0.138 和 0.019，表明实验 5 中被试第一阶段差值绝对值、两阶段差值绝对值之和与实验 1 存在显著差异，"锦上添花"倾斜政策降低了被试的努力水平。假设 3a 成立。

3)"雪中送炭"实验与"锦上添花"实验的比较

"雪中送炭"实验与"锦上添花"实验的区别在于：前者扶助落后者，让竞赛变得更加均衡；后者优待领先者，让竞赛局面愈发不平衡。

利用 Mann-Whitney 检验对实验 4 和实验 5 的数据进行比较，发现被试第一阶段差值绝对值存在显著差异（相伴概率为 0.023），"雪中送炭"实验中被试的第一阶段努力水平

高过"锦上添花"实验。但是，关于第二阶段努力水平以及两阶段整体努力水平的检验却不能拒绝零假设（相伴概率分别为 0.709 和 0.159），所以实验 4 和实验 5 在第二阶段努力水平及整体努力水平上并无显著差异。

5.4.2　拆台水平分析

本章研究中被试为了获得竞赛的胜利，除努力提高自身产出外，还可通过拆台方式减少竞争对手的产出。拆台可以直接影响对手的预测结果（例如每对对手实施 1 单位拆台，则对手最终值增加 1），但是也会造成自身成本的增加进而影响自身收益（每单位拆台成本为 0.05）。5 个实验每一轮的平均拆台水平如图 5.2 所示。

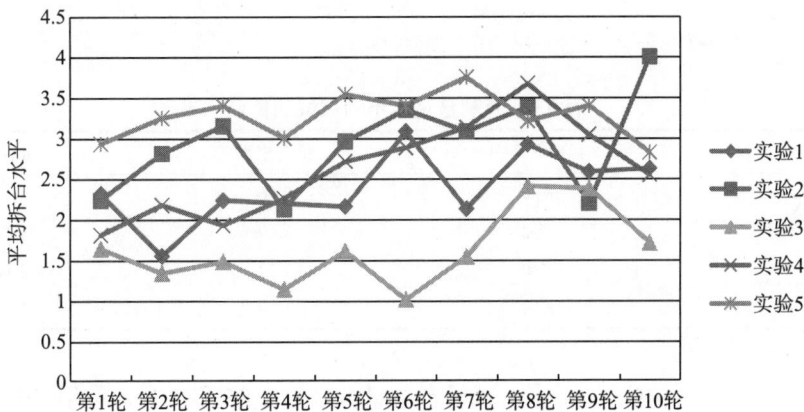

图 5.2　5 个实验组的每一轮平均拆台水平

从图中轮次数据看，在实验 1（基准实验）和实验 3（较高程度的不公平）中，被试拆台数量相对较低；而实验 2（较低程度的不公平）和实验 5（"锦上添花"）中，被试实施了较多的拆台。

1. 不公平因素对代理人拆台水平的影响

1）不同实验间的拆台水平比较

实验 1、实验 2 和实验 3 中被试平均拆台数量分别为 2.42、3.03 和 1.62（表 5.8）。利用 Kruskal-Wallis 检验对 3 个实验的拆台数据进行均值比较分析，卡方统计显示的相伴概率为 0.000，因此可认为拆台数量在 3 个实验中存在显著差异。

利用 Mann-Whitney 检验对实验 1 和实验 2 的拆台数据进行比较分析，相伴概率为 0.012，因此拒绝零假设，即实验 2 中被试拆台数量显著高于基准实验 1。这说明，较低程度的不公平导致了更多的拆台行为。

利用 Mann-Whitney 检验对实验 1 和实验 3 的拆台数据进行比较分析，相伴概率为 0.011，因此拒绝零假设，即实验 3 中被试拆台数量显著低于基准实验 1。这说明，较高程度的不公平反而减少了被试间的拆台行为。

利用 Mann-Whitney 检验对实验 2 和实验 3 的拆台数据进行比较分析，相伴概率为

0.000，因此拒绝零假设，即实验 2 中被试拆台数量显著高于实验 3。

以上分析表明，假设 1b 在较低程度不公平锦标赛中成立，而在较高程度不公平锦标赛中不成立。不公平程度与代理人拆台水平之间可能呈现倒 "U" 形关系。

表 5.8   实验 1、实验 2 和实验 3 的拆台水平比较

实验组别	拆台水平	标准差
1	2.42	3.70
2	3.03	3.53
3	1.62	2.63

2) 特定角色代理人的拆台水平

不同角色被试的拆台水平比较分析见表 5.9。

表 5.9   有利被试与不利被试的拆台水平

实验组别	代理人类别	拆台水平	标准差
2	$K=0$	2.56	3.27
	$K=2$	3.49	3.73
3	$K=0$	1.24	2.12
	$K=4$	1.99	3.03

在实验 2 中，有利被试与不利被试拆台数量分别为 2.56 和 3.49，利用 Wilcoxon 秩和检验，其相伴概率为 0.018，因此拒绝零假设，有利被试与不利被试的拆台水平存在显著差异，不利被试的拆台水平更高。

在实验 3 中，有利被试与不利被试拆台数量分别为 1.24 和 1.99，利用 Wilcoxon 秩和检验，其相伴概率为 0.004，因此拒绝零假设，有利被试与不利被试的拆台水平存在显著差异，不利被试的拆台水平更高。

综合以上分析，可以看出在不公平锦标赛中，受到规则歧视或受到不公平对待的被试会实施更多的拆台行为。竞赛机制公平与否，会对代理人的拆台行为产生直接影响。

2. 倾斜政策对代理人拆台水平的影响

实验 1、实验 4 和实验 5 中被试平均拆台数量分别为 2.42、2.61 和 3.27（表 5.10）。利用 Kruskal-Wallis 检验对三个实验的拆台数据进行均值比较分析，卡方计量显示的相伴概率为 0.006，因此可认为拆台数量在三个实验中存在显著差异。

表 5.10   实验 1、实验 4 和实验 5 的拆台水平比较

实验组别	拆台水平	标准差
1	2.42	3.70
4	2.61	2.81
5	3.27	4.04

利用 Mann-Whitney 检验对实验 1 和实验 4 的拆台数据进行比较分析，相伴概率为 0.010，因此拒绝零假设，即实验 4 中被试拆台数量显著高于基准实验 1。这说明，"雪中送炭"型倾斜政策导致了更多的拆台行为。

利用 Mann-Whitney 检验对实验 1 和实验 5 的拆台数据进行比较分析，相伴概率为 0.005，因此拒绝零假设，即实验 5 中被试拆台数量显著高于基准实验 1。这说明，"锦上添花"型倾斜政策也导致了更多的拆台行为。

利用 Mann-Whitney 检验对实验 4 和实验 5 的拆台数据进行比较分析，相伴概率为 0.484，接受零假设，即实验 4 中被试拆台数量与实验 5 相比无显著差异。

综合以上分析，倾斜政策（不论是"雪中送炭"还是"锦上添花"）都增加了被试的拆台数量。假设 2b 和假设 3b 成立。倾斜政策的"副产品"之一，在于组织内部负面行为如拆台可能会增加，这与 Calsamiglia 等（2013）的研究结论是一致的。

5.4.3　代理人绩效产出分析

在本章中，最终值等于两阶段差值绝对值、被拆台数以及被添加的 K 值之和，用以判定胜负关系；最终值越小的被试，将获得竞赛的胜利。对委托人而言，由于 K 值是其人为添加给代理人的，不是真正意义上的产出，因此代理人的绩效产出被界定为两阶段差值绝对值与被拆台数之和。该数值越小，则绩效水平越高。5 个实验每一轮的绩效产出如图 5.3 所示。

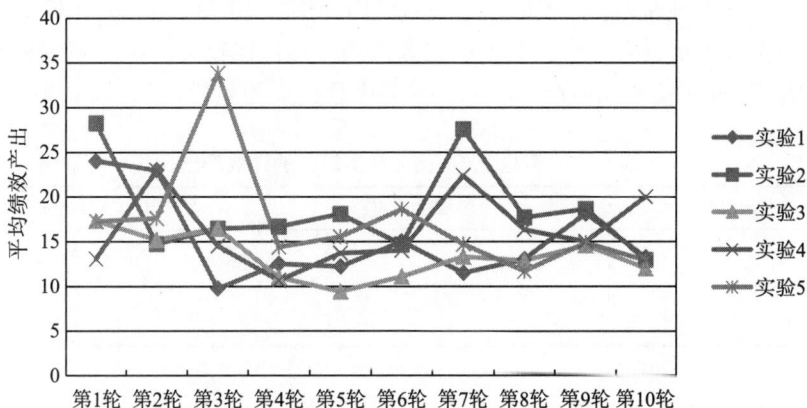

图 5.3　5 个实验组的每一轮平均绩效产出

从图 5.3 中轮次数据看，在实验 1（基准实验）和实验 3（较高程度的不公平）中，代理人的绩效产出水平相对较高。

1. 不公平因素对代理人绩效产出的影响

实验 1、实验 2 和实验 3 中被试平均绩效产出分别为 14.95、18.55 和 13.31（表 5.11）。利用 Kruskal-Wallis 检验对三个实验的绩效数据进行均值比较分析，卡方统计量显示的相伴概率为 0.000，因此可认为绩效产出在三个实验中存在显著差异。

表 5.11　实验 1、实验 2 和实验 3 的绩效产出比较

实验组别	绩效产出	标准差
1	14.95	9.83
2	18.55	12.71
3	13.31	9.00

利用 Mann-Whitney 检验对实验 1 和实验 2 的绩效产出数据进行比较分析，相伴概率为 0.000，拒绝零假设，即实验 2 中被试绩效显著低于基准实验 1。这说明较低程度的不公平导致了更少的绩效产出。

利用 Mann-Whitney 检验对实验 1 和实验 3 的绩效产出数据进行比较分析，相伴概率为 0.039，拒绝零假设，即实验 3 中被试的绩效产出显著高于基准实验 1。这说明较高程度的不公平对于代理人绩效有促进作用。

利用 Mann-Whitney 检验对实验 2 和实验 3 的绩效产出数据进行比较分析，相伴概率为 0.000，拒绝零假设，即实验 2 中被试绩效显著低于实验 3。

联系之前 5.4.1 节关于被试努力水平以及 5.4.2 节关于被试拆台水平的分析，由于相对实验 1（基准实验）和实验 3（较高程度不公平），实验 2（较低程度不公平）中被试的努力水平更低，但拆台水平更高，因此其最终绩效较差应在情理之中。

2. 倾斜政策对代理人绩效产出的影响

实验 1、实验 4 和实验 5 中被试平均绩效产出分别为 14.95、16.28 和 17.13（表 5.12）。利用 Kruskal-Wallis 检验对三个实验的绩效数据进行均值比较分析，卡方统计显示的相伴概率为 0.005，因此可认为绩效产出在三个实验中存在显著差异。

表 5.12　实验 1、实验 4 和实验 5 的绩效产出比较

实验组别	绩效产出	标准差
1	14.95	9.83
4	16.28	11.92
5	17.13	10.30

利用 Mann-Whitney 检验对实验 1 和实验 4 的绩效产出数据进行比较分析，相伴概率为 0.324，接受零假设，即实验 4 中被试绩效产出与基准实验 1 并无显著差异。这说明，"雪中送炭"倾斜政策并不能提升代理人的绩效产出。

利用 Mann-Whitney 检验对实验 1 和实验 5 的绩效产出数据进行比较分析，相伴概率为 0.001，拒绝零假设，即实验 5 中被试的绩效产出显著低于基准实验 1。这说明"锦上添花"倾斜政策降低了代理人的绩效产出。

利用 Mann-Whitney 检验对实验 4 和实验 5 的绩效产出数据进行比较分析，相伴概率为 0.038，拒绝零假设，即实验 5 中被试绩效产出显著低于实验 4。相对"雪中送炭"，"锦上添花"倾斜政策的产出效应更差。

联系之前 5.4.1 节关于被试努力水平以及 5.4.2 节关于被试拆台水平的分析,由于相对实验 1(基准实验)和实验 4("雪中送炭"),实验 5("锦上添花")中被试的努力水平更低,但拆台水平更高,因此其最终绩效较差也在意料之中。

5.5　研究结论、现实思考与建议

5.5.1　研究结论

(1)在较低程度不公平锦标赛中,代理人的努力水平显著降低,这一结果与 Schotter 和 Weigelt(1992)、闫威和陈长怀(2012)的研究结论一致。在较高程度不公平锦标赛中,与基准实验(公平锦标赛)相比,代理人的努力水平没有明显变化;与较低程度不公平锦标赛相比,代理人的努力水平更高。该结论显示,不公平因素对代理人努力水平的影响可能并非线性关系,而是呈现出"U"形关系,即较低程度的不公平激励效应最差。这一点或可用 Kahneman 和 Tversky(1979)提出的前景理论(prospect theory)解释。该理论认为,人们对于获得和损失的主观效用具有"敏感性递减"的特点,即在零点附近的获得或损失对个体的影响相对更大。我们推测较小程度的不公平正好处于零点邻域,因不公平产生的负激励在边际效应上更强一些。

(2)本章相较以往研究的不同之处在于我们将代理人之间的拆台行为纳入研究视野,而对于拆台水平的分析发现:比之基准实验,较低程度不公平因素的存在提升了代理人的拆台水平,进而导致了更低的绩效产出。在较高程度不公平锦标赛中,代理人的拆台水平反而更低,因此其绩效产出也更高。不公平程度与代理人拆台水平之间呈现出"倒 U"形关系。

(3)对特定角色代理人的行为分析表明,在较低程度不公平锦标赛中,有利被试和不利被试的努力水平无显著差异,且都低于基准实验;而在较高程度不公平锦标赛中,有利被试的第二阶段努力水平和两阶段整体努力水平都高于不利被试,表明实验 3 的高绩效产出主要是由于有利被试受到了有效激励。根据 Vroom(1964)提出的期望理论(expectancy theory),激励力等于效价与期望值之积。人们采取某项行动的动力或激励力取决于其对行动结果的价值评价和预期达成该结果可能性的估计。从期望值的角度看,一个人对目标的把握越大,估计达到目标的概率越高,其动力越强烈。在实验 3 中,不利被试最终值被添加 $K=4$,有利被试的获胜概率变大,从而供给了更高的努力水平。

(4)"雪中送炭"倾斜政策没有增加代理人的努力水平,代理人之间的拆台数量反而增多,其绩效产出与基准实验相比也没有显著变化。这一结论与 Schotter 和 Weigelt(1992)、Fryer 和 Loury(2005)、Franke(2012)以及 Calsamiglia 等(2013)的研究结论相反。他们认为"雪中送炭"倾斜政策可以提升代理人的努力水平,取得公平与效率的统一。我们的发现部分证实了 Brown 和 Chowdhury(2017)的观点,其关于赛马数据的实证结果显示更均衡的竞赛虽然激发出更高的努力水平,但也为拆台等破坏行为提供了温床。本章的研究结果则显示,促使比赛均衡的动机固然无可厚非,但"雪中送炭"倾斜政策实际上没有提升代理人的努力激励,一种可能的解释是更趋激烈的竞争使得代理人将一部分精力用于拆台等负面行为。

(5)"锦上添花"倾斜政策降低了代理人的努力水平，增加了代理人之间的相互拆台，降低了绩效产出。同基准实验和"雪中送炭"倾斜政策实验相比，"锦上添花"倾斜政策本身没有公平或均衡竞赛方面的考量，着眼点纯粹在于提升效率，其背后的逻辑是：只要能从有利者身上攫取的产出增加超过不利者的产出下降，那么"马太效应"就是合理的。但是，本章的研究发现，"锦上添花"倾斜政策并未体现出任何效率上的优势。

5.5.2 现实思考

(1)企业应加强对组织公平重要性的认识，通过公平合理的机制设计和内部管理避免不公平因素对员工和组织绩效产生消极影响。根据社会交换理论(social exchange theory)的观点，员工通常把组织公平性作为衡量自己与组织之间关系质量的重要标准。如果组织缺乏必要的公平性，那么会在一定程度上降低员工与组织关系的质量，员工会以较为消极的态度来对待工作(Masterson et al.，2000)。组织公平可细分为分配公平、程序公平、人际公平和信息公平(Colquitt，2001)，分别从结果、过程、互动和资源等角度对员工的组织公平感进行了描述。根据我们的研究结论，竞赛规则的不公平对员工的努力水平、拆台行为和绩效产出均有重要的影响，因此企业应高度重视内部管理中的程序公平或过程公平问题，从绩效考核、薪酬与晋升管理等方面确定统一标准，完善制度设计，确保对所有员工一视同仁。

另外，本章研究还显示较低程度不公平因素带来的激励效应是最差的，因此企业对于组织公平的建设，切忌"行百里者半九十"。对于组织不公平的部分妥协或容忍，可能会对员工和组织绩效产生破坏性的影响。

(2)"雪中送炭"倾斜政策的初衷固然良好，但其激励效应有待进一步考证，本章研究发现该政策不仅不能提高代理人的努力水平和绩效产出，反而诱发更多的拆台行为。在企业管理和公共事务管理中，对于"肯定性行动"(affirmative action)的使用需格外慎重。

从国外的实践看，"肯定性行动"始于1965年美国总统林登·约翰逊签署的"11246号行政令"，其核心就是优先对待(包括优先录取和优先聘用)：针对少数族裔或妇女工作上优先雇用(不解雇)、提拔，高校招生上优先录取(肖地生，2016)。从20世纪60年代直至80年代，大学入学考试降分、招工中的配额制等"肯定性行动"广泛应用于美国、印度、马来西亚、斐济、南非等国的社会管理之中。但是，自1990年以来，对"肯定性行动"等倾斜政策的质疑日益增多。Sander(2004)认为，由于不匹配(达不到知名大学的学术水准要求)，黑人更有可能从法学院辍学以及在律师考试中失败；如果没有"肯定性行动"，黑人律师将比目前增加7.9%。王丽萍(2017)分析指出："由于'肯定性行动'政策常常以特定人群为对象而把其他人群排斥在外，因而表现出明显的倾向性与非包容性(排他性)，使得目标在于促进公平和社会凝聚的'肯定性行动'政策把同属一个体系的人们划分为受益者和受损者(或相对受损者)，可能的结果是在应对某些方面的差距或不公平问题的同时又在其他方面产生新的不公。'顾此失彼'因而成为'肯定性行动'政策在政策结果意义上的一个明显特征，也突显了公共政策碎片化和可能相互矛盾的问题。实际上，常被用于修饰'肯定性行动'的补偿性、优惠、倾斜等词汇，很大程度上提示了'肯定性行动'被作为政治权宜之计的一面。"倾斜政策逐渐式微的一个具有风向标意义的事件是 1996 年 11 月加利福尼亚州选民以 56%比 44%投票通过"209 号倡议"，从此该州所有合同中的"肯定性行动"条款违法。来自美国 1300 多个四年制学院和大学的数据也显示，在招生中考虑种族或者族群因素的学校数从 20 世纪 90 年代中期开始急剧下滑，尤其是公立高校。四年制公立高校在招生中考虑种族因素的比例从 60%多下降到 35%(肖地生,2016)。

(3)企业管理中应慎重使用"锦上添花"倾斜政策，避免"马太效应"的负面影响。业绩卓著的"明星"员工固然能起到较好的榜样和表率作用，但把所有资源投向"明星"员工却让企业处于较高的风险之中。第一，由于边际产出递减规律，"明星"员工的产出未必能伴随资源的增加而大幅增加；第二，普通员工获胜希望渺茫，会导致更多的怠工、离职等退出行为(drop-out)。正如本章研究表明的，"锦上添花"倾斜政策降低了代理人的努力水平，增加了代理人之间的拆台，并降低了绩效产出。

"锦上添花"或"马太效应"在学术界并不鲜见，2017 年诺贝尔生理学或医学奖获得者、美国遗传学家杰弗里·霍尔对此现象颇有微词，而韩国生物学家黄禹锡就是一个反面例子。黄禹锡教授因其关于人体干细胞的研究被誉为韩国"克隆之父"，韩国政府授予其"韩国最高科学家"荣誉，并向其研究小组提供数百亿韩元资金用于研究；黄禹锡不断出现在国内外各种学术会议和公开场合，成了韩国"国宝"级人物，甚至享受政府提供的保镖服务(王骏, 2006)。但在 2005 年 12 月，他被揭发伪造多项研究成果，韩国举国哗然。黄禹锡发表在《科学》杂志上的干细胞研究成果均属子虚乌有。2009 年 10 月 26 日，韩国法院裁定，黄禹锡侵吞政府研究经费、非法买卖卵子罪成立，被判 2 年徒刑，缓刑 3 年。

5.5.3　局限性和后续研究建议

本章也存在一定的不足，首先，不同的锦标赛规模和结构可能会对锦标赛整体效率产生影响，但是囿于时间和精力，本章仅考虑了锦标赛规模为 2 人时的情况，锦标赛规模或结构变化时结论是否成立有待进一步考察。

其次，本章实验中对 K 值的划分(选择)还可以进一步细化，本书仅分析了 K=2 或 0，K=4 或 0 两种情况[①]，后续可以增加多种 K 值水平以反映不同的不公平程度，对不公平因素与代理人行为之间的关系进行细化研究。

最后，本章研究使用的被试主要是在校大学生或研究生，将来在条件和资金允许的情况下，可补充企业或社会组织员工作为被试，对不同来源的被试样本进行比较分析，以增加研究的外部效度。

---

① 在本书五个实验中，被试两阶段差值绝对值平均为 13.37，心理学将个体刚刚可以感觉到的差别称为"最小可觉差"(just noticeable difference，JND)，其相对比例一般为 15%，因此本书将 K 值设定为 2 或 4 是合理的，但仅有两种水平仍是局限之一。

第6章 动态锦标赛规模和结构
对代理人行为的影响

6.1 引　　言

自 1981 年 Lazear 和 Rosen 提出锦标赛理论以来，锦标赛机制作为一种基于相对绩效的激励策略，因其显著的优势在不同学科领域引发了广泛的研究。目前其已经应用于企业的不同领域中，如员工晋升管理、创新竞赛、特许经营等。

Ederer(2010)认为现实中的锦标赛往往是一个长期的过程，具有典型的多阶段动态特征。例如，企业员工的晋升常常需要数年甚至更长。相对于静态锦标赛而言，动态锦标赛中代理人之间的相互影响更加明显，并且代理人的努力水平和拆台行为也会随竞争对手的行为而进行调整。

锦标赛规模指参加锦标赛的人数。不同规模的锦标赛，代理人的努力水平和绩效产出可能会有所不同。Orrison 等(2004)认为增大锦标赛的规模，会有助于提高代理人的绩效产出；但曾馨逸和闫威(2010)通过实验研究发现，当奖金结构不变时，代理人的绩效水平与锦标赛规模并没有显著相关性。

锦标赛结构即竞赛中代理人的获胜数占总参赛者的比例，已有的关于锦标赛结构对代理人行为影响的结论大致分为两种。Harbring 和 Irlenbusch(2003)的研究发现，获奖比例越高，能在一定程度上激励代理人表现出更高的努力水平。而 Orrison 等(2004)认为，应该尽可能降低获胜者的比例，只要保证获胜者比例不会低到使代理人的努力水平为零或者退出比赛即可。

由于不同学者研究结论的不一致，本章尝试利用真实努力实验研究方法来探讨锦标赛规模和结构对动态锦标赛机制中代理人行为的影响。

6.2 文　献　综　述

自 1981 年 Lazear 和 Rosen 提出锦标赛理论以来，许多关于锦标赛的研究都集中在静态环境上。但在静态锦标赛中，代理人的努力水平是事先选定的，难以反映代理人之间的相互影响。Tong 和 Leung(2002)通过对生物科学和社会的研究发现，人们自身的策略常常会随着对手先前行为的变化而发生改变。动态锦标赛的这种多阶段性特征，让代理人能够及时改变后续策略，也使研究动态锦标赛更能与现实相结合。Ederer(2010)分析了代理人在锦标赛上的中期策略，发现评估效应与激励效应会影响其行为。在代理人的努力水平和能力大小互补的情况下，公开信息会使其对自己的相对绩效和产出值更加清楚。

学者的另一个关注点是不同锦标赛机制设计因素对代理人努力行为的影响。Eriksson(1996)研究发现，当公司环境具有不确定性时，管理者的薪酬差距会扩大，且会随着管理者人数的增加而增加，同时使公司创造更好的业绩。尽管报酬差距大的锦标赛可以激励代理人更加努力，但也可能造成适得其反的行为。当管理者强调工资的增长基于绩效时，报酬差距和公司最高执行者的营业额是负相关的，但当管理者强调工资的增长基于资历时，相关性要小些(Shaw and Gupta，2007)。在对努力水平的实验研究中，Schotter 和Weigelt(1992)、Van Dijk 等(2001)发现，在非对称锦标赛中，低能力的代理人会选择较低的努力水平或直接退出竞争。Orrison 等(2004)对不同规模、不同奖金结构的对称锦标赛进行的实验研究结果表明，如果锦标赛中获胜者比例较高，则代理人的努力程度会降低。

除此之外，有学者还发现锦标赛机制中代理人会产生拆台行为。拆台行为指例如故意阻碍信息传播、营造不好的气氛、延迟生产、破坏对手劳动成果等对组织正常运行有所妨碍的行为。Lazear(1989)是第一位对锦标赛中拆台行为进行理论性研究的学者，其研究表明，在存在拆台行为的锦标赛中，赢家与输家之间的最优奖金差距要低于无拆台行为的锦标赛。Konrad(2000)认为在只有少数参赛者的锦标赛中，拆台行为将更为激烈。而在有多位参赛者的锦标赛中，拆台行为则不那么频繁。因为如果对某位参赛者进行"阴谋"设计，那么受益的则会是其他多位参赛者。Kräkel(2005)认为拆台行为与团队协作行为均可作为评估非对称锦标赛竞争程度的指标。Harbring 和 Irlenbusch(2003，2005，2008)用实验研究的方法分析了竞争者数量、获胜比例、奖金差距和沟通因素对代理人拆台行为的影响，实验数据表明，被试拆台行为的发生频率受奖金差距的影响较大，即奖金差距越大，拆台行为越频繁，因此委托人倾向于缩小奖金差距〔薪酬压缩(wage compression)〕。Carpenter 等(2010)通过真实努力实验对拆台行为进行分析，发现拆台行为会使代理人的绩效水平降低，不仅会使委托人的利益降低，还会让代理人产生挫折感。Vandegrift 和 Yavas(2010)从股票价格竞猜的真实努力实验中发现，奖金差距的增大，会提高被试拆台的频率，而绩效水平并没有显著增加；奖金差距的减小，却能让被试的拆台水平降低。Subhasish 和 Oliver(2015)认为"拆台"是一种故意和昂贵的行为，它会降低竞争对手赢得比赛的可能性。

锦标赛的规模与结构工作为锦标赛设计的重要内容，逐渐成为学者们感兴趣的研究方向。O'Keefe 等(1984)研究了锦标赛中代理人数量与报酬差距和报酬水平之间的相互关系。他们发现锦标赛中代理人数量的增加会导致最高报酬水平的提升，报酬差距也会随之增大。紧接着有学者尝试利用实验研究和模型推导法去探索锦标赛规模对代理人绩效的影响，但他们的研究结果并不一致。Orrison 等(2004)认为扩大锦标赛的规模，会有助于提高代理人的绩效产出；但曾馨逸和闫威(2010)则通过实验研究发现当奖金结构不变时，代理人的绩效水平与锦标赛规模并没有显著相关性。因此，在锦标赛激励机制中，锦标赛规模对代理人的绩效会产生哪些影响还有待进一步探索。

在广泛研究锦标赛规模的同时，锦标赛结构也成为学者关注的一个重要方面。目前已有研究中关于锦标赛结构对代理人行为影响的结论大致分为两种。Harbring 和 Irlenbusch(2003)研究不同结构的锦标赛对代理人努力水平的影响，结果发现，在 1/2、2/3 的获胜比例中，代理人的努力水平高于 1/3 获奖比例中代理人的努力水平。从理论的角度来看，更高的获胜比例在锦标赛模型中会提供和增加获胜奖品同等的激励。曾馨逸和闫威 (2010) 的研究结果也为这一结论提供了支持。而 Orrison 等 (2004) 的研究却得出了相反的结论，他认为应该尽可能降低获胜者的比例，只要这一比例不会低到使代理人的努力水平为零或者退出比赛即可。

以上研究成果为我们进一步探讨锦标赛规模和结构对动态锦标赛机制下代理人行为的影响奠定了基础。但同时我们也发现，不管是锦标赛规模或者结构对代理人努力水平的影响，目前学术界的结论是不一致的，并且多数研究是在静态锦标赛机制环境下完成的。在此机制下，代理人的努力水平不会随着竞争对手的行为而调整。在现实生活中，锦标赛机制更多是一种动态的过程，代理人会根据对手的行为调整自己的行为。同时，有关锦标赛规模和结构对代理人拆台行为影响的研究较少。本章研究选取中国被试，采用可控的实验性研究，探讨在动态锦标赛机制下不同规模和结构的锦标赛对代理人行为的影响，从而为锦标赛激励机制的合理设计提供理论基础。采用实验研究方法可以实现对隐蔽拆台行为的直接测量，且受控实验能有效排除其他无关的外部因素，保证研究结果的准确性和有效性。同时，真实努力任务的引入，可以在更加接近现实的模拟情境中，使代理人的行为决策更加真实，更具有可靠性。

与以往研究相比，本章可能的创新之处在以下三个方面：第一，采用实验研究方法，选取中国被试，研究锦标赛规模和结构对代理人努力水平和拆台行为的影响，弥补了国内关于此问题研究的不足。第二，根据 Falk 和 Fehr(2003) 的观点，实验研究方法是极适用于锦标赛领域的，然而囿于数据可得性(拆台行为是代理人刻意隐藏的行动和信息)和控制外生变异的限制，对于锦标赛中拆台行为的现场实证研究稀少。Harbring 等 (2007) 研究了非对称锦标赛环境下的拆台行为，但他们采用的是数字选择实验 (effort-chosen experiment)。到目前为止，只有极少数文献采用真实努力实验来研究锦标赛机制中代理人的拆台行为。本章采用真实努力实验研究不同规模和结构对代理人努力水平和拆台行为的影响，使研究成果更具真实性和可靠性。第三，相比曾馨逸和闫威 (2010) 对锦标赛规模和结构的研究，本章除了实验设计有所不同，还加入对代理人拆台行为的研究，使委托人在变动竞赛规模或者结构的同时能有更多的参考因素。

6.3　研　究　设　计

6.3.1　实验介绍

本章采用真实努力实验方法，共设计了 1/2、2/4、1/4 三个真实努力实验，以研究动态锦标赛规模和结构对代理人行为的影响。实验任务是代理人根据给定的股票预测两因素数据关系表对股票价格进行预测。每个实验进行 10 轮，共进行两个阶段。第一阶段结束后，实验组织者会向代理人公开自己和竞争对手预测股票的差值绝对值。代理人根据现有信息判断是否对竞争对手进行拆台，并开始第二阶段股票价格的预测。第二阶段结束后，代理人将会得知自己两阶段预测差值绝对值的总和、被拆台数，以及是该轮实验的"胜利者"还是"失败者"。本章研究涉及努力水平、拆台水平和绩效水平 3 个因变量。股票的真实价格和代理人预测的价格之间的差值绝对值越小，表示代理人努力水平越高。同时，代理人可以选择对竞争对手拆台，拆台成本为 0.05 每个，也可能被竞争对手拆台。拆台数越多，表示拆台水平越高。绩效产出取决于努力水平和被拆台数量，即两阶段差值绝对值之和加上被拆台数。同样，最终差值绝对值越大，表示代理人的绩效水平越低。

1/2 实验和 2/4 实验研究当锦标赛结构不变时，锦标赛规模对代理人行为的影响；2/4 实验和 1/4 实验研究当锦标赛规模不变时，锦标赛结构对代理人行为的影响。其中，1/2 实验是指随机 2 人为一组，排名靠前的代理人为获胜者，获得收益 M=1.3，其余获得收益 m=0.7，依此类推。实验设计如表 6.1 所示：

表 6.1　实验设计

序号	锦标赛规模	数量	拆台成本	M	m	轮数	参与人数
1	2	1	0.05	1.3	0.7	10	28
2	4	2	0.05	1.3	0.7	10	24
3	4	1	0.05	1.3	0.7	10	24

6.3.2　实验实施

2015 年 12 月至 2016 年 4 月间，我们从重庆大学各个专业的高年级本科生和低年级研究生中招募了 76 名被试（男性 29 人，女性 47 人），每名被试只允许参加一次实验。实验在重庆大学经济与工商管理学院的行为学实验室进行，我们采用改良过的 Z-Tree 软件进行股票价格竞猜。实验开始前，代理人被实验组织者以随机和匿名的方式配对为 2 人（1/2 实验）或者 4 人（2/4 实验和 1/4 实验）一组，实验期间每组成员的分配保持不变。接着实验组织者会给被试 10 分钟时间阅读实验指导语以了解实验规则，并对实验规则进行讲解。确认没有问题后，会进行一轮预实验，让参与者先实际了解和操作一遍实验。但这次预实验的数据不纳入最后的实验数据。正式实验过程如下：首先，参与者根据实验指导语上的股票数据表中因素 1 和因素 2 来预测股票价格，待电脑程序显示出第一阶段的两个因素，参与者根据自己之前的猜测和计算来预测股票价格，并将结果填入电脑程序里相对应的地方。在全部参与者都提交预测价格后，电脑程序会显示以下信息："你的预测值""股票实际值""差值绝对值""对手的差值"。随后，代理人根据电脑程序提供的因素 1 和因素 2，预测第二阶段的股票价格，并且决定是否对竞争对手拆台。如果其要拆台，则需选择拆台个数。第二阶段股票价格预测结束后，电脑程序会显示以下信息："你的预测值""股票实际值""第二阶段差值绝对值""最终值""被拆台数"，以及参与者是获胜还是失败、本轮受益和累计受益。将此过程循环 10 次。为了保证被试有获胜的激励，我们对参与实验的每位被试进行物质奖励：出场费 5 元，实验结束后失败的被试获得 10 元报酬，而获胜的被试则得到 20 元报酬。

6.3.3　研究假设

笔者认为当锦标赛规模增大时，委托人会因为参与者人数的增加而提高报酬水平和扩大报酬差距。因此，代理人会产生更强的竞争意识，进而提高其努力水平。而在以往的研究中，大多数学者认为代理人的拆台行为与参赛者的能力异质性和奖金差距有关，代理人的拆台水平并不会随着锦标赛规模的增大而产生强相关性。因此本章提出以下假设：

假设 1a：规模为 1/2 锦标赛激励模式中代理人的平均努力水平低于规模为 2/4 锦标赛激励模式中代理人的平均努力水平。

假设 1b：规模为 1/2 锦标赛激励模式中代理人的平均拆台水平与规模为 2/4 锦标赛激励模式中代理人的平均拆台水平无显著差异。

假设 1c：规模为 1/2 锦标赛激励模式中代理人的绩效水平低于与规模为 2/4 锦标赛激励模式中代理人的绩效水平。

尽管有学者认为在锦标赛模型中更高的获胜比例会提供和增加与获胜奖品同等的激励效果，但 Orrison 等(2004)认为只要保证获胜者的比例不会低到使代理人的努力水平为零或者退出比赛，则获胜者比例越低，代理人努力水平越高。程永亮(2013)实验研究表明当存在阶段性绩效信息反馈时，结构为 2/3 的锦标赛模型比结构为 1/3 的锦标赛模型的代理人拆台水平要高。因此，综上所述，本章提出以下假设：

假设 2a：结构为 2/4 锦标赛激励模式中代理人的平均努力水平低于结构为 1/4 锦标赛激励模式中代理人的平均努力水平。

假设 2b：结构为 2/4 锦标赛激励模式中代理人的平均拆台水平高于结构为 1/4 锦标赛激励模式中代理人的平均拆台水平。

假设 2c：结构为 2/4 锦标赛激励模式中代理人的绩效水平低于结构为 1/4 锦标赛激励模式中的代理人绩效水平。

6.4 实验结果与分析

代理人的努力水平取决于其股票预测价格和股票实际价格的差值绝对值，两阶段差值绝对值总和越大，代表代理人的努力水平越低。代理人的拆台水平取决于其选择的拆台数，拆台数越大，代表代理人的拆台水平越高。代理人的两阶段差值绝对值和被拆台数决定了其最终差值绝对值，而代理人的绩效水平又取决于最终差值绝对值的大小，总差值绝对值越大，代表代理人的绩效水平越低。

6.4.1 锦标赛规模的改变对代理人努力水平的影响

表 6.2 列出了 1/2 实验和 2/4 实验中代理人两阶段差值绝对值的均值和标准差。在动态锦标赛机制下，规模为 1/2 的锦标赛模型中代理人两阶段差值绝对值为 13.060，比规模为 2/4 的锦标赛模型中代理人两阶段差值绝对值 44.423 要低。利用 Mann-Whitney 检验方法对 1/2 实验和 2/4 实验中代理人平均努力水平进行分析，结果显示相伴概率为 0.000，明显低于显著性水平 0.05[①]，可以说明 1/2 实验和 2/4 实验中代理人的努力水平具有显著差异。

---

① 若无特殊说明，统计检验使用的显著性水平是 5%，均为双侧检验。

表 6.2　平均努力水平

实验	两阶段差值绝对值均值	标准差
实验 1：锦标赛规模 1/2	13.060	10.269
实验 2：锦标赛规模 2/4	44.423	22.947

图 6.1 展示了 1/2 实验和 2/4 实验中 10 轮实验中代理人努力水平的变化情况。从图中可以看出，1/2 实验两阶段差值绝对值总和普遍低于 2/4 实验两阶段差值绝对值总和，说明当锦标赛规模增大时，代理人的努力水平随之降低。

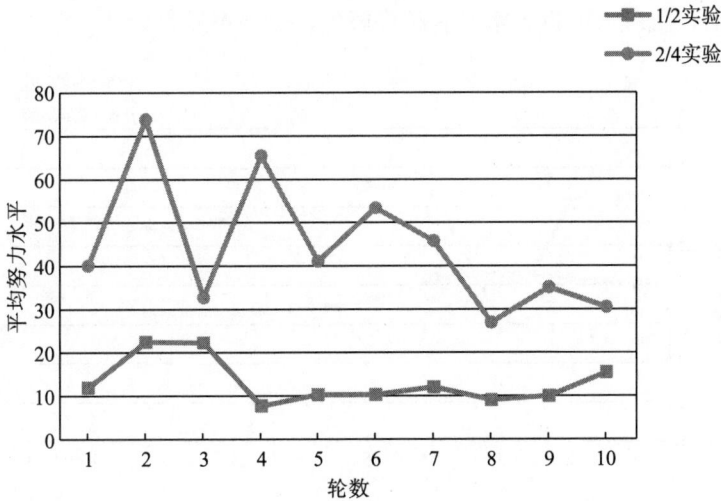

图 6.1　每一轮的平均努力水平

综上所述，当锦标赛结构不变时，锦标赛规模的变化会对代理人的努力水平产生显著影响。随着锦标赛规模的增大，代理人努力水平降低。根据 Leon Festinger 的社会比较理论[①]，在多人一组的实验中，代理人因为竞争对手的不确定性，会产生互相比较的心理。通过向上比较，获胜的代理人有多位，不存在最终获胜者，所以获胜的满足感有所损耗；向下比较，失败的代理人也有多位，没有最差的被试，以至于失败所带来的挫折感被分散了。因此代理人会减少自身的努力水平。

6.4.2　锦标赛规模的改变对代理人拆台水平的影响

表 6.3 列出了 1/2 实验和 2/4 实验中代理人真实拆台水平的均值和标准差。在动态锦标赛机制下，规模为 1/2 的锦标赛模型中代理人平均拆台水平为 2.82，比规模为 2/4 的锦标赛模型中代理人平均拆台水平 1.98 要高。利用 Mann-Whitney 检验方法对 1/2 实验和 2/4 实验中代理人平均拆台水平进行分析，结果显示相伴概率为 0.275，明显高于显著性水平

---

① Leon Festinger 在 1954 年提出了社会比较理论，每个个体在缺乏客观评价的情况下，会利用他人作为比较尺度，来进行自我评价。

0.05，由此说明 1/2 实验和 2/4 实验中代理人的拆台水平没有显著差异。

表 6.3　平均拆台水平

实验	平均拆台水平	标准差
实验 1：锦标赛规模 1/2	2.82	4.615
实验 2：锦标赛规模 2/4	1.98	2.969

　　图 6.2 表示了 1/2 实验和 2/4 实验中 10 轮代理人拆台水平的变化情况。从图中可以看出，除了第 3 轮和第 10 轮，1/2 实验的拆台水平均高于 2/4 实验的拆台水平，这说明当锦标赛规模增大时，代理人的拆台水平有稍许降低，但并不显著。

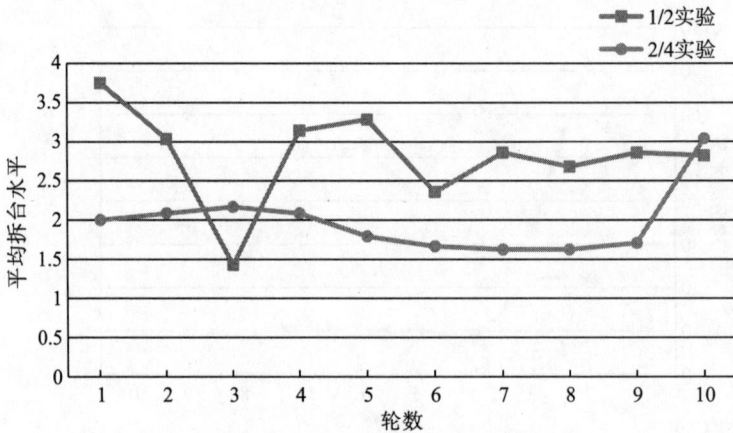

图 6.2　每一轮的平均拆台水平

　　综上所述，当锦标赛结构不变时，锦标赛规模的增大，并不会对代理人的拆台水平产生显著的影响。即规模为 1/2 锦标赛激励模式中代理人的平均拆台水平与规模为 2/4 锦标赛激励模式中代理人的平均拆台水平无显著差异，假设 1b 得到验证。

6.4.3　锦标赛规模的改变对代理人绩效水平的影响

　　表 6.4 列出了 1/2 实验和 2/4 实验中代理人的最终差值绝对值的均值和标准差。在动态锦标赛机制下，规模为 1/2 的锦标赛模型中代理人的最终差值绝对值的均值为 15.881，比规模为 2/4 的锦标赛模型中代理人最终差值绝对值 46.403 低。利用 Mann-Whitney 检验方法对 1/2 实验和 2/4 实验代理人平均绩效水平进行分析，结果显示相伴概率为 0.000，明显低于显著性水平 0.05，由此说明 1/2 实验和 2/4 实验中代理人的绩效水平具有显著的差异。

表 6.4　平均绩效水平

实验	最终差值绝对值均值	标准差
实验 1：锦标赛规模 1/2	15.881	10.572
实验 2：锦标赛规模 2/4	46.403	22.943

　　图 6.3 表示 1/2 实验和 2/4 实验中 10 轮实验中代理人绩效水平的变化情况。从图中可以看出，10 轮实验中，1/2 实验的最终差值绝对值总和均小于 2/4 实验的最终差值绝对值总和，说明当锦标赛规模增大时，代理人的绩效水平显著降低。

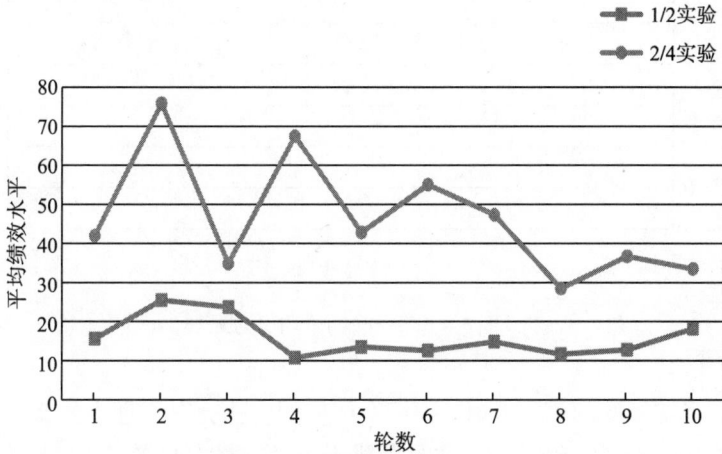

图 6.3　每一轮的平均绩效水平

　　综上所述，当锦标赛结构不变时，锦标赛规模的变化会对代理人的绩效水平产生显著影响。随着锦标赛规模的增大，代理人绩效水平降低。

6.4.4　锦标赛结构的改变对代理人努力水平的影响

　　表 6.5 列出了 2/4 实验和 1/4 实验中代理人两阶段差值绝对值的均值和标准差。在动态锦标赛机制下，结构为 2/4 的锦标赛模型中代理人两阶段差值绝对值为 44.423，比结构为 1/4 的锦标赛模型中代理人两阶段差值绝对值 37.528 高。利用 Mann-Whitney 检验方法对 2/4 实验和 1/4 实验中代理人平均努力水平进行分析，结果显示相伴概率为 0.000，明显低于显著性水平 0.05，由此说明 2/4 实验和 1/4 实验中代理人的努力水平具有显著差异。

表 6.5　平均努力水平

实验	两阶段差值绝对值均值	标准差
实验 2：锦标赛结构 2/4	44.423	22.947
实验 3：锦标赛结构 1/4	37.528	22.030

　　图 6.4 显示了 2/4 实验和 1/4 实验中 10 轮实验中代理人努力水平的变化情况。从图中可以看出，前 8 轮实验中，1/4 实验的两阶段差值绝对值总和均小于 2/4 实验的两阶段差值绝对值总和，说明当锦标赛获胜比例降低时，代理人的努力水平有普遍提升。

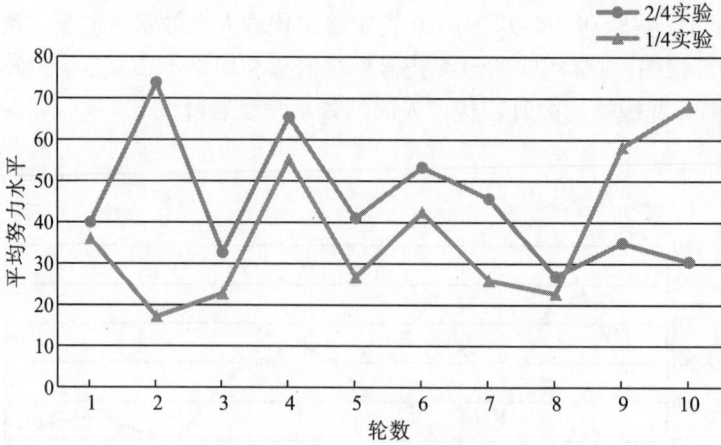

图 6.4　每一轮的平均努力水平

综上所述，当锦标赛规模不变时，锦标赛结构的变化会对代理人的努力水平产生显著影响。代理人会因为获胜比例的增加而显著降低自身的努力水平，即结构为 2/4 锦标赛激励模式中代理人的平均努力水平低于结构为 1/4 锦标赛激励模式中代理人的平均努力水平，假设 2a 得到验证。可能代理人认为获胜的可能性增大，所以不需要付出很高的努力水平也能获胜。

6.4.5　锦标赛结构的改变对代理人拆台水平的影响

表 6.6 列出了 2/4 实验和 1/4 实验中代理人真实拆台水平的均值和标准差。在动态锦标赛机制下，结构为 2/4 的锦标赛模型中代理人平均拆台水平为 1.98，比结构为 1/4 的锦标赛模型中代理人平均拆台水平 0.55 高。利用 Mann-Whitney 检验方法对 2/4 实验和 1/4 实验中代理人平均拆台水平进行分析，结果显示相伴概率为 0.000，明显低于显著性水平 0.05，由此说明 2/4 实验和 1/4 实验中代理人的拆台水平具有显著差异。

表 6.6　平均拆台水平

实验	平均拆台水平	标准差
实验 2：锦标赛结构 2/4	1.98	2.969
实验 3：锦标赛结构 1/4	0.55	1.448

图 6.5 显示了 2/4 实验和 1/4 实验中 10 轮实验中代理人拆台水平的变化情况。从图中可以看出，10 轮实验中，1/4 实验的拆台数均显著低于 2/4 实验的拆台数，说明当锦标赛获胜比例减小时，代理人的拆台水平也随之显著降低。

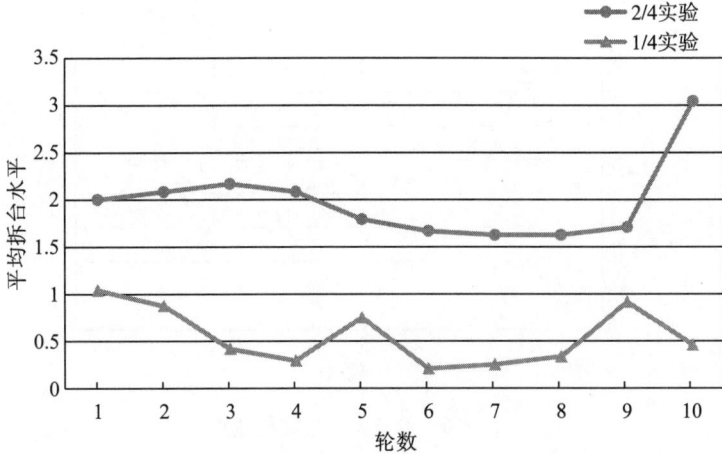

图 6.5　每一轮的平均拆台水平

综上所述，当锦标赛规模不变时，锦标赛获胜比例的增大，会对代理人的拆台水平产生显著影响。当锦标赛的结构为 2/4 时，代理人对组内的竞争对手进行拆台会使获胜的可能性增加；而在锦标赛结构为 1/4 时，代理人对竞争对手拆台可能会产生"鹬蚌相争，渔翁得利"的现象(其他对手获益)，所以代理人会降低自身的拆台水平。即结构为 2/4 锦标赛激励模式中代理人的平均拆台水平高于结构为 1/4 锦标赛激励模式中代理人的平均拆台水平，假设 2b 得到验证。

6.4.6　锦标赛结构的改变对代理人绩效水平的影响

表 6.7 列出了 2/4 实验和 1/4 实验中代理人的最终差值绝对值均值和标准差。在动态锦标赛机制下，结构为 2/4 的锦标赛模型中代理人的最终差值绝对值均值为 46.403，比结构为 1/4 的锦标赛模型中代理人最终差值绝对值均值 38.082 要高。利用 Mann-Whitney 检验方法对 2/4 实验和 1/4 实验代理人平均绩效水平进行分析，结果显示相伴概率为 0.000，明显低于显著性水平，由此说明 2/4 实验和 1/4 实验中代理人的绩效水平具有显著的差异。

表 6.7　平均绩效水平

实验	最终差值绝对值均值	标准差
实验 2：锦标赛结构 2/4	46.403	22.943
实验 3：锦标赛结构 1/4	38.082	21.891

图 6.6 显示了 2/4 实验和 1/4 实验中 10 轮实验中代理人绩效水平的变化情况。从图中可以看出，两种结构代理人的两阶段差值绝对值的图形非常相似。前 8 轮实验中，1/4 实验的最终差值绝对值总和均小于 2/4 实验的最终差值绝对值总和，说明当锦标赛获胜比例增大时，代理人的绩效水平显著降低。

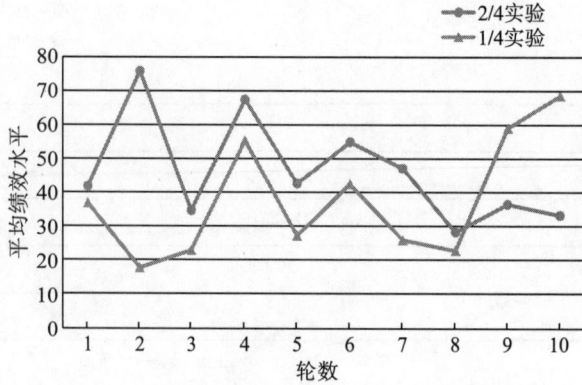

图 6.6　每一轮的平均绩效水平

综上所述，当锦标赛规模不变时，锦标赛结构的变化，会对代理人的绩效水平产生显著影响。随着锦标赛获胜比例增大，代理人绩效水平降低。即结构为 2/4 锦标赛激励模式中代理人的绩效水平低于结构为 1/4 锦标赛激励模式中的代理人绩效水平。假设 2c 得到验证。这是因为，随着锦标赛获胜比例的增大，代理人的努力水平降低，拆台水平增加，所以导致绩效产出降低。

6.5　研究结论与建议

本章通过对 76 名被试进行实验研究，得出以下结论：

第一，当锦标赛结构不变时，锦标赛规模的增大并不能有效提高代理人的努力水平，反而会使代理人产生懈怠。Leon Festinger 的社会比较理论认为，一个人在社会中只有通过与他人比较才能真正认识到自己的价值和能力。社会比较理论中有上行比较和下行比较：上行比较理论认为人们通常更愿意和比自己优秀的人进行比较；下行比较理论认为，不确定性会促使压力的产生，人们在面对压力时会向下比较，而互相倾诉会减轻压力（刘得明和龙立荣，2008）。在规模为 1/2 的锦标赛中，代理人只有一个竞争对手，竞争对手明确，不存在横向比较，所以会发挥出自己最真实的努力水平以获得胜利。而在规模为 2/4 的锦标赛中，代理人的竞争对手不确定，且对手之间不能进行交流，由此而来的压力会激发比较心理。代理人向上比较总会有同时获胜的竞争对手，因为同时获胜的竞争对手间不能进行横向比较，没有标准衡量谁是最强的被试，所以代理人对获胜的满足感会降低。向下比较也总会有同时失败的竞争对手，因为与同时失败的竞争对手间不能进行横向比较，没有标准衡量谁是最差的被试，所以代理人对失败的挫折感也会减弱。因此无论是获胜还是失败都会因为不能横向比较而削弱代理人的情绪，从而减少激励作用。

第二，当锦标赛结构不变时，锦标赛规模的改变，并不会对代理人的拆台行为有所影响。Vandegrift 和 Yavas（2010）通过真实努力实验证明奖金差距的扩大，会增大被试拆台的频率。邓鸿（2010）以中国被试为样本，研究了异质代理人之间的拆台行为，结果显示代理人能力的异质性在降低其努力水平和拆台水平上具有不确定性，但有很大的概率加剧代理人之间的竞争程度。可能因为获胜概率和奖金差距都没有改变，仅仅参赛人数的增多并没有激发代理人强烈的获胜期望。

第三，由于锦标赛规模的增大会使代理人努力水平降低，但拆台水平没有显著变化，所以代理人的绩效产出也随之降低。

综上，当锦标赛报酬差距一定时，仅仅增大锦标赛规模是不能对代理人产生有效激励的，对委托人来说却会造成更高的竞赛成本，并不划算。因此，企业在进行人才选拔和激励的时候，可以考虑采取小规模竞赛，减少代理人的互相比较，使参赛者能更专注于在竞赛中发挥自己的真实水平。

第四，当锦标赛规模不变时，获胜比例较低的锦标赛相对获胜比例较高的锦标赛，更能激发代理人的努力水平和绩效产出。这与 Orrison 等 (2004) 得出的结论一致。他曾提出，由于获胜比例较低，可能会有效激发代理人"力争上游"的竞争意识。

第五，当锦标赛的获胜比例降低时，代理人的拆台水平也随之降低，这一结论与程永亮 (2013) 的研究结果一致。因为本章实验中代理人的拆台行为并不会对第三方造成影响，拆台在降低竞争对手绩效产出的同时，也会增加代理人自身的拆台成本，这对代理人最后的收益有一定影响，所以最终可能会导致第三方受益。这种"鹬蚌相争，渔翁得利"的情况会使代理人减少拆台行为。

第六，随着获胜比例的增高，代理人的努力水平降低，拆台水平增加，所以代理人的绩效产出也会显著减少。

综上，当锦标赛规模不变，且报酬差距一定时，降低获胜比例，会使委托人的成本减少，投入产出比增大。因此，企业在设计竞赛的过程中，可以设置较低的获奖比例。这样不仅能使竞赛过程更简便，还能节约成本，激发员工更高的努力水平和绩效产出。

本章也存在一定的不足之处，例如本章的实验对象为学生，样本比较单一，虽然对内效度好，但能否推广到组织的管理实践中，有待进一步检验。同时由于实验条件限制，被试的样本量不够大。后续研究者可以选择企业员工作为被试对象，并且增加样本量，尝试将被试进行流动配对，使实验研究和实证研究相结合，深入企业，进一步研究锦标赛规模和结构对管理人行为的影响。

第 7 章 锦标赛结构、阶段性绩效反馈
与无意识启动对代理人行为的影响

7.1 引 言

目前，学界对锦标赛激励机制的研究主要集中在静态锦标赛领域，主要探讨薪酬差距 (Lazear and Oyer，2004)、锦标赛规模和结构 (Orrison et al.，2004；曾馨逸和闫威，2010) 对代理人努力水平的影响以及锦标赛机制与其他激励机制的比较 (Tsoulouhas and Marinakis，2007)。现实中的锦标赛往往是在较长的时期内进行的，因而从本质上讲其具有典型的多阶段动态特征 (Ederer，2010)，例如，企业员工的晋升往往需要数年甚至更长的时间，体育竞赛如达喀尔汽车拉力赛也拥有多个不同的赛段。同时，由于信息沟通、信息泄露、恶意打探和阶段性总结等因素使各代理人大致了解其竞争对手的当前状态，进而可能在竞赛后阶段对自身行为做出调整 (Eriksson et al.，2009a)，即代理人之间的博弈是动态的、不断重复的过程。其中，阶段绩效信息获得与否以及该信息的多寡程度也影响着代理人的行为，而委托人在设计锦标赛激励机制时也需要考虑如何对代理人进行阶段性绩效信息反馈。

锦标赛结构是指在竞赛中获胜者占全部参赛者的比例，获胜比例太大 (获胜变得容易) 会导致代理人努力不足，而太小 (很难获胜) 则使得代理人失去努力激励。另外值得注意的是，在锦标赛激励机制下，代理人付出努力的同时也可能产生拆台动机 (Lazear，1989)，比如为他人的成功设置障碍、破坏他人的生产工具或者直接破坏他人的劳动成果等。拆台行为会降低委托人的收益、打击代理人的士气、滋生不和谐的组织氛围，是企业在设计锦标赛机制时应警惕和避免的问题。由于具有隐蔽性高的特点，拆台行为在现实中很难被监测和控制，但却是真实存在的破坏性行为。如何规避这类行为的发生也成为企业管理领域一个急需解决的难题。结合以上思路，委托人是否应该或如何将阶段性绩效信息反馈给代理人呢？锦标赛的动态特征和不同的锦标赛结构会对代理人的努力行为和拆台行为带来怎样的影响呢？这些都是本章主要探讨的问题。

另外，长期以来学术界对激励的研究主要集中于个体意识领域，其假设前提为个体清楚自己的目标和需求，并有意识地控制自己的努力去实现目标、满足需求，锦标赛激励机制亦是如此。然而并不是所有的动机都是可被意识到的，个体可以在没有意识到自身动机的情况下采取行动 (Locke and Latham，2004)。例如，Bargh 等 (1996) 要求两组被试进行连词造句的语言能力实验 (实验真正目的是测量被试离开实验室走完走廊所需的时间)，实验组看到的是含有 "皱纹" "痛苦" "单独" 这样一类词，而对照组则没有。结果表明，实验组被试比对照组被试离开实验室的时候步伐更加缓慢。无意识启动 (priming) 理论近

几年有了相对成熟的发展（Shantz and Latham，2011），该理论表明，通过在个体无意识中植入或启动某一目标，可以使该目标对个体行为产生影响。启动通常存在于某个特定的环境，即启动目标通常与类似的环境相关联。Chartrand 等（2007）认为环境特征（情境、人员）可以自动激发目标，在个人没有意识到此过程时直接影响目标定向认知和行为。由此可见无意识启动的效果与环境存在紧密的联系，那么在基于相对业绩比较的锦标赛机制中，对竞争性的无意识启动会对代理人的努力行为和拆台行为产生怎样的影响？换言之，环境或情境因素是否也是影响代理人绩效的因素？本章尝试对这一问题进行回答。

7.2 文 献 综 述

锦标赛结构即在锦标赛机制中获得高额奖金的人员占所有人员的比例，其对代理人努力行为的影响呈现不同的结论。Harbring 和 Irlenbusch（2003）验证了不同的锦标赛结构对代理人努力水平的影响，其研究中获胜比例分别采用 1/3、1/2 和 2/3 三种水平，研究结果表明，在获奖比例为 1/2 和 2/3 的情况下，代理人的平均努力水平高于 1/3 时的情况。这也说明，较高的获胜比例可以在一定程度上激励代理人更加努力，且较高的获胜比例可以减少努力水平的波动。与之得出相同结论的还有曾馨逸和闫威（2010），他们同样认为代理人的努力水平随获胜者比例的增加而增大。相反，Fehr 和 Falk（2002）发现获奖比例越小，则代理人越倾向于增加自身的努力水平；最优的锦标赛结构应尽量减少胜利者所占的比例，只要维持个人参与约束即可。可能的晋升数目不至于使代理人退出锦标赛或者不提供任何努力，那么一个比较倾斜的组织金字塔结构似乎能更好地激励代理人（Orrison et al.，2004）。关于锦标赛结构对代理人拆台行为影响的研究较少，Harbring 和 Irlenbusch（2008）发现无论锦标赛结构如何变化，代理人的拆台水平一直维持在较高的水平。

信息反馈对代理人行为的影响，学术界同样存在两种观点，一种认为委托人不应该在竞争的中间阶段向代理人反馈信息，因为当某个代理人大幅领先于其他代理人时，信息反馈可能会造成落后的代理人懈怠（slack off）；而在没有阶段绩效信息反馈的锦标赛中，代理人无法知道自己的确切排名，其激励不受影响（Harris and Vickers，1985）。而另外一种观点则认为委托人应在组织内部公开阶段性绩效排位信息。Tong 和 Leung（2002）建立了一个动态锦标赛模型，发现在总奖金不变的情况下，动态锦标赛比静态锦标赛更能激发被试的努力水平，其原因可能是动态锦标赛能让被试更加关注比赛进程及自身表现。Blanes 等（2011）对一家德国公司进行的实地研究也发现，当私下告知工人每月的薪水及其在工人间的绩效排名之后，工人的生产力上升了 6.8%[①]。后续研究表明阶段性绩效信息公开政策并不是任何时候都有效率，其会受到一些调节变量的影响，诸如代理人的边际努力成本（Aoyagi，2010）、员工绩效差距大小（Gürtler and Harbring，2010）、所有员工的绩效优劣（Goltsman and Mukherjee，2011）[②]等。

---

① 该研究的一个特别之处在于，在公布员工间相对绩效信息的同时，公司仍然采用了基于个体绩效的计件制激励机制。这种做法有效隔离了薪酬机制变化带来的影响，进而论证出：即便是无成本的绩效信息公开，也能够对员工产生激励。

② 该研究表明，只有当所有员工的中间阶段绩效都表现不好的时候，企业才应该公布阶段性绩效排位信息。

  动态锦标赛激励机制中同样存在着拆台行为，但相关研究起步较晚（Auriol et al.，2002）。Gürtler 和 Münster（2010）、Ishida（2012）讨论了两阶段动态锦标赛机制中三个代理人之间的拆台行为，结论显示在竞赛的第二阶段，排名第一但是领先幅度不是很大的代理人会遭受严重的拆台。因此如果代理人预计到这一点，他们在开始阶段的努力和拆台水平都会比较低。拆台破坏不仅仅体现在直接降低其他代理人的产出上，而且还会使代理人的生产积极性受挫[①]。

  如引言所述，无意识启动理论表明并不是所有的动机都是可被意识到的，个体可以在没有意识到自身动机的情况下采取行动。所谓启动是指个人心理表征在无意识中的临时性激活，而启动效应指由于某一刺激的先前呈现而导致个体随后对刺激或相关刺激进行加工易化（Bargh and Chartrand，2000）。Bargh（1989）采用被打乱句子重组测试（SST）的方式研究启动效应对被试的影响，实验组的测试词语多与成就相关（比如胜利、获胜、荣誉等），而控制组均为中性词语，之后被试需完成一个不相关的任务，研究发现实验组被试的绩效水平显著高于控制组被试的绩效水平。Stajkovic 等（2006）采用类似实验对比了无意识启动效应和有意识目标的效果，发现无论是无意识启动还是有意识目标都对被试的绩效产生了显著影响，这无疑说明了启动的有效性。参与者不仅会受到 SST 启动（词语启动）的影响，有时仅仅一张图片也会使参与者的行为发生变化，Shantz 和 Latham（2009）设计了一个"头脑风暴"实验，实验组的参与者在 2 分钟的头脑风暴时间内可以看到一个女运动员赢得比赛的背景图片，对照组则没有，结果发现实验组中参与者的表现更好。Shantz 和 Latham（2011）的另一项研究也发现，在某高校呼叫中心的雇员工作过程中以类似的背景图片方式进行启动，发现实验组被试的努力水平更高，争取到了更多的捐款。借鉴上述研究，如果在锦标赛机制中对代理人进行"与人为善"或"以邻为壑"的无意识启动，是否会对代理人的努力行为和拆台行为产生影响？本章拟在此方面做一些粗浅的尝试。

  概括地说，本章采用真实努力实验方法，探究锦标赛结构、阶段性绩效信息反馈以及无意识启动三方面因素对锦标赛激励机制中代理人努力行为和拆台行为的影响，以期为委托人设计合理的激励方案提供理论支持和实验证据。

  与以往研究相比，本章可能的创新体现在如下方面：第一，目前锦标赛理论相关研究主要集中于静态锦标赛领域，且主要采用数理模型分析方法，本章则是在动态锦标赛机制下，采用真实努力实验方法，研究锦标赛结构、阶段性绩效信息反馈对代理人行为的影响。如前所述，国外关于最优锦标赛结构（获胜比例大小）和阶段性绩效信息反馈（有或无）的研究一直处于争论之中，其激励效应也没有达成一致，本章的尝试能够弥补国内研究缺乏之不足，亦有望为丰富相关问题的研究提供新的实验证据。第二，我们在锦标赛机制中引入无意识启动，探讨"与人为善"和"以邻为壑"的正、负向无意识启动是否能改变代理人的目标定向，进而影响代理人的拆台行为。据笔者文献调查，目前尚未有学者将无意识启动与锦标赛激励机制相结合，考察无意识启动对锦标赛激励机制下代理人行为的影响。第三，本章还通过问卷调查方式，收集被试的风险态度和社会价值取向信息，研究代理人固有的风险态度和社会价值取向对代理人行为的影响，进一步拓展了研究视角。第四，本章

---

① 这实际上就是另一种形式的"棘轮效应"。

研究结论表明，代理人在锦标赛结构为 1/3 的情况下努力水平更高，而拆台水平也有所降低；阶段性绩效信息反馈并不能有效增加代理人的努力水平，但是可以有效降低代理人拆台水平。以上结论与之前的研究有着显著不同。

7.3　研　究　设　计

7.3.1　研究假设

Harbring 和 Irlenbusch（2003）、曾馨逸和闫威（2010）的实验研究表明，在锦标赛机制中较高的获胜比例可以在一定程度上激励代理人付出更多的努力。而 Fehr 和 Falk（2002）、Orrison 等（2004）认为获胜比例越大，代理人越倾向于降低他们的平均努力水平。Harbring 和 Irlenbusch（2008）指出，虽然代理人的努力行为会受到锦标赛结构的影响，但是代理人的拆台水平并不随之改变，而是一直维持在较高水平。基于以上研究，我们提出与锦标赛结构有关的假设：

假设 1a：代理人在锦标赛结构为 1/3 下的平均努力水平高于在锦标赛结构为 2/3 下的平均努力水平。

假设 1b：代理人在锦标赛结构为 1/3 下的平均拆台水平与在锦标赛结构为 2/3 下的平均拆台水平无差异。

假设 1c：代理人在锦标赛结构为 1/3 下的绩效[①]水平更高。

Tong 和 Leung（2002）、Berger 和 Pope（2011）发现动态锦标赛激励机制比静态锦标赛更能激发被试的努力水平。然而，当代理人存在拆台行为时，代理人会在动态锦标赛的早期阶段选择较低的努力水平和拆台水平，从而避免在后期受到集中的拆台（Gürtler and Münster，2010；Ishida，2012）。而闫威等（2015）采用真实努力实验研究了存在拆台行为的动态锦标赛，结果显示阶段性绩效信息反馈可以从整体上降低代理人的拆台水平，提高代理人总体产出。基于以上研究，我们提出与阶段性绩效信息反馈相关的假设：

假设 2a：存在阶段性绩效信息反馈时，代理人的平均努力水平较高；不存在阶段性绩效信息反馈时，代理人的平均努力水平较低。

假设 2b：存在阶段性绩效信息反馈时，代理人的平均拆台水平较低；不存在阶段性绩效信息反馈时，代理人的平均拆台水平较高。

假设 2c：阶段性绩效信息反馈可以有效地提高代理人的绩效水平。

在锦标赛结构为 1/3 的激励机制下，代理人只有排名首位才能获得大额奖金，此时其关注的焦点是第一名。根据 Collins（1996）提出的向上社会比较（upward social comparison）理论，我们认为在动态锦标赛机制中，上一轮排名第一的代理人会受到更严重的拆台。在锦标赛结构为 2/3 的激励机制下，代理人只要保证自己不是本轮排名最后一名即可获得大额奖金，则其关注的焦点是最后一名，根据向下社会比较（downward social comparison）理

[①] 代理人的绩效为其自身的努力水平减去其所受到其他代理人的拆台水平。努力、拆台和绩效的具体含义及测量详见本章"实验设计及实验操作"部分。

论(Gibbons et al.，2002)，我们认为上一轮排名第三(最后)的代理人会受到更严重的拆台。于是提出以下假设：

假设 3a：锦标赛结构为 1/3 的激励机制下，上一轮排名第一的代理人在下一轮会受到严重的拆台。

假设 3b：锦标赛结构为 2/3 的激励机制下，上一轮排名第三的代理人在下一轮会受到严重的拆台。

国内外许多研究都表明无意识启动可以对代理人的行为产生影响，Bargh(1989)、Stajkovic 等(2006)都采用了被打乱句子重组测试(SST)的启动方式，证明启动"成就"目标可以提高代理人在之后实验里的绩效水平。我们采用 SST 的方式分别启动正向的"与人为善"目标和负向的"以邻为壑"目标，研究这两种无意识启动对代理人拆台行为的影响，并提出以下假设：

假设 4a：正向无意识启动效应后，代理人的拆台水平减少。

假设 4b：负向无意识启动效应后，代理人的拆台水平增加。

虽然在现实中有多个可被识别的社会价值取向(McClintock，1976)，但是 Deutsch(1973)指出社会价值取向可以归纳为三种——亲社会型、个人主义型和竞争型。亲社会者倾向于最大化社会的利益，个人主义者会最大化自身收益而不考虑其他人的情况，竞争者追求自身收益和竞争对手差距最大化。代理人在做决策时并非完全理性，其决策过程通常受到自身风险偏好和社会价值取向等的影响。有研究证明亲社会型代理人在最后通牒博弈(Karagonlar and Kuhlman，2013)、信任和互惠博弈(Kanagaretnam et al.，2009)中的表现与个人主义型和竞争型代理人有显著不同；Carpenter 等(2010)发现在锦标赛机制中，风险偏好代理人比风险规避代理人更容易投机取巧，降低产出的质量。因此我们提出以下假设：

假设 5a：个人主义型和竞争型代理人比亲社会型代理人实施更多的拆台行为。

假设 5b：风险偏好者的努力水平低于风险规避者。

假设 5c：风险偏好者会比风险规避者实施更多的拆台行为。

7.3.2　实验设计

本章采用实验研究方法设计了 6 个真实努力实验[①]，以研究动态锦标赛中被试的行为模式。每个实验中 3 人一组，组员随机分配且在整个实验过程中保持固定[②]，实验持续 8 轮。实验任务为还原诗句：被试根据一组被打乱的诗句写出正确的诗句。实验任务的选取遵循两个原则：①难度适中，以体现被试的努力水平，剔除能力差异的绝对影响；②实际任务量超过被试在规定时间可完成量上限。

本章研究涉及的因变量包括：努力水平、拆台水平与绩效水平。被试的努力水平以其

---

① 实验室实验又可分为数字选择实验与真实努力实验。所谓真实努力实验，其实是一个泛指的概念，即实验中的被试需要完成一个真实的任务，而非仅仅去选择一个数字。正如 Van Dijk 等(2001)指出的，"一个真实的任务能够包含努力、疲劳、枯燥、激动及其他情绪因素，而这些因素在数字选择实验中是无法涉及的。"

② 本研究采用了固定配对(fixed matching)的实验方式，但是配对成员是匿名的。

完成实验任务的得分衡量,实验中被试需根据被打乱的诗句写出正确的诗句,其中,整句正确的得 2 分,写出前半句或后半句的得 1 分,对各题得分进行加总后即为本轮努力水平。拆台水平即被试为其配对成员选择的决策数字,该决策数字将以 1∶1 的比例减少该配对成员的任务得分,并且决策数字的选择也伴随有成本。被试的绩效水平等于其任务完成量的得分(自身努力水平)减去被选择的决策数字(配对成员对自身的拆台)。

实验中的操作变量分别为锦标赛结构(1/3、2/3)、信息反馈(有、无)。如前所述,锦标赛结构为锦标赛机制中获得高额奖金的人员占全体人员的比例。本章中锦标赛结构分为两种:1/3 和 2/3。锦标赛结构为 1/3 表示(3 人)小组中只有 1 人获得 M,其余 2 人获得 m;锦标赛结构为 2/3 表示小组中有 2 人获得 M,1 人获得 $m(M>m)$。信息反馈分为有、无两种情况[①]:在无信息反馈的情况下,被试不知道小组其他成员的任何情况,即下一轮开始时被试不知道上一轮小组其他成员的任何绩效信息;在有信息反馈情况下,下一轮的开始时被试被告知上一轮的绩效排名和胜负情况。

为了探究无意识启动对锦标赛激励机制下代理人行为的影响,本章又以实验 3 为基准实验,设计了实验 5 和实验 6 以分别研究正向无意识启动和负向无意识启动的作用。具体的实验设计如表 7.1 所示。

表 7.1　实验设计[②]

序号	实验条件	参与人数	M	m	轮数
实验 1	锦标赛结构 1/3,无信息反馈	3×6	10	5	8
实验 2	锦标赛结构 2/3,无信息反馈	3×6	10	5	8
实验 3	锦标赛结构 1/3,有信息反馈	3×6	10	5	7
实验 4	锦标赛结构 2/3,有信息反馈	3×6	10	5	8
实验 5	锦标赛结构 1/3,有信息反馈,正向无意识启动	3×6	10	5	8
实验 6	锦标赛结构 1/3,有信息反馈,负向无意识启动	3×6	10	5	8

被试不仅可以通过付出更多努力完成更多任务来提高自身的获胜概率,还可以通过对竞争对手实施拆台来降低对手获胜概率,从而间接提升自身获胜概率,即为同组另外两名小组成员选择一个拆台数字来降低对手的得分(但最多只能选择其中一位成员)。但拆台是需要成本的,且拆台的边际成本会随着拆台数量的增加而增加。拆台成本将从拆台实施者的收益(得分)中扣除,拆台的数量则以 1∶1 的比例从被拆台者产出(得分)中扣除。具体成本如表 7.2 所示。

---

① 与其他研究不同的是,本书并没有将每一轮分为两个阶段,而是将所有轮数作为一个整体,每一轮为整个锦标赛的一个阶段,这样的设置更符合锦标赛在现实中的应用。

② 在实验 1~实验 4 中,每个实验与其他实验相比只有一个实验参数发生变化。通过对比实验 1 和实验 2、实验 3 和实验 4,我们可以考察不同锦标赛结构(1/3、2/3)对代理人行为的影响;通过对比实验 1 和实验 3、实验 2 和实验 4,可使我们分析阶段性绩效反馈(有、无)对代理人行为的影响。实验 5 和实验 6 是在实验 3 的基础上分别增加了正向无意识启动和负向无意识启动的操控,通过对实验 3、实验 5 和实验 6 进行对比分析,我们可以考察无意识启动因素对代理人行为的影响。

表 7.2　拆台成本[①]

拆台数字	0	1	2	3	4	5	6	7	8	9
拆台成本	0	0.5	1	1.6	2.2	2.9	3.6	4.5	5.4	6.5

无意识启动采用 Stajkovic 等(2006)研究中的被打乱句子重组测试的方式。被试在实验正式开始前需要完成 20 个句子的重组,正向无意识启动(即实验 5)的 20 个句子中有 12 个加入了强调合作和奉献的正向词汇,诸如"与人为善""团结""高尚"等(马超等,2006),其余 8 个使用中性词作为填充词汇(filler)。相应的,负向无意识启动(即实验 6)的 20 个句子中有 12 个加入了强调破坏和组织不和谐的负向词汇,诸如"欺骗""勾心斗角""不择手段"等(刘梅梅,2007),其余 8 个使用中性词作为填充词汇。在实验开始前我们会声明该部分与本实验无关,且整个实验结束后我们会调查被试是否意识到该部分的研究主题以及该部分与主实验的联系,对意识到主题或者联系的被试数据予以剔除。

实验完成后,每个被试需要填写一份调查问卷,包含三部分内容:第一部分主要收集被试的性别、专业、年龄等统计学信息;第二部分调查被试的社会价值取向。我们借鉴 De Dreu 等(1999)的调查方式,在调查问卷中设置了 9 个降级博弈,每一个博弈的 A、B、C 分别代表亲社会型、个人主义型和竞争型,被试在每个博弈中选出最符合自己的选项,相同的选项有 6 个以上才能确认被试具有该价值取向。第三部分用于调查被试的风险偏好,即被试属于风险规避者还是风险偏好者,以此来研究被试的风险态度对其行为的影响,风险态度的问卷取自 Kramer 和 Weber(2012),被试从(1)到(11)的投资策略中选择一种策略,选择策略(1)到(5)表示风险偏好,策略(6)到(11)表示风险规避。

7.3.3　实验操作

实验于 2012 年 12 月至 2013 年 3 月,在重庆大学经济与工商管理学院行为科学实验室进行。108 名本科生和硕士生作为被试参加了本实验,其中男生 51 名,女生 57 名,性别比例基本达到 1:1。被试年龄主要集中于 20 到 23 岁,被试的专业涵盖工商管理、经济、建筑、物理、生物制药等多个学科。

每个实验都在两个实验室进行,被试在一个独立的实验室,实验助理在另外一个房间进行登记和奖金分配,这样可以防止被试与实验助理之间的交流和影响。实验期间,被试从进入房间开始除就相关事项对实验助理提问外,不允许进行任何关于实验内容的交流。在实验过程中,我们为被试准备了报纸和杂志,允许他们在休息间隔和放弃努力时浏览。和国外多数实验一样,我们在实验说明和设置中尽量使用中性实验语言以避免框架效应及社会称许性等因素对实验结果产生影响。例如我们隐去了"努力""拆台"和"绩效"的提法,转而使用了"得分""决策数字"和"本轮(最终)得分"等较为中性的说法代替,每个被试只能参加一次实验。实验流程、实验任务表、无意识启动、实验指导语、调查问

---

① 为了方便统计,本书中的拆台数字设定为离散值,但拆台成本仍然具有边际成本递增的特点。

卷等实验材料详见附录 4。

7.4　实验结果与分析

7.4.1　努力行为分析

1. 锦标赛结构对代理人努力行为的影响

表 7.3 列出了实验 1 到实验 4 中代理人努力水平的均值和标准差[①]。不进行信息反馈时，1/3 锦标赛结构下，代理人的平均努力水平为 22.49，大于 2/3 的平均努力水平 20.67。进行信息反馈时，1/3 锦标赛结构激励机制下代理人的平均努力水平为 21.74，略小于 2/3 下的 22.40。利用 Mann-Whitney 检验分别对实验 1 和实验 2、实验 3 和实验 4 进行分析，得出其相伴概率分别为 0.000（低于显著性水平 5%，拒绝原假设）和 0.498（高于显著性水平 5%，不能拒绝原假设）。所以统计上，实验 1 和实验 2 中代理人的平均努力水平存在显著差异，而实验 3 和实验 4 则无显著差异，即没有信息反馈时，锦标赛结构为 1/3 更有利于提高代理人的努力水平；而有信息反馈时，两种锦标赛结构下代理人的努力水平没有显著差异。

表 7.3　平均努力水平

实验	均值	标准差
实验 1：锦标赛结构为 1/3，无信息反馈	22.49	3.324
实验 2：锦标赛结构为 2/3，无信息反馈	20.67	3.031
实验 3：锦标赛结构为 1/3，有信息反馈	21.74	3.889
实验 4：锦标赛结构为 2/3，有信息反馈	22.40	3.007

不考虑是否存在信息反馈机制，就锦标赛结构对努力水平的影响进行总体分析，代理人在锦标赛结构为 1/3 和 2/3 的激励机制下的努力水平分别为 22.14 和 21.54，Mann-Whitney 检验的相伴概率为 0.008（低于 5%），拒绝原假设，代理人的努力水平在两种激励机制下存在显著差异，即锦标赛结构为 1/3 的激励机制比 2/3 的激励机制更能激发代理人的努力行为，假设 1a 成立。

根据每轮的平均数据作图 7.1，可知在每一个实验中，代理人每一轮的平均努力水平差异不大，波动也不大；第二轮和第八轮的成绩普遍略高。除第一轮外，实验 1 的平均努力水平高于实验 2 的平均努力水平，除第二轮外，实验 3 的平均努力水平高于实验 4，说明锦标赛结构为 1/3 的激励机制具有更好的激励效果。

---

① 从实验 1～实验 4 整体来看，努力水平均值为 21.90，最大值为 32，最小值为 6，标准差为 3.416。

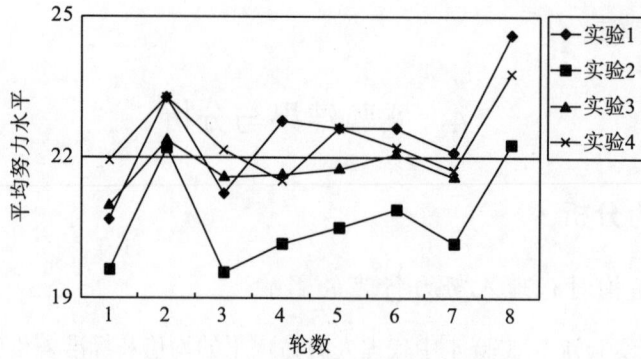

图 7.1　每一轮的平均努力水平

综上所述，没有信息反馈情况下，锦标赛结构为 1/3 的激励机制更容易激发代理人的努力行为，而有信息反馈时，锦标赛结构对代理人的努力水平没有显著影响，但是从整体来看，锦标赛结构为 1/3 的激励机制更能激发代理人付出努力，假设 1a 得到验证。

2. 阶段性绩效信息反馈对代理人努力行为的影响

在锦标赛结构为 1/3 的激励机制下，没有信息反馈时代理人的平均努力水平为 22.49，略高于有信息反馈时代理人的平均努力水平 21.74；在锦标赛结构为 2/3 的激励机制下，代理人没有信息反馈时的平均努力水平为 20.67，代理人有信息反馈时的平均努力水平为 22.40，因此有信息反馈的时候代理人的平均努力水平相对较高。利用 Mann-Whitney 检验分别对实验 1 和实验 3、实验 2 和实验 4 中代理人的努力水平进行分析，得出其相伴概率分别为 0.239 和 0.000，实验 1 和实验 3 中代理人的努力水平没有显著差异，而实验 2 和实验 4 则有显著区别。即在锦标赛结构为 1/3 的激励机制下，是否存在信息反馈对代理人的努力行为没有显著影响；而在锦标赛结构为 2/3 的激励机制下，信息反馈使得代理人更加努力。

不考虑锦标赛结构的差异，综合分析信息反馈的影响，代理人没有信息反馈时的平均努力水平为 21.58，略低于在有信息反馈下的平均努力水平 22.09，Mann-Whitney 检验的相伴概率为 0.075，略高于显著水平 0.05，不能拒绝原假设，平均努力没有显著差异。

综上所述，信息反馈使代理人的努力水平更高，但统计上不显著，假设 2a 不成立。而在锦标赛结构为 2/3 时，信息反馈时代理人的努力水平显著高于没有信息反馈时代理人的努力水平。

3. 代理人努力水平的计量分析

以个人努力水平为因变量进行计量分析，结果如表 7.4 所示。

表 7.4　努力水平影响因素分析

自变量	GLS 回归模型 1	GLS 回归模型 2
实验 1	Ref.	Ref.
实验 2	−1.819[**] (0.939)	−2.180[**] (0.960)

续表

自变量	GLS 回归模型 1	GLS 回归模型 2
实验 3	−0.717 (0.941)	−0.668 (1.154)
实验 4	−0.090 (0.939)	0.524 (0.174)
实验 5~8 轮	0.533*** (0.165)	0.524*** (0.174)
年龄 20 岁以下		Ref.
年龄 20~23 岁		0.004 (2.078)
年龄 24~27 岁		−0.340 (2.269)
男生		−1.265* (0.698)
风险偏好		1.540** (0.731)
社会价值取向		0.055 (0.738)
常数项系数	22.226*** (0.669)	22.176*** (2.020)
观测数	558	519
R^2	0.026	0.046
F-statistic	3.794	2.725
Prob(F-statistic)	0.004	0.004

注：表中因变量为个人努力水平，***表示在1%的水平上显著；**表示在5%的水平上显著；*表示在10%的水平上显著。

通过 Hausman 检验发现，采用包含随机效应的广义最小二乘计量（GLS）模型拟合得更好。在模型 1 中，将实验数据来源组别设置为虚拟变量，实验 1 到实验 4 共 4 个实验，所以设置 3 个虚拟变量：实验 1 作为基准组（reference group）；数据来源于实验 2 取 1，否则取 0；数据来源于实验 3 取 1，否则取 0；数据来源于实验 4 取 1，否则取 0。为检验疲劳效应和学习效应，设置实验轮数虚拟变量，观测值属于第 5 到 8 轮取 1，属于第 1 到第 4 轮则取 0。在模型 2 中增加了年龄、性别、风险偏好和社会价值取向[1]四个控制变量，性别为男生取 1，否则取 0；年龄设置两个虚拟变量，年龄 20 岁以下作为基准组，年龄 20~23 岁取 1，否则取 0；年龄为 24~27 岁取 1，否则取 0；在风险测量中选择 1~5 的代理人被定义为风险偏好者（取 1），否则为风险规避者（取 0）；社会价值取向为亲社会型的代理人取值为 1，社会价值取向为个人主义型、竞争型及取向不明显者取 0[2]。

模型 1 表明，当没有阶段性绩效信息反馈时，在锦标赛结构为 2/3 的激励机制下，代

---

① 实验 1~实验 4 共包含 72 名被试，其中，有 48 人年龄在 20~23 岁（占比 66.67%），22 人在 24~27 岁（占比 30.56%），2 人在 20 岁以下（占比 2.77%）；有男性 33 人（占比 45.8%），女性 39 人（占比 54.2%）；有 32 人是风险偏好者（占比 44.44%），40 人为风险规避者（占比 55.56%）；在社会价值取向上，亲社会型 30 人（占比 41.67%），个人主义型 11 人（占比 15.28%），竞争型 26 人（占比 36.11%），另有 5 人社会价值取向不明显（占比 6.94%）。

② De Dreu 等（1999）认为在社会价值取向上，竞争型和个人主义型之间的差别不大，而二者与亲社会型性格差别较大，所以本书对竞争型和个人主义型进行了合并。

理人的努力水平比在锦标赛结构为 1/3 情况下明显减少，当其他条件保持不变时，努力水平减少了 1.82（8.1%）个单位，印证了假设 1a。T 检验表明实验 1 和实验 3 的努力水平没有显著差异（p=0.924），表明在锦标赛结构为 1/3 的情况下，信息反馈对代理人的努力水平没有产生影响，其原因可能是代理人的努力水平已经达到上限，无法再增加（Carpenter et al., 2010）。虚拟变量是否属于 5 到 8 轮同样对代理人的努力水平产生了积极影响且其显著水平为 1%，即被试 5 到 8 轮的努力水平比 1 到 4 轮的努力水平高，说明代理人在实验过程中并没有产生疲劳效应，而是更加积极地参加竞赛，学习效应得到印证。模型 2 表明考虑被试个体特征后，实验 1 和实验 2 的差距以及前四轮和后四轮的差别具有稳健性。男生努力水平比女生略低，但只在 10% 的水平上显著。不同年龄的代理人努力水平相当，年龄的不同并没有对代理人的努力水平产生影响。风险偏好被试的努力水平比风险规避者高 1.54 个单位，且在 5% 的水平上显著，说明风险偏好者对是否获胜更加看重，并且愿意为了取得竞赛胜利而更加努力，假设 5b 不成立。社会价值取向是否属于亲社会型不会对个人努力行为产生显著影响。

7.4.2　拆台行为分析

1. 锦标赛结构对代理人拆台行为的影响

表 7.5 列出了实验 1 到实验 4 拆台水平的均值和标准差[①]。无信息反馈时，代理人在锦标赛结构为 1/3 情形下的平均拆台水平为 2.34，低于 2/3 锦标赛结构下的平均拆台水平为 4.05；有信息反馈时，代理人在锦标赛结构为 1/3 激励机制下的平均拆台水平为 1.45，低于 2/3 锦标赛结构下的平均拆台水平为 2.49。分别对实验 1 和实验 2、实验 3 和实验 4 进行 Mann-Whitney 检验，得出其相伴概率分别为 0.000 和 0.001，均拒绝原假设，可以认为实验 1 和实验 2、实验 3 和实验 4 中代理人的拆台水平存在显著差异，即不论是否存在信息反馈，在锦标赛结构为 1/3 的激励机制下代理人的拆台行为更少。

不考虑信息反馈与否差异，综合分析锦标赛结构对代理人拆台行为的影响，代理人在锦标赛结构为 1/3 或 2/3 情形下的拆台水平分别为 1.93 和 3.26，利用 Mann-Whitney 法检验，发现其相伴概率值为 0.000，拒绝原假设，即可以认为锦标赛结构为 1/3 的激励机制比 2/3 的锦标赛结构更能减少代理人的拆台行为，假设 1b 不成立。其原因可能在于：在锦标赛结构为 2/3 激励机制下，代理人只针对组内某一代理人进行拆台，可以增大获胜的概率；而在锦标赛结构为 1/3 激励机制下代理人对另一个人的拆台可能会在组内产生"鹬蚌相争，渔翁得利"的结果，即两方斗争但第三方得利。

图 7.2 显示了每轮拆台水平的均值，在第二到第八轮中代理人的拆台行为没有出现规则性的变异，实验 2 的平均拆台水平在每轮都是最高的，而实验 4 中代理人在每一轮的拆台水平均高于实验 3 的平均拆台水平。

---

① 从实验 1～实验 4 整体来看，拆台水平均值为 2.64，最大值为 9，最小值为 0，标准差为 2.806。

表 7.5 平均拆台水平

实验	均值	标准差
实验 1：锦标赛结构 1/3，无信息反馈	2.34	2.907
实验 2：锦标赛结构 2/3，无信息反馈	4.05	2.817
实验 3：锦标赛结构 1/3，有信息反馈	1.45	2.129
实验 4：锦标赛结构 2/3，有信息反馈	2.49	2.640

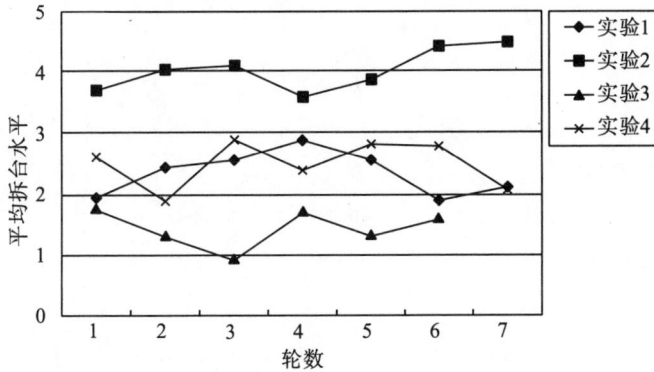

图 7.2 每一轮的平均拆台水平

综上所述，在其他条件一致的情况下，锦标赛结构为 1/3 的激励机制更容易减少拆台行为的发生，减弱组织的不协调气氛。

2. 阶段性绩效信息反馈对代理人拆台行为的影响

在 1/3 锦标赛结构激励机制下，没有阶段性信息反馈时代理人的拆台水平为 2.34，高于有信息反馈时的拆台水平 1.45；在 2/3 锦标赛结构激励机制下，没有信息反馈时代理人的拆台水平为 4.05，高于有信息反馈时的拆台水平 2.49。利用 Mann-Whitney 检验分别对实验 1 和实验 3、实验 2 和实验 4 中代理人的拆台水平进行比较，得出其相伴概率分别为 0.029 和 0.000，拒绝原假设，可以认为实验 1 和实验 3、实验 2 和实验 4 中代理人的拆台水平具有显著差异。即无论锦标赛结构为 1/3 还是 2/3，信息反馈都可以有效减少拆台行为的发生。

不考虑锦标赛结构差异，对信息反馈的影响进行总体分析，没有信息反馈时代理人的平均拆台水平为 3.19，高于有信息反馈的平均拆台水平 2.01，Mann-Whitney 检验的相伴概率为 0.000，拒绝原假设，信息反馈与否代理人的拆台水平存在显著差异，即代理人在没有信息反馈时的拆台水平明显高于有信息反馈时的拆台水平，信息反馈有助于减少拆台行为，假设 2b 得到证实。

3. 代理人拆台水平的计量分析

为了进一步研究代理人的拆台行为，以个人拆台水平为因变量进行回归分析。由于第一轮代理人无法获得其他代理人的任何信息，第一轮的拆台不体现理性判断，所以实验设计中第一轮不允许代理人拆台，拆台行为只从第二轮开始。这样每个代理人都有 7 个拆台行为的观测值（实验 3 中的代理人有 6 个观测值）。同样采用包含随机效应的广义最小二乘计量（GLS）模型。自变量的选取与模型 1 和模型 2 相同，即模型 3 的自变量同模型 1，模型 4 的自变量同模型 2。其计量结果如表 7.6 所示。

表 7.6　拆台水平影响因素分析

自变量	GLS 回归模型 3	GLS 回归模型 4
实验 1	Ref.	Ref.
实验 2	1.706*** (0.337)	1.991*** (0.346)
实验 3	−0.880** (0.351)	−0.910** (0.441)
实验 4	0.151 (0.337)	0.004 (0.409)
实验 5～8 轮	0.109 (0.244)	0.069 (0.246)
年龄 20 岁以下		Ref.
年龄 20～23 岁		−1.861** (0.749)
年龄 24～27 岁		−1.323 (0.924)
男生		0.198 (0.270)
风险偏好		0.661** (0.266)
社会价值取向		−0.868*** (0.271)
常数项系数	2.279*** (0.276)	0.333*** (0.871)
观测数	486	452
R^2	0.109	0.159
F-statistic	14.735	9.313
Prob(F-statistic)	0.000	0.000

注：因变量为个人拆台水平，***表示在 1%的水平上显著；**表示在 5%的水平上显著；*表示在 10%的水平上显著。

　　由模型 3 可以看出，实验 2 代理人的拆台水平在 1%的水平上显著高于实验 1 的拆台水平。从减少拆台行为层面来看，1/3 锦标赛结构激励机制优于 2/3 锦标赛结构激励机制。相比实验 1 中代理人的拆台水平，实验 3 中代理人的拆台水平可能减少了 0.880（38.6%）个单位，证明信息反馈使得代理人的拆台水平显著降低。虚拟变量是否属于 5 到 8 轮虽然具有正向影响，即 5～8 轮的拆台水平略高于 1 到 4 轮的拆台水平，但这种影响在统计上并不显著，代理人在后几轮的拆台水平波动不大，保持相对稳定。由模型 4 可以看出，锦标赛结构和信息反馈对代理人拆台水平的影响依然显著，显示了较好的稳健性。在控制变量中，代理人的性别没有对拆台水平产生显著的影响；代理人的年龄对其拆台水平有影响，年龄在 20～23 岁的代理人拆台水平降低了 1.861，且在 5% 的水平上显著，而年龄在 20 岁以下的代理人与年龄为 24～27 岁的代理人拆台水平没有显著差别。风险偏好者更倾向于实施拆台行为，且在 5% 的水平上显著，假设 5c 风险偏好者拆台水平较高的假设成立；代理人的社会价值取向也对拆台行为产生了显著影响，具有个人主义型和竞争型价值取向的代理人比亲社会型价值取向的代理人的拆台行为更频繁，且在 1% 的水平上显著，假设 5a 被证实。

在绩效信息反馈的机制下，代理人在每一轮结束后、下一轮开始前都会被告知上一轮所有人的绩效信息，即代理人在下一轮开始前都可以知道上一轮自身排名以及其他竞争对手的排名，那么代理人可能会根据自己和竞争对手上一轮的表现对下一轮竞争策略进行调整，从而改变自己的行为。本章依据实验 3 和实验 4 的数据来检验 $t-1$ 轮的因素对 t 轮代理人拆台行为的影响。分别对实验 3 和实验 4 数据进行回归分析，其因变量为代理人的拆台数量。模型 5 和模型 7 包含 5 个自变量，分别为代理人上一轮努力水平和上一轮被拆台数量以及其上一轮绩效排名的虚拟变量(以排名第一为基准，排名第二取 1，否则取 0；排名第三取 1，否则取 0)[①]。模型 6 和模型 8 同样包含 5 个自变量，分别为代理人上一轮努力水平和上一轮被拆台数量以及被拆台对象在上一轮排名的虚拟变量(以排名第一为参考变量，排名第二取 1，否则取 0；排名第三取 1，否则取 0)。通过 Hausman 检验发现使用随机模型更加合适，GLS 回归模型进行分析的结果如表 7.7 所示。

表 7.7　上一轮因素对代理人本轮拆台水平的影响

自变量	实验 3 GLS 回归 模型 5	实验 3 GLS 回归 模型 6	实验 4 GLS 回归 模型 7	实验 4 GLS 回归 模型 8
上一轮努力水平	-0.277^{***} (0.070)	-0.100 (0.066)	-0.064 (0.106)	-0.207^{**} (0.092)
上一轮被拆台数量	0.086 (0.096)	-0.132^{*} (0.068)	0.179^{**} (0.088)	0.142 (0.068)
上一轮排名第一	Ref.		Ref.	
上一轮排名第二	-0.364 (0.485)		-0.404 (0.600)	
上一轮排名第三	-0.398 (0.585)		0.136 (0.727)	
被拆台对象排名第一		Ref.		Ref.
被拆台对象排名第二		-0.496 (0.438)		2.219^{***} (0.725)
被拆台对象排名第三		-0.911^{**} (0.463)		1.997^{***} (0.729)
常数项系数	7.589^{***}	5.824^{***}	3.530	6.321^{***}
观测数	90	38	108	69
R^2	0.163	0.272	0.080	0.201
F-statistic	4.146	3.085	2.253	4.035
Prob(F-statistic)	0.004	0.029	0.068	0.006

注：因变量为代理人的拆台数量，***表示在 1% 的水平上显著；**表示在 5% 的水平上显著；*表示在 10% 的水平上显著。

[①] 虽然被试知道其他代理人具体的绩效，但是锦标赛机制中代理人激励跟排名先后相关，因此我们取排名作为自变量。

　　模型 5 和模型 6 是对 1/3 锦标赛结构进行的分析，分析结果表明上一轮的努力水平对下一轮代理人的拆台水平具有一定的抑制作用，在模型 5 中系数为负且在 1% 的水平上显著，在模型 6 中系数符号为负但在统计上不显著。这表明代理人上一轮的努力水平越高，其越可能在下一轮中降低拆台水平以节约拆台成本。上一轮代理人被拆台的数量与其在下一轮拆台水平之间的关系不明显，这可能是由于小组内有 3 人，代理人并不清楚究竟是谁对自己拆台。模型 6 中对被拆台对象排名的分析表明，相对上一轮排名靠后的竞争对手，代理人更倾向于对上一轮中排名第一的竞争对手进行拆台，假设 3a 成立。

　　模型 7 和模型 8 是对 2/3 锦标赛结构动态激励机制进行的分析。与 1/3 锦标赛结构情形类似，上一轮代理人的努力水平对其下一轮的拆台水平具有一定的抑制作用，系数符号都为负，但显著性有所不同。上一轮代理人被拆台的数量越多，其在下一轮中的拆台水平也越高[①]，在模型 7 中系数为正且在 1% 水平上显著，在模型 8 中系数为正但在统计上不显著。上一轮代理人的绩效排名对其在下一轮中拆台行为的影响不显著。模型 8 对被拆台对象排名的分析显示，上一轮排名第二和第三的代理人在下一轮会受到更多的拆台，假设 3b 得到支持。在锦标赛结构为 2/3 的激励机制中，代理人的目标是"避免成为最后一名"，所以排名前两位的代理人倾向于向排名最低的代理人进行拆台，排名最低的代理人倾向于对排名第二的代理人拆台。

7.4.3　代理人绩效和委托人激励机制选择

1. 锦标赛结构对代理人绩效的影响

　　表 7.8 列出了实验 1 到实验 4 中代理人绩效水平的均值和标准差。不进行阶段性绩效信息反馈时，锦标赛结构为 1/3 情形下代理人的平均绩效水平 19.84，高于锦标赛结构为 2/3 情形下代理人的平均绩效水平 17.04；存在阶段性绩效信息反馈时，锦标赛结构为 1/3 激励机制下代理人的平均绩效水平 20.51，高于锦标赛结构为 2/3 激励机制下代理人的平均绩效水平 20.13。利用 Mann-Whitney 检验分别对实验 1 和实验 2、实验 3 和实验 4 中代理人的绩效水平进行分析，得出相伴概率分别为 0.000 和 0.807，可以认为实验 1 和实验 2 中代理人的绩效水平存在显著差异，而实验 3 和实验 4 不存在显著差异。即在没有绩效信息反馈时，代理人在锦标赛结构为 1/3 激励机制下的绩效水平更高；在有绩效信息反馈时，锦标赛结构对代理人的绩效水平无显著影响。

　　不考虑信息反馈与否差异，对锦标赛结构的影响进行总体分析。在锦标赛结构为 1/3 的激励机制下代理人平均绩效水平 20.12，高于锦标赛结构为 2/3 的激励机制下代理人平均绩效水平 18.59。Mann-Whitney 检验的相伴概率为 0.000，拒绝原假设，可以认为两者之间存在显著差异，即代理人在锦标赛结构为 1/3 激励机制条件下的绩效水平更高，假设 1c 成立。再考虑委托人成本，由于委托人在锦标赛结构为 1/3 时支付的人力成本是 $M+2m$，在锦标赛结构为 2/3 时其人力成本是 $2M+m$，显然 1/3 锦标赛结构对应的人力成本更低。

---

① 这一点与实验 3 有所不同，可能是由于在实验 3 中代理人加大拆台力度以降低其中一个竞争对手的绩效，受益的仅仅是另外一个竞争对手；而代理人在实验 4 中只要使竞争对手的绩效低于自身绩效就可以获胜。

所以锦标赛结构为 1/3 的激励机制能以较低的人力成本获得较高的绩效产出，对于委托人来说是更好的选择。

表 7.8 代理人平均绩效水平

实验组别	平均绩效水平	标准差
实验 1：锦标赛结构 1/3，无信息反馈	19.84	4.759
实验 2：锦标赛结构 2/3，无信息反馈	17.04	4.491
实验 3：锦标赛结构 1/3，有信息反馈	20.51	4.259
实验 4：锦标赛结构 2/3，有信息反馈	20.13	4.511

根据每轮绩效水平均值作图 7.3，可以看出 4 个实验中代理人第一轮的绩效水平都高于平均数据(因为第一轮不允许代理人有拆台行为)。实验 2 中代理人每一轮的平均绩效水平都比其他 3 个实验低，说明锦标赛结构为 2/3 的激励机制不利于最大化委托人的收益，实验 3 和实验 4 中代理人每一轮的平均绩效水平比较接近，没有太大差异，信息反馈的存在降低了两种锦标赛结构的绩效差异。

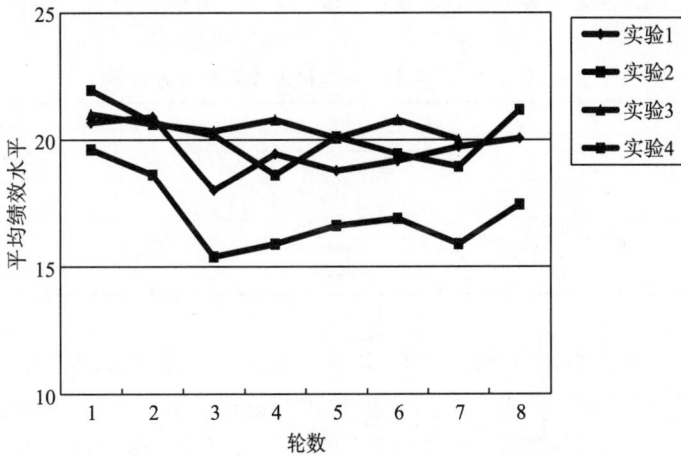

图 7.3 每一轮代理人平均绩效水平

2. 阶段性绩效信息反馈对代理人绩效的影响

1/3 锦标赛结构下，存在信息反馈时代理人的平均绩效水平 20.51，略高于无信息反馈时代理人的平均绩效水平 19.84；2/3 锦标赛结构下，存在信息反馈时代理人的平均绩效水平 20.13，高于没有信息反馈时代理人的平均绩效水平 17.04。利用 Mann-Whitney 检验分别对实验 1 和实验 3、实验 2 和实验 4 中代理人的绩效水平进行比较，得出其相伴概率分别为 0.373 和 0.000，可以认为实验 1 和实验 3 中代理人的绩效水平没有显著区别，而实验 2 和实验 4 存在显著差异。即在锦标赛结构为 1/3 的激励机制下，信息反馈与否对代理人绩效水平影响不显著；而锦标赛结构为 2/3 的激励机制下，信息反馈时代理人的平均绩效水平更高。

不考虑锦标赛结构差异，对信息反馈策略进行总体分析，代理人没有信息反馈下的平均绩效水平为 18.44，低于有信息反馈时的平均绩效水平 20.31，采用 Mann-Whitney 检验的相伴概率为 0.000，拒绝原假设，可以认为两者具有显著差别，即阶段性绩效反馈有助于提高代理人的绩效和委托人收益，假设 2c 成立。

7.4.4　无意识启动对代理人行为的影响

以实验 3 为基准实验，实验 5 和实验 6 分别研究正向无意识启动和负向无意识启动对锦标赛机制中代理人行为的影响。在实验数据处理的过程中，我们发现实验 5 中有 1 个被试猜出了无意识启动的主题，在实验 6 中有 4 个被试猜出了无意识启动的主题，因此将这5 个人的数据予以剔除。

表 7.9 列出了三个实验中代理人的平均努力水平和标准差，利用 Mann-Whitney 检验分别对实验 3 和实验 5，实验 3 和实验 6 进行分析，得出相伴概率分别为 0.151 和 0.264，不能拒绝原假设，可以认为代理人的努力水平没有显著的差异，即不论正向无意识启动还是负向无意识启动，都不能对代理人的努力水平产生显著影响。这也符合我们的预期，因为我们设置的无意识启动主要为人际关系，而非强调个人的成就目标导向。

表 7.9　无意识启动与代理人平均努力水平

实验	均值	标准差
实验 3	21.74	3.889
实验 5	22.58	3.126
实验 6	21.57	3.521

表 7.10 反映了三个实验中代理人的平均拆台水平，利用 Mann-Whitney 检验分别对实验 3 和实验 5，实验 3 和实验 6 中代理人拆台水平进行分析，得出相伴概率分别为 0.222 和 0.01，可以认为实验 3 和实验 5 中代理人的拆台水平无显著差异，而实验 3 和实验 6 有显著差异。由此可知，加入正向无意识启动并没有减少代理人的拆台行为，假设 4a 不成立，而负向无意识启动增加了代理人的拆台行为，假设 4b 成立。

表 7.10　无意识启动与代理人平均拆台水平

实验	均值	标准差
实验 3	1.45	2.129
实验 5	1.49	1.747
实验 6	2.13	2.289

综上所述，在"与人为善"的正向无意识启动后，代理人的努力行为和拆台行为都没

有发生较大的变化；在"与邻为壑"的负向无意识启动后，代理人的努力行为虽然没有发生较大的变化，但是拆台行为却显著增加。

7.5　研究结论与建议

通过对 108 位被试进行的 6 个实验，本章得出以下结论：

第一，相对 2/3 锦标赛结构，1/3 锦标赛结构的激励机制更能激发代理人的努力水平，同时有效降低代理人拆台水平，并最终提高其绩效。Orrison 等（2004）发现较低的获胜比例能够激发代理人"力争上游"的竞争意识，从而促使代理人提高其努力水平，这与本章结论一致。但本章对代理人拆台行为的分析结果与 Harbring 和 Irlenbusch（2008）关于锦标赛结构不会影响代理人拆台行为的结论相反，这可能是由于两者的实验设计存在差异。此外，拆台虽然能够降低竞争对手的产出，但代理人本身也需要付出一定的拆台成本，因此最终受益的可能是其他的第三位代理人，即出现"鹬蚌相争，渔翁得利"的情况。所以在1/3 获胜比例下，代理人会倾向于降低自身拆台水平。对委托人而言，当奖金差距不变时，获胜比例越低，委托人支付的人力成本也越低，进而其收益更高。

这为企业的锦标赛激励机制设计提供了很好的参考。本章的研究结果表明，在锦标赛激励机制中设置较低的获奖比例是相对高效的。因此，企业设计锦标赛激励机制时，首先应该适当控制锦标赛规模，在参与竞争的人数较多时，可以适当将员工分成若干规模不大的小组（比如采用本章研究的 1/3 锦标赛规模），每个小组采用组内锦标赛激励形式，员工的报酬仅与小组内成员的产出排序有关，而与小组外的员工产出无关。其次，企业应当设计较低的获奖比例，如此不但可以有效降低企业的人力成本，同时还可以提高员工的努力水平，降低员工的拆台水平，使员工产出保持在较高的水平上。

第二，与无阶段性绩效信息反馈的实验条件相比，存在阶段性绩效信息反馈时代理人的努力水平不变，拆台水平更低，如此对委托人也更有利。这可能是因为在代理人的努力水平达到一定程度的情况下，再以信息公开提升其激励程度并不能使其努力水平显著上升（Carpenter et al.，2010）。同时由于信息公开，代理人能够得知自身及其竞争对手的绩效产出、排名，代理人的努力行为和拆台行为会更加理性，从而倾向于降低自身拆台水平（闫威等，2015）。

阶段性绩效信息反馈虽然不能有效促使代理人提高努力水平，但是能够有效降低代理人之间的拆台水平，使组织内部不和谐因素得到缓解，并显著提高委托人收益。传统的绩效反馈和绩效面谈一般是在竞赛结束后才进行的，此时的主要目标是确定奖金数额或晋升人选。而阶段性绩效反馈的主要目的却在于为代理人提供额外激励，它是委托人除了设定薪酬水平和薪酬差距之外的又一种激励手段。从本质上讲，代理人虽然可以知道自身的努力行为和拆台行为，但是无法确切地知道自己的排名状况，后者属于委托人的私人信息（private information）。但是，在现实中由于信息沟通、信息泄露、恶意打探等非正式沟通因素的存在，代理人可以获得大致的但是不完全的排名信息，控制这种非正式沟通是一项成本很高、收效很低的工作[①]。委托人此时面临两种选择，一种选择是委托人继续禁止这类非正式沟通，避免代理人获得竞争排名等信息，因为阶段性绩效信息反馈可能产生一些问题。如代理人之间的绩效差距过大，可能产生"龟兔赛跑"的问题，即落后者放弃，领先者懈怠；同时，过大的绩效差距也可能诱发代理人之间的拆台问题（Gürtler and Münster，2010），即落后者为挽回不利局面，可能会通过封锁或歪曲信息、造谣中伤、破坏劳动工具、不配合工作等手段对领先者进行拆台。另一种选择是委托人以正式的方式公开此类信息。阶段性绩效反馈可能会对暂时落后的代理人产生压力和激励（Berger 和 Pope，2011），从而促使代理人付出更多的努力，并可以在极大程度上节约委托人控制信息的成本。从本章的结论来看，公开阶段性绩效排名信息和获胜信息虽然不能有效提高代理人的努力水平，但是可以在一定程度上减少其拆台行为，缓解组织的不和谐气氛，从整体上提高代理人的绩效。委托人既可以获得更高的收益，又可以减少因控制非正式沟通产生的额外成本。传统的"不及时反馈""不进行绩效面谈""绩效考核结果束之高阁"等做法实质上阻碍了信息的最优利用，不利于实现对代理人的有效激励。

第三，在锦标赛结构为 1/3 时，上一轮排名最高的代理人在下一轮可能会遭受更猛烈的拆台；而在锦标赛结构为 2/3 时，上一轮排名靠后的两位代理人可能会受到更多的拆台。这说明在有信息反馈的锦标赛机制中，阶段性领先有可能成为集中的拆台对象，即企业内部管理中也可能存在鞭打快牛式的"棘轮效应"（Gütler and Münster，2010）。该结论也发现，增加获胜比例可以减少领先的代理人被拆台的频率，为企业识别最有能力的代理人提供可能。晋升锦标赛不仅用于激励员工，也是企业获得员工能力信息进而调整其人员结构的重要手段。本章研究结果表明锦标赛结构为 1/3 时，上一轮排名最高的代理人在下一轮会遭受更猛烈的拆台，即存在拆台行为时，晋升锦标赛中表现较好的员工通常会受到更严重的拆台，此时绩效排名第一的员工不一定就是能力最强的员工，用晋升锦标赛作为选拔高能力员工的方式往往会失去效力（魏光兴和蒲勇健，2006）。而如果企业设计获胜比例较高的锦标赛结构，此时排名第一的员工受到的拆台比其他员工少，或可更真实地反映高业绩员工的能力，方便企业选拔到更优秀的人才。

第四，在获胜比例为 1/3 的动态锦标赛中实施正向无意识启动之后，代理人的努力行为和拆台行为均没有发生改变；实施负向无意识启动之后，代理人的努力行为虽然也未发生改变，但是拆台行为却显著增加，这可能与锦标赛的人际竞争特点有关。激烈的竞争氛围经由"以邻为壑"的负向启动效用予以强化，导致代理人的拆台行为更频繁。

在企业中，拆台行为会造成员工的效率下降，对员工心理造成巨大打击，同时也可能对工作氛围产生极为不利的影响。无意识启动效应通常与环境相关，很多环境因素可以在员工的意识之外潜移默化地影响其行为，包括机制、标语、规范、领导人风格、组织政治等。因此，企业管理人员可以通过把握环境中的无意识因素，将特定的组织目标通过无意识启动的方式，融于一定的环境氛围和文化氛围之中，从而影响员工的行为表现。本章研究结果表明在锦标赛机制中引入负向无意识启动会加重代理人的拆台行为，所以企业在运用锦标赛机制时不仅需要为员工营造良好的合作氛围，构建良好的同事关系（比如营造和

[①] 目前许多公司都不允许公司员工私下交流薪酬、绩效等问题，可即使惩罚很重，如开除，依然无法禁止该类信息的流通。

谐的企业文化，使员工对企业产生"家"的感觉，在员工的工作场合张贴与合作相关的标语或者图画，经常策划团体活动项目增强员工之间的互动和合作等），还应当避免组织内部恶性竞争关系并预防组织政治的形成，主动发现组织中可能出现的不和谐气氛并防患于未然，以避免其对代理人产生潜移默化的负面影响。

第五，风险偏好的代理人并没有降低自身的努力行为，反而为了获胜增加了自身的努力，同时其拆台行为也有所增加。个人主义型和竞争型代理人并没有比亲社会型代理人付出更多的努力，然而其选择的拆台水平远远高于亲社会型代理人，由此损害了社会福利。因此，代理人的风险态度和社会价值取向也会影响锦标赛机制的激励效果。

当然，本章也存在一定的不足，例如不同的锦标赛规模可能会对锦标赛结构的效率产生影响，但是囿于时间和精力，本章仅考虑了锦标赛规模为 3 人时的情形，锦标赛规模更大或者更小时结论是否依然成立有待进一步考察。此外，绩效信息反馈策略有多种方式，例如部分信息反馈和虚假信息反馈，而本章仅分析了完全绩效信息反馈和无绩效信息反馈两种情况，后续研究可以增加对不同信息反馈策略的研究，以找到最适合的绩效反馈方式。最后，本章研究中的被试主要是在校大学生或研究生，将来在条件和资金允许的情况下，可补充企业或社会组织员工作为被试，对不同来源的被试样本进行比较分析。

第8章 绩效反馈环境对员工绩效的影响研究①

8.1 引　言

纵观全球，世界经济已进入全球化的时代。在这个竞争如此激烈的环境里，一家企业要想赢得立足之地就不得不提高整体绩效。以前，生产作为企业的根本，是企业家最重视的东西，也是企业的立足之本。然而，随着经济的不断发展，传统的制造优势已经难以让中国企业在世界经济中保持竞争优势了。因此，人们逐渐开始关注企业的其他方面例如企业内部的管理水平。绩效管理是国内外学者近些年来研究的热点问题，而反馈作为绩效管理的重要环节，自然也成了学者们研究的焦点所在。

反馈是指上级领导对员工的工作成果给予赞扬或批判的信息性评价(Sansone, 1986)。通过企业的绩效反馈机制，员工能够认识到自己的优势和劣势，就可以在今后的工作中扬长避短，提高自己的绩效表现。同样，上级领导也可以通过反馈了解员工的优势和不足，并通过采取不同的措施以提升整体的员工绩效。因此，反馈作为绩效管理的最后一环，同时也是最关键的一环，其研究意义是非比寻常的。它对于提升员工和组织的整体绩效，增强企业的竞争优势非常重要。绩效反馈在企业管理中不是一个孤立的存在，要更好地发挥绩效反馈的作用，需要以整体性视角审查绩效反馈的内容体系及内在联系，即绩效反馈环境应该得到高度重视。

然而，通过对一些研究文献的回顾，我们发现在过去很长一段时期里，学者们将反馈本身与反馈环境混为一谈，不加区分。近年来学者们虽然对反馈与员工绩效的关系研究成果颇为丰硕，但关于反馈环境到底是如何影响员工绩效的研究却相对较少。当然，近两年也有不少的学者尝试对反馈环境和员工绩效的关系进行研究。Levy 和 Snell(2004)通过对两家企业 405 名员工的调查研究了企业反馈环境包含的各个方面，成功构建了一个完整的反馈环境量表(FES)，并验证了此量表的内部一致性。之后，陆续有其他学者也对此量表进行了验证。如今，此量表已经成为学者们用来衡量企业反馈环境较为成熟的量表。除此之外，闫敏和冯明(2017)通过友好反馈文化对员工反馈寻求行为影响机制的研究也得出了如下结论：支持性的反馈环境有利于降低反馈带来的潜在消极影响，从而促进员工绩效的提升。

本章研究具有的理论和实践意义在于：首先，本章明确地将绩效反馈环境与员工绩效直接联系起来，进而研究企业反馈环境对员工绩效的影响机制，打破了以往主要研究反馈本身与绩效关系的传统，增加了研究企业员工绩效的新的视角。其次，本章试图建立自我领导在反馈环境与员工绩效之间的中介关系，希望验证环境可以通过改变员工自我领导的

---

① 第3章和第7章的研究结论表明，阶段性绩效反馈以及环境因素对代理人行为具有重要影响。因此，本章以企业员工为样本来源，运用问卷调查实证方法对此展开进一步的研究，主要探讨绩效反馈环境对员工绩效的作用机理与影响路径。

行为来影响其工作表现。若此假设可以得到验证，那么企业管理者又可以采取另一种途径即专注提升员工自我领导水平来提升员工绩效。再者，通过研究个人反馈导向在员工自我领导与员工绩效之间的调节关系，以确定员工的个人特质如何影响员工的绩效表现。这一研究结果可以使企业管理者更好地利用员工反馈导向的差异来因地制宜地激励与管理员工，为企业赢得更大的竞争优势。

　　基于以上关于现有理论研究的不足之处和此研究具有的现实指导意义，本章将以员工绩效为具体情境考察绩效反馈环境对员工绩效的影响机制，并在此基础之上探索自我领导的中介作用和反馈导向的调节作用。通过对自我领导中介作用的研究，旨在清楚企业绩效反馈环境是如何引导员工不断进取并努力改进提升自己的绩效表现的；通过对反馈导向调节作用的研究，可以厘清面对反馈的不同态度等个人特征是如何调节员工自我领导对员工绩效影响的。

8.2　文　献　综　述

8.2.1　反馈环境

　　在过去很长一段时间内，人们将反馈本身与反馈环境混为一谈，因此国内对反馈环境领域的探索还处于较为混乱和混沌的状态。因此，反馈环境的定义到目前为止仍然众说纷纭，没有统一的概念。其中比较著名的有：组织的反馈环境通常是指那些能够被员工所感知的、可以自由使用的、来源于不同反馈源的和有关自身真实工作绩效的评价信息(Greller and Herold，1975)。他们提出的定义在研究初期来看是较为完整和具有代表性的。十年之后，有学者在 Greller 和 Herold 定义的基础上进行了精简，将反馈环境定义为员工认为可用的工作绩效信息的类型(Parsons et al.，1985)，强调反馈信息的可用性。同时，Parsons 等在研究中还开发出了一套衡量反馈环境的量表，它要求受访者指出不同类型反馈信息的可用性。不过可惜的是，他们并未对该量表的适用性和可行性进行验证，因此几乎没有学者将其运用在研究和实践当中。经过学者们多年来孜孜不倦的探索，迄今为止，组织的反馈环境总算有了一个被大多数学者所接受的概念：不同来源的积极和消极反馈的数量和可用性。从这些定义来看，反馈环境并不是一个单维度的概念，它包含了多个维度，如反馈的来源、反馈的频率、反馈的可用性等，这些在变化的定义中一直都是被强调的重要方面。尽管反馈环境已有了一个为大多数学者所接受的概念，但仍有学者在之后的研究中提出了不太相同的定义。Steelman 等(2004)认为反馈环境是指日常"主管-下属"和"同事-同事"反馈过程的情境方面，而不是正式的绩效评估反馈会议。他们通过对现存反馈文献中描述反馈环境的各部分的归纳总结，构建了一个更为完整的反馈环境量表(FES)。他们在 FES 中假设了主管和同事两个因素，并在每个来源因素下设计了七个具体维度：来源可信度、反馈质量、反馈传递、有利反馈频率、不利反馈频率、来源可用性和促进反馈寻求。经过后来众多学者的不断验证，此量表已经被认可为较为成熟和权威的衡量反馈环境的量表。国内学者在针对中国企业情境下企业反馈环境的研究中又对反馈环境提出了新的定义，如组织反馈文化和个体反馈倾向构成了整个组织的反馈环境(孙星和李世航，2006)。

本章中反馈环境的内涵沿用 Steelman 等(2004)提出的定义。

因为国内外学者对反馈环境的整体研究开始较迟,而且研究的关注点更多在反馈和反馈环境的某一个维度上面。因此,在现存的反馈文献中,较多的是关于反馈环境的某些维度与其他变量因素关系的研究成果。

(1)反馈环境与反馈满意度的关系。反馈满意度指的是员工对反馈认可的接受程度。一般而言,反馈质量越高,对改善员工绩效的效果越好,反馈的满意度就会越高。有学者通过研究发现:反馈信息越有利,收信人对反馈越满意(Ilgen and Hamstra, 1972)。这说明绩效反馈环境中的有利反馈方面对反馈满意度有明显的正向促进关系。Ilgen 和 Moore(1987)继续对反馈环境如何影响反馈满意度进行了研究,结果表明:如果他们被提供了可用的反馈信息,或者很稀缺的反馈信息时,他们会对反馈感到满意。这又从另一个角度——反馈可用性——体现了反馈环境对反馈满意度的正向影响关系。Steelman 等(2004)也进行了相应的研究,他们将反馈环境的七个方面与反馈满意度做了研究。其中最为重要的结果是揭示了不利反馈与反馈满意度的负向影响关系并不显著,即反馈信息即使不利,反馈满意度也不会有明显的降低。这与研究者最初的预期假设是不一样的。

(2)反馈环境与使用反馈动机的关系。Ilgen 等(1979)的研究表明:反馈的来源和反馈环境的相关方面可能是接收者使用反馈来提高其工作绩效积极程度的最重要影响因素之一。使用反馈动机代表的是个人以收到的反馈为基础以求表现更好的愿望。一般来说,反馈来源越可靠,员工使用反馈的动机就越强烈。这一假设也得到了验证。Fedor 等(1989)发现,如果反馈来源被视为有能力的话,员工就更积极地使用反馈。从此研究结果可以看出:绩效反馈环境的来源可用性与员工的使用反馈动机之间具有显著的正向相关关系。

(3)反馈环境与反馈寻求频率的关系。反馈寻求行为是指个体确保做出正确决策和妥善行为以获得最终价值而自觉奉献的努力(Ashford et al., 2003)。Williams 等(1999)的研究表明:反馈环境的性质很可能会影响个人对额外绩效信息和后续反馈的追踪。通常情况下,员工为了提高自己的绩效,是比较愿意主动寻求反馈的。但如果企业的反馈环境不如意,如上级领导不仅不鼓励员工寻求绩效反馈而且在员工寻求绩效反馈时加以阻拦和不作为的话,员工寻求绩效反馈的频率就会大大降低。Steelman 等(2004)也对此进行了研究,最终结果表明:反馈环境确实会对反馈寻求行为产生负向影响。

8.2.2　自我领导

国外学者于 20 世纪 80 年代开始对自我领导进行研究,而我国学者的相关研究的开始得非常迟,直到 21 世纪初才从国外引入自我领导的概念。并且,因为自我领导与自我管理概念十分相近,因此在研究之初学者们对两者到底是否同一个概念有过不少争论。

对于自我领导的定义一般有两种观点:第一种是后天习得观,即自我领导并非个体与生俱来的东西,而是通过后天的不断学习才形成的(Kazan, 1999)。另外一种是内部起源观,即自我领导是人与生俱来的,对个体的行为进行调节和支配。当然,也有学者认为自我领导的概念应该融合这两种看法。国内有学者就提出了这样的定义:自我领导是个体在实践活动经验积累的基础上,通过自身需要的驱动,根据所形成的内部标准的指导,运用内部奖赏实现自我激励而达成绩效的自我影响过程(赵国祥和梁瀚中，2011)。这一概念融合了后天习得观和内部起源观。当然，目前为大多数人所接受的自我领导定义是由Manz(1986)提出的，他认为自我领导是个体通过必要的自我指导和自我激励从而取得行为绩效的自我影响过程。

许多研究者认为自我领导是一个规范性的模型。因此，学者们一直致力于开发一个较为客观和全面的模型和量表来衡量自我领导。但是，不同的研究者持有不同的观点。其中有代表性的是以下两名学者：Manz(1986)提出了自我领导理论，并构建了一个量表对自我领导进行测量；他主张将自我领导策略划分为行为聚焦策略、自然回报策略、建设性思维策略，其观点得到了绝大多数学者的认可和支持。而 Müller 等(2010)则认为自我领导是个体激发内在动力，提高行为活动效能的自我促进策略，并把自我促进策略分为自我意识策略、意志策略、动机策略、认知策略和行为聚焦五种策略。相对于 Manz 的自我领导量表，Müller 等的模型显得较为复杂。因此，大多数学者还是倾向于在研究和实践中采用Manz 的自我领导量表。有研究结果发现，自我领导会对员工创新绩效产生正向影响。Diliello 和 Houghton(2006)通过研究证明：自我领导行为激发了员工潜在的创造和创新意识，并最终使其付诸行动。

8.2.3　反馈导向

国内反馈导向的研究时间也比较短。早期的反馈导向研究发现，反馈导向首次被定义为一个用以描述个体对反馈整体接受程度的多维概念，包括支持反馈的情感、积极寻求反馈的行为倾向、认真处理反馈的认知倾向、他人对自我评价的敏感性、相信反馈的价值以及负责反馈价值的体现六个维度(London and Smither，2002)。在此基础之上，反馈导向又吸引了许多学者来研究，其定义也发生了一些变化，但并没有很出彩的研究结果出现。直到 2010 年，Linderbaum 和 Levy 简化了之前关于反馈导向的定义，将反馈导向定义为员工对反馈意见的总体接受程度，它能够体现员工反馈过程中的个体差异。目前，这一定义已经赢得绝大多数学者的认可，并被大家普遍所接受和运用。与此同时，Linderbaum 和Levy 在 London 和 Smither 提出的六维反馈导向量表的基础上，提出了一种更为精简的反馈导向量表。新的反馈导向量表只包含四个维度：效用、责任、社会意识和反馈自我效能。其中，"效用"强调个体对反馈有效性的信心；"责任感"强调个体参与反馈过程的责任心；"社会意识"强调个体在承受外部压力时积极响应反馈的倾向；"反馈自我效能"强调个体对理解和实施正确的反馈充满信心。目前，此量表经过众多学者的验证，已经成为国际上的权威量表，被学者们广泛运用于研究和实践当中。

现代企业为了保持竞争力，必须了解每个员工的独特需求和动力。有效地运用反馈的性能定位个性差异可以营造一种有利于建立企业竞争优势的工作环境。所以，尽管反馈导向的研究开始得较迟，但目前已涌现出不少相关研究成果了。

有学者的研究表明，个体的经验开放性、公众自我意识和组织环境支持有利于促进高反馈导向的形成，且反馈导向会随着个体所积累的反馈经验以及反馈文化的影响不断改变(Watkins and Marsick，2003)。这意味着反馈导向是一个动态的概念，不会一成不变，而是处于不断变化之中。因此，在以后涉及反馈导向的研究中，我们都应考虑到这一点。之后，Thompson 和 Dahling(2012)的研究证明反馈倾向与直接询问具有显著正相关关系，这个结论在国内的研究中也得到了证实。王宁等(2015)的研究结果证实：反馈导向与询问同事和间接监测均呈显著正相关，与询问上级相关性不显著。而直接问询被看作反馈寻求方式的一种，因此逐渐有学者开始研究反馈导向与反馈寻求行为之间的关系。张燕红和廖建桥(2015)在探寻团队真实型领导、新员工反馈寻求行为与社会化结果的研究中发现团队真实型领导和反馈导向正向影响新员工反馈寻求行为，团队真实型领导显著正向调节反馈导向与新员工反馈寻求行为之间的关系。当然，不同的研究方向，得出的结论也会有差异。闫敏和冯明(2017)将反馈导向作为友好反馈文化和反馈寻求行为影响机制中的中介变量，并得出反馈导向在其中起部分中介作用的结论。

8.2.4　员工绩效

Borman 和 Motowidlo(1993)提出员工工作绩效分为任务绩效和周边绩效。任务绩效与员工的直接工作相关，是衡量员工工作内容完成情况的指标，是工作绩效最基础的部分。周边绩效又称关系绩效，它不与具体工作内容相关，但与工作的环境特征等有密切关系，对任务绩效起辅助作用。如果说工作绩效相当于"才"，那么关系绩效就是"德"，一个人只有德才兼备才能算是优秀的人。同样，只有任务绩效和周边绩效均高才可能创造良好的整体工作绩效。随着知识经济、互联网经济的不断发展与变化，创新逐渐受到人们的重视，我国政府也开始大力提倡大众创业、万众创新。传统的任务绩效和关系绩效已经不能涵盖员工绩效的所有方面，因此学者们又提出了创新绩效的概念。George 和 Zhou(2001)立足组织行为学和心理学视角，将团队创新绩效定义为员工与组织互动过程中所产生的新颖的、有用的思想、产品、过程、服务或方法。他们将创新绩效物质化，以实际存在的物品和想法来衡量创新绩效，但物品和想法带来的经济效益却没有被提及。徐契舜(2003)认为创新绩效是团队或者个人表现出来的创新程度和对生产力的提升程度。而沈海华(2006)则认为创新绩效是创新活动过程中一些产出的、能够客观测量和感知的成果绩效，这些绩效包括团队创新带来的直接和间接经济效益。徐契舜主要强调创新对生产力的提升而不是最终的经济效益变化，而沈海华则强调可测量和感知的成果经济绩效。目前，创新绩效的研究对象更多是针对技术人员等工作者。

员工绩效的影响因素复杂多样，因此更加激起了学者们研究的兴趣。他们开始从不同的角度入手研究员工绩效的作用机制。孙星和李世航(2006)通过研究发现：员工绩效受多种因素共同作用，其中最重要的因素是动态信息反馈。在竞争如此激烈的社会，绩效是企业最为重视的部分，也是学者们研究的热点和重点问题，因此关于员工绩效的研究成果也颇为丰硕。谢俊等(2012)通过研究发现效忠主管对员工工作绩效具有显著的正向影响；反馈寻求行为在效忠主管与工作绩效关系中起完全中介作用。此研究表明，效忠主管和反馈寻求行为都是员工绩效的影响因素。后来，陆续有更多学者对员工绩效的影响因素进行了研究。郭云和廖建桥(2014)有重要发现：上级发展性反馈、员工工作满意度都对员工绩效有显著的正向促进作用。而随着创新绩效的提出，学者们也对此展开了研究。于娜等(2015)

发现价值观异质性负向预测创新绩效水平；支持性组织氛围和反馈寻求行为负向调节价值观异致性和创新绩效的关系。综合上述研究结果可以发现：员工绩效的影响因素多种多样，影响机制则复杂多变。

8.3　研　究　设　计

8.3.1　研究假设与理论模型

1. 反馈环境与员工绩效

有研究支持反馈文化对员工绩效具有显著的正向影响作用(闫敏和冯明，2017)。通过对其他学者关于反馈环境某部分研究成果的归纳和总结，可以发现：反馈环境的反馈质量、反馈来源等方面都会对员工绩效产生正向影响。霍夫曼的社会交换理论(social exchange theory)认为员工与企业之间的社会交往本质上是一种交换关系。当企业提供良好的反馈环境时，员工会为了报答企业的反馈而努力工作，提高自己的绩效表现。同时，社会交换理论中的刺激理论认为：如果来自环境某一特定刺激或某一系列刺激的出现都使某人得到奖励，则当目前环境中的刺激与之前刺激越是相似，他就越有可能进行这种行动或相似的行动。这里的奖励指的是能满足个体需要的东西，它可以是物质的，如金钱；也可以是非物质的，如声誉、地位等。以此推断，当企业的反馈环境良好时，员工重视反馈，并因此获得了更好的绩效表现，满足了自身的需要。当下一次再出现相似的良好反馈环境时，员工会倾向于获得更好的绩效表现。长此以往，当反馈环境越好，员工绩效也会越好。因此，我们有理由相信整体反馈环境也可以直接对员工绩效产生正向影响。所以，我们提出以下假设：

假设 1：反馈环境对员工绩效具有显著正向影响作用。

2. 反馈环境与自我领导

首先，我们认为自我领导是可以后天习得而非与生俱来的。然后基于人境互动论的观点，我们认为反馈环境会影响员工自我领导。企业的绩效反馈环境和员工之间是互动的，前者会改变员工的行为和态度，同样员工也会改变前者。因此员工不断地随着反馈环境的变化来调整自我领导行为。当反馈环境良好时，员工从主管和同事处得到的有用反馈比较多，这时员工认为自己可以根据这些反馈去完成任务而不必寻求主管和同事的帮助。此时，他们的自我领导行为会增加。因此，我们提出以下假设：

假设 2：反馈环境对员工自我领导具有显著正向影响作用。

3. 自我领导的中介作用

研究表明，当社会环境能满足个体的归属、胜任和自主心理时，个体就会选择对自我或他人发展有益的活动；反之就会选择对自我或他人发展有害的活动(于维娜等，2015)。这说明当反馈环境良好时，员工因为个体的需要得到满足，从而选择对自己发展有益的活动，即自我领导程度变高。另有研究表明：自我领导能够提升员工的劳动生产率和创新绩效。同理类推，自我领导应该也是可以提升员工绩效的。除此之外，自我领导本身就具有积极向上的意义，它可以引发员工的内在动机。根据内在动机理论，员工对工作本身而不是工作所带来的外在报酬感兴趣，因此即使面临困难，内在动机也能驱使员工不断进取，达到自己的绩效目标。而且根据自我决定理论的观点：所有人本质上都是积极的，都在寻找学习和发展机会。因此，我们提出以下假设：

假设 3：自我领导对员工绩效具有显著正向影响作用。

假设 4：自我领导在反馈环境对员工绩效的影响机制中发挥部分中介作用。

4. 反馈导向的调节作用

孙星和李世航 (2006) 认为整个组织的反馈环境是由组织反馈文化和个体反馈倾向构成的。但在本章研究中，我们将反馈环境 (环境特征) 和反馈导向 (个人特征) 区分开，将反馈环境定义为员工与上级领导或者同事沟通交流反馈的情境因素，而将员工本身对待反馈的态度看作个体反馈导向而非反馈环境的一部分。反馈导向高的人会呈现出以下特征：他们认为反馈对自己很有价值，并且习惯对周围的环境进行反馈，以及善于根据反馈改变自己。所以在一般情况下，反馈导向高的人自我领导行为不那么显著，他们对他人的反馈十分信赖，在通常情况下都愿意借助他人的反馈来反思自己哪里做得不够好，而不仅仅依靠自己一个人的自我领导解决问题。通过文献回顾，我们还发现反馈导向会影响反馈寻求行为进而影响员工绩效。因此，我们提出假设：

假设 5：反馈导向在员工自我领导对员工绩效的影响机制中发挥调节作用。

综上所述，本章的研究可以概括为一个较为复杂的既包括中介效应又包括调节效应的模型，如图 8.1 所示。

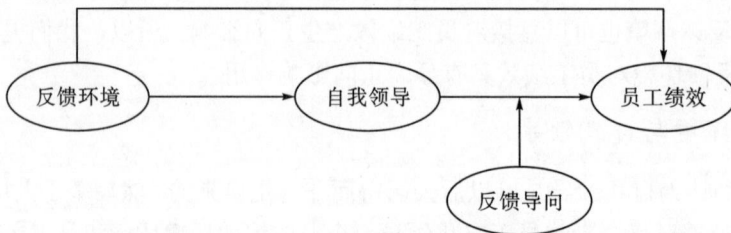

图 8.1　理论模型图

8.3.2　研究样本

我们对重庆市多家企业的员工发放了调查问卷，涉及的行业主要包括教育、金融、医疗保健、服务、加工制造及其他行业。我们一共采用了两种方式发放问卷：①在学校的 MBA 班上发放纸质问卷；②将问卷电子版传到企业，经过企业高层同意后组织员工填写问卷，并将纸质问卷邮寄回学校进行统计。我们一共发放 250 份问卷，最终回收 238 份，回收率达到 95.2%。按照问卷填写的完整性、正反题项回答的一致性等标准对结果进行筛选，剔除了含有缺失值和不真实值的无效问卷后，一共得到 226 份有效问卷，问卷有效率达到 95%。样本基本描述如表 8.1 所示。

表 8.1 样本基本描述

统计变量	类别	频数	百分比	累计百分比
性别	男	166	73.5%	73.5%
	女	60	26.5%	100%
年龄	21～30 岁	98	43.4%	43.4%
	31～40 岁	77	34.1%	77.5%
	41～50 岁	42	18.5%	96.0%
	51 岁及以上	9	4.0%	100%
教育程度	高中及以下	46	20.4%	20.4%
	专科	70	31.0%	51.4%
	本科	95	42.0%	93.4%
	硕士及以上	15	6.6%	100%
工作年限	5 年及以下	57	25.3%	25.3%
	6～10 年	74	32.7%	58.0%
	11～15 年	26	11.5%	69.5%
	16～20 年	34	15.0%	84.5%
	21 年及以上	35	15.5%	100%

从表 8.1 中可以看出，男性比率高达 73.5%，仅有 26.5%的女性工作者填写，这可能和问卷发放的行业有关。从总体来看，年龄从 21～58 岁不等，其中 21～30 岁的人占 43.4%，31～40 岁的人占 34.1%，41～50 岁的人占 18.5%，而 51 岁及以上的人仅占 4.0%，平均年龄为 34 岁。受教育水平从高中到研究生不等，其中硕士及以上学历占比最少，仅为 6.6%；本科学历的比例最高，为 42.0%；高中及以下学历和专科学历分别占比 20.4%和 31.0%。工作年限最低 1 年，最高 35 年，比例分布较为均匀。工作年限在 5 年及以下的员工占 25.3%；6～10 年的员工比例最高，为 32.7%；11～15 年的相对较少，为 11.5%；16～20 年和 21 年及以上工作年限的员工比例基本相同，分别为 15.0%和 15.5%；平均工作年限在 12 年左右。被调查者大多是普通员工，包括技术人员、营销人员、行政人员和其他普通员工，其次是基层管理者和中层管理者。当然，也有少数的高层管理者参与了本次调查研究。

8.3.3 研究变量

本章采用的所有量表都是经过重重验证的，国际上具有权威性的成熟量表。为了适应国内企业的使用，我们将原始量表翻译成中文量表(问卷详见附录 5)。所有问卷题项均采用 Likert-7 点制计分，1 为非常不同意，2 为不同意，3 为比较不同意，4 为一般，5 为比较同意，6 为同意，7 为非常同意，程度依次递增。

(1)反馈环境。采用 Steelman 等(2004)开发的反馈环境量表，共 63 项。它假设了主管和同事两个来源，并在两个来源下分别设置了来源可信度、反馈质量、反馈传递、有利反馈频率、不利反馈频率、来源可用性和促进反馈寻求七个维度。题项内容例如"我的主管通常熟悉我在工作中的表现""当我的同事给我绩效反馈时，他或她会考虑我的感受"等。

（2）自我领导。采用 Prussia 等（1998）开发的自我领导量表，共 20 项。它包含了行为聚焦策略、自然回报策略和建设性思维策略三个维度，其中前 6 项测量行为聚焦策略，第 7～12 项测量自然回报策略，最后 8 项测量建设性思维策略。题项内容例如"我牢记目标""我努力去做超越本职工作的任务""我思考各种解决问题的方法"等。

（3）反馈导向。采用 Linderbaum 和 Levy（2010）开发的反馈导向量表，共 20 项。它包含了效用、责任、社会意识和反馈自我效能四个维度，其中前 5 项测量效用，6～10 项测量责任，11～15 项测量社会意识，最后 5 项测量反馈自我效能。题项内容例如"反馈对于提升绩效至关重要""如果我的主管给我反馈，我有责任去面对""反馈有助于我给其他人留下良好印象""我相信我有能力处理好反馈意见"等。

（4）员工绩效。员工绩效量表总共 18 项。前 5 项测量任务绩效，采用 Williams 和 Anderson（1991）开发的量表；6～14 项测量周边绩效，采用 Borman 和 Motowidlo（1993）开发的量表；15～18 项测量创新绩效，采用 Farmer 等（2003）开发的量表。题项内容例如"我能按照组织期望的方式，完成工作任务""在团队中，我能协助其他成员工作""我会寻求新想法或新方式来解决问题"等。

（5）控制变量。我们将调查对象的性别、年龄、教育水平、工作年限作为研究的控制变量。在进行数据处理时，我们将性别男设置为 1，女设置为 2；将年龄按区间分为四个类别；将受教育水平分为高中及以下、专科、本科、研究生及以上四个类别；将当前企业工作年限按区间分为五个类别。

8.4　实证结果与分析

8.4.1　描述性统计与相关分析

根据表 8.2 的结果显示，反馈环境与员工绩效具有显著正相关关系（$r=0.722$，$p<0.01$），假设 1 得到初步验证；反馈环境与自我领导具有显著正相关关系（$r=0.686$，$p<0.01$），假设 2 得到初步验证；自我领导与员工绩效具有显著的正相关关系（$r=0.785$，$p<0.01$），假设 3 得到初步验证。为获得更为稳健的证据，接下来进行同源偏差检验和信效度分析。

表 8.2　变量描述性统计与相关分析

变量	均值	标准差	1	2	3	4	5	6	7
性别	1.265	0.443							
年龄	1.832	0.868	-0.03						
教育程度	2.350	0.878	0.115	-0.028					
工作年限	2.628	1.406	0.002	0.833**	-0.143*				
反馈环境	5.034	0.819	-0.05	-0.210**	-0.215**	-0.224**			
自我领导	5.191	0.898	-0.00	-0.139*	-0.149*	-0.178**	0.686**		
反馈导向	5.132	0.875	-0.08	-0.074	-0.168*	-0.133	0.748**	0.804**	
员工绩效	5.352	0.905	0.011	-0.144*	-0.224**	-0.134*	0.722**	0.785**	0.777**

注：$N=226$，***表示 $p<0.001$，**表示 $p<0.01$，*表示 $p<0.05$，双尾检验，下同。

8.4.2　同源偏差检验

1. 定义和控制方法

同源偏差又称共同方法偏差(common method biases，CMB)，指一份问卷由同一个调查者填写，会因为调查者本身特征而导致的预测变量与效标变量的共变性。简而言之，同源偏差就是指一个人填一份问卷会呈现出一定的惯性，而这种惯性可能会影响核心变量之间的相互关系。在问卷调查中，同源偏差是极有可能出现的问题，我们须采取措施进行控制。

控制同源偏差主要从问卷的设计入手。首先，在题目设置上要尽量避免直接提出与社会期望有关的问题，且题目要循序渐进，避免出现引导式问题。其次，在问卷上注明问卷调查的目的仅用于学术研究，不会泄露个人信息，且采用匿名方式填写问卷，这样可以减少调查者因为保护自己或者取悦他人而提供不真实的答案。最后，在题项中设置一些反向题型，这有助于检验被调查者是否仔细阅读题目，也利于筛选出不真实值的结果，也有助于降低同源偏差。

2. 检验方法和结果

一般来说，无论如何设计问卷，同源偏差总是存在的。因此，我们需要测量其同源偏差的程度，以确定同源偏差是否会影响研究结果。在调查问卷研究中，我们通常采用Harman 单因素方法进行同源偏差的检验。Harman 单因素方法的实质是因子分析，其具体操作方法为：将问卷量表的所有题目提取出一个主因子，在未旋转时主因子的载荷比率即为同源偏差的量。只要比率未超过 50%，则可判定为同源偏差不严重，不会影响研究结果。在本章研究中，我们将问卷所有条目一起做因子分析，在未旋转时得到的第一个主成分解释了 40.127%的变异量，未超过建议值 50%，因此可以判断所测变量的同源方差现象不严重，不会影响结论的可靠性。

8.4.3　信效度分析

1. 信度分析

信度(reliability)被定义为一个测量工具免于被随机误差影响的程度，即评价测量的稳定程度。一般而言，量表的信度水平越高，量表就越稳定。α 系数是管理学研究中最为常用的信度系数，也称为内部一致性系数。

本章研究获得的调查数据利用 SPSS 21.0 软件进行处理，具体分析如下：反馈环境、自我领导、反馈导向和员工绩效这四个量表的 α 系数分别为 0.966、0.891、0.960 和 0.964，均在 0.80 以上，说明各量表的稳定性良好。此外，我们还测量了每个量表的子量表或者不同维度的 α 系数。其中，反馈环境的主管来源和同事来源的系数分别为 0.952 和 0.931，均大于 0.80；反馈导向的四个维度效用、责任、社会意识和反馈自我效能感的 α 系数分别为 0.893、0.892、0.892 和 0.911，大于 0.80；员工绩效的三个子量表任务绩效、周边绩效

和创新绩效的 α 系数分别为 0.876、0.943 和 0.898，也大于 0.80；而自我领导三个维度行为聚焦策略、自然回报策略和建设性思维策略的 α 系数分别为 0.926、0.918 和 0.662，除了建设性思维策略的 α 系数略低于 0.70 以外，其余均大于 0.80。此外，对于同属测量模型，因为每个构念可以包含不同的部分，仅仅用内部一致性检验量表信度还不够，因此我们增加了平均方差析出量(average variance extracted，AVE)来测量量表的信度。经测算，AVE 值为 0.707~0.799，均高于临界值 0.5，说明量表的信度处于优秀水平。综上所述，本章研究中采用的量表信度较高，测量结果稳定。

2. 效度分析

效度(validity)是指一个测验能够测到其所想要测的变量的程度。效度分为很多种，在问卷调查研究中，我们通常测量的指标包括聚合效度和区分效度，具体分析如下：反馈环境量表共 63 个题项，经过因子分析提取的主成分除了少数几个题项的因子载荷略小于 0.55 以外(题项 11 为 0.497、题项 23 为 0.53、题项 43 为 0.505、题项 44 为 0.542、题项 59 为−0.339)，其余每个题项上的因子载荷均大于 0.53(最低的为 0.594)；自我领导量表共 20 个题项，经过因子分析提取的主成分除了在第 14 项(0.346)的因子载荷小于 0.55 外，在其余每个题项上的因子载荷均大于 0.55(最低为 0.561)；反馈导向量表共 20 个题项，经过因子分析提取的主成分除了在第 15 项(0.531)和 20 项(0.486)的因子载荷略小于 0.55 外，其余每个题项上的因子载荷均大于 0.55(最低为 0.590)；员工绩效量表共 18 个题项，经过因子分析提取的主成分在所有题项上的因子载荷均大于 0.55(最低为 0.569)。因此，根据以上分析结果可以判定，本章研究所采用的量表聚合效度较好。

此外，本章研究运用 Lisrel 软件对所有测量变量，即 4 个设定因子研究模型进行验证性因子分析，分别创建单因子模型 M1(反馈环境+反馈导向+自我领导+员工绩效)、双因子模型 M2(反馈环境+反馈导向+自我领导、员工绩效)、双因子模型 M3(反馈环境+反馈导向、自我领导+员工绩效)、三因子模型 M4(反馈环境+反馈导向、自我领导、员工绩效)、四因子模型 M5(反馈环境、自我领导、反馈导向、员工绩效)，比较最终的拟合结果。结果如表 8.3 所示，4 个因子均高于 0.4 的最低负荷系数值，没有产生交叉载荷，具有统计意义。四因子模型验证性因子分析主要拟合指数为：$\chi^2 / df = 2.941$，小于 3；RMSEA=0.119，可以接受；RMR=0.0888，可以接受；IFI=0.948，CFI=0.948，NFI=0.923，均大于 0.90，根据拟合优度指数判断，本章研究中的测量量表均具有较好的区分效度。

表 8.3　验证性因子分析结果

测量模型	χ^2 / df	RMSEA	RMR	NFI	IFI	RFI	CFI
M1	3.470	0.143	0.0934	0.918	0.940	0.916	0.940
M2	3.300	0.137	0.0907	0.922	0.944	0.920	0.944
M3	3.274	0.133	0.0925	0.923	0.945	0.921	0.945
M4	3.173	0.130	0.0905	0.925	0.948	0.923	0.948
M5	2.941	0.119	0.0888	0.923	0.948	0.921	0.948

8.4.4 假设检验

相关分析仅仅能够说明变量之间的相关性以及相关程度的高低,回归分析则能进一步验证变量间是否存在因果关系,并指明这种关系的影响方向。为验证本章提出的相关假设,本章将运用回归分析的方法对研究提出的所有假设依次进行检验。

(1)反馈环境对员工绩效的影响。本章中,自变量反馈环境分为主管和同事两个来源,因变量员工绩效分为任务绩效、周边绩效和创新绩效,通过分建模型和回归分析,反馈环境对员工绩效具有显著正向影响($\beta=0.787$,$p<0.01$)。其中,反馈环境主管来源对员工绩效具有显著正向影响($\beta=0.688$,$p<0.01$),反馈环境同事来源对员工绩效具有显著正向影响($\beta=0.685$,$p<0.01$),反馈环境主管来源对任务绩效具有显著正向影响($\beta=0.674$,$p<0.01$),反馈环境同事来源对任务绩效具有显著正向影响($\beta=0.674$,$p<0.01$),反馈环境对周边绩效具有显著正向影响($\beta=0.800$,$p<0.01$),反馈环境主管来源对周边绩效具有显著正向影响($\beta=0.704$,$p<0.01$),反馈环境同事来源对周边绩效具有显著正向影响($\beta=0.691$,$p<0.01$),反馈环境对创新绩效具有显著正向影响($\beta=0.778$,$p<0.01$),反馈环境主管来源对创新绩效具有显著正向影响($\beta=0.668$,$p<0.01$),反馈环境同事来源对创新绩效具有显著正向影响($\beta=0.689$,$p<0.01$)。假设 1 得到检验。

(2)反馈环境对自我领导的影响。通过控制变量和回归分析,得到反馈环境对自我领导有显著的正向影响($\beta=0.745$,$p<0.01$),假设 2 得到验证,并且主管来源因素的反馈环境($\beta=0.621$,$p<0.01$)和同事来源的反馈环境($\beta=0.679$,$p<0.01$)对自我领导的正向影响差别不大。

(3)自我领导对员工绩效的影响。通过控制变量和回归分析,得到自我领导对员工绩效($\beta=0.775$,$p<0.01$)、任务绩效($\beta=0.739$,$p<0.01$)、周边绩效($\beta=0.791$,$p<0.01$)和创新绩效($\beta=0.783$,$p<0.01$)都具有显著的正向影响,假设 3 得以验证。此外,自我领导对员工绩效的正向影响($\beta=0.775$,$p<0.01$)与自我领导对员工的任务绩效($\beta=0.739$,$p<0.01$)、周边绩效($\beta=0.791$,$p<0.01$)和创新绩效($\beta=0.783$,$p<0.01$)的正向影响区别不大;员工自我领导对周边绩效的正向影响作用最为显著($\beta=0.791$,$p<0.01$),对任务绩效的正向影响作用最小($\beta=0.739$,$p<0.01$)。

(4)自我领导的中介作用。本章根据 Baron 和 Kenny(1986)提出的层级回归法进行中介变量的检验,具体操作方法分为三步:①自变量对因变量的回归分析;②自变量对中介变量的回归分析;③自变量和中介变量对因变量的回归分析。

表 8.4 的结果显示,反馈环境对员工绩效具有显著正向影响($\beta=0.798$,$p<0.01$),假设 1 得到验证;反馈环境对自我领导也具有显著正向影响($\beta=0.752$,$p<0.01$)。当加入自我领导这一中介变量后,反馈环境对员工绩效的影响作用显著下降了($\beta=0.383$,$p<0.01$),但并未消失,因此可以判定自我领导在反馈环境和员工绩效的影响机制中发挥了部分中介作用,假设 4 得以验证。采用同样的方法,亦可验证自我领导在反馈环境对任务绩效、周边绩效和创新绩效的影响关系中发挥着部分中介作用。为进一步对自我领导中介效应的显著性进行检验,我们采用 Bootstrap 方法并利用 Preacher 和 Hayes 开发的宏来检验中

介效应是否显著，将 Bootstrap 再抽样设定为 5000 次运行中介效应检验宏，检验结果如表 8.5 所示，"反馈环境—自我领导—员工绩效"路径的 Sobel 检验结果显示，间接效应值达到显著水平为 0.416（$T=6.6480$，$p<0.001$）。Bootstrap 检验结果表明，上述间接效应的 95%置信区间（CI）为[0.3030，0.5526]，该区间不包括 0，因而间接效应显著，假设 4 得到进一步检验。

表 8.4 自我领导中介作用的层级回归法结果

自变量	因变量		
	M1	M2	M3
	员工绩效	自我领导	员工绩效
反馈环境	0.798***	0.752***	0.383***
自我领导			0.552***
F 值	243.786***	199.068***	237.082***
R^2	0.521	0.471	0.680
ΔR^2	0.519	0.468	0.677

注：***表示 $p<0.001$。

表 8.5 自我领导中介作用的 Bootstrap 结果

直接效应	Effect	SE	T	P	下限	上限
	0.3825	0.0575	6.6480	0.0000	0.2691	0.4959
间接效应	Effect	Boot SE			Boot 下限	Boot 上限
	0.4155	0.0645			0.3030	0.5526

注：自变量为反馈环境；中介变量为自我领导；因变量为员工绩效。

(5) 反馈导向的调节作用。对于调节变量的检验，学者们大多采用层级回归法。同样，为了排除控制变量的影响，我们首先单独研究控制变量对员工绩效的影响，然后依次加入自变量、调节变量和交互项到模型中。如果加入交互项到模型后结果具有显著差异，则表明调节效应显著。具体检验结果如表 8.6 所示。

表 8.6 反馈导向调节作用的层级回归结果

	M1	M2	M3	M4
性别	0.081	0.049	0.115	0.106
年龄	-0.028	-0.098	-0.119	-0.092
教育水平	-0.258***	-0.109	-0.091*	-0.088*
工作年限	-0.095	0.042	0.047	0.031
自我领导		0.775***	0.437***	0.470***
反馈导向			0.433***	0.418***
交互项				-0.097**
F 值	4.818**	75.579***	82.168***	74.554***
R^2	0.080	0.632	0.692	0.705
ΔR^2	0.064	0.624	0.684	0.696

注：***表示 $p<0.001$，**表示 $p<0.01$，*表示 $p<0.05$。

由表 8.6 中 M2 的结果可以看出，自我领导对员工绩效具有显著的正向影响（$\beta=0.775$，$p<0.01$），假设 3 进一步得到验证。根据 M4，可以判断反馈导向在自我领导对员工绩效的正向影响过程中具有显著的调节作用（$\beta=-0.097$，$p<0.01$），假设 5 得以验证。此外，采用同样的方法，我们发现反馈导向在自我领导对任务绩效的正向影响中起负向调节作用（$\beta=-0.130$，$p<0.01$），反馈导向在自我领导对周边绩效的正向影响中起负向调节作用（$\beta=-0.092$，$p<0.05$），但反馈导向在自我领导对创新绩效的正向影响过程中的调节作用不显著。

8.5　研究结论与讨论

8.5.1　结论分析

在现代社会，员工绩效是企业关注的重点，任何能提高企业员工绩效的方面都是值得研究的。绩效反馈作为绩效管理的关键环节，更是研究的重点。毫无疑问，反馈环境会影响企业的员工绩效，但具体影响机制究竟是怎样却尚未得到阐释。

本章通过文献回顾、模型构建、假设提出、实证研究和假设检验等过程，探索了反馈环境对员工绩效的影响机制。通过研究发现，反馈环境对员工绩效有显著的正向影响。另外，我们还发现反馈环境可以通过自我领导影响员工绩效，即自我领导在反馈环境与员工绩效的正向影响机制中起部分中介的作用。除此之外，我们还引入反馈导向这一个人特征作为调节变量，并发现反馈导向会显著增强自我领导与员工之间的正向影响作用。最终检验结果如表 8.7 所示。

表 8.7　假设检验结果

序号	研究假设	检验结果
假设 1	反馈环境对员工绩效具有显著正向影响作用	成立
假设 2	反馈环境对自我领导具有显著正向影响作用	成立
假设 3	自我领导对员工绩效具有显著正向影响作用	成立
假设 4	自我领导在反馈环境对员工绩效的影响机制中发挥部分中介作用	成立
假设 5	反馈导向在自我领导对员工绩效的影响机制中发挥调节作用	成立

通过前文的假设检验，我们发现反馈环境对员工绩效（包括单独的任务绩效、周边绩效和创新绩效）具有显著的正向影响作用（$\beta=0.787$，$p<0.01$）。员工与企业的社会交往从本质上可以看作等价交换关系，企业提供良好的绩效反馈环境，员工则予以高绩效表现作为交换，即反馈环境对员工绩效具有显著正向影响。

反馈环境对自我领导也具有显著正向影响作用（$\beta=0.745$，$p<0.01$）。基于人境互动论的观点，环境与人相互影响，环境会影响人的行为和态度。同时，结合自我决定理论的观点，当反馈环境较为宽松时，员工得到的信息就越多，因此员工采取自我决定的行为就会越多，员工的自我领导程度也会越高。因此，反馈环境会正向影响人对自己的自我领导。

　　同时，我们将反馈环境分为主管和同事两个来源，并分别探讨了其对自我领导的影响。结果表明：同事来源的反馈环境对自我领导的影响作用（$\beta=0.679$，$p<0.01$）比主管来源的反馈环境对自我领导的正向影响作用（$\beta=0.621$，$p<0.01$）略强。在中国社会情境下，这是可以解释的。中国人往往对上级存在一种敬畏的态度，因此他们在寻求反馈时更倾向于向自己同级别的同事询问；而上级因为下属人数较多，在主动给予每个员工反馈方面精力受限。

　　本章研究结果发现，自我领导对员工绩效具有显著的正向影响作用（$\beta=0.775$，$p<0.01$），假设 3 得到验证。员工都具有内在动机，都希望能达到更好的目标。为此，他们可以克服重重障碍。内在动机越强，员工的自我领导程度就越高，那就可以达到更好的绩效表现。员工绩效分为任务绩效、周边绩效和创新绩效三部分，我们将自我领导与这三部分的影响作用都进行了研究。研究结果表明：自我领导对周边绩效的正向影响作用最为显著（$\beta=0.791$，$p<0.01$），对任务绩效的正向影响作用略低（$\beta=0.739$，$p<0.01$）。对于工作任务而言，除了员工个人的自我领导除外，还受到任务本身的难度、时间等的限制，而周边绩效由个人主宰的比例更大。因此，自我领导对任务绩效的影响不如对周边绩效的影响显著是可以预见的。

　　在验证自我领导的中介作用中，我们首先发现反馈环境对员工绩效具有显著的正向影响（$\beta=0.798$，$p<0.01$），且在加入自我领导这一中介变量之后，反馈环境对员工绩效的正向影响程度显著降低（$\beta=0.383$，$p<0.01$），但并没有消失。同时，自我领导对员工绩效的正向影响也是显著的（$\beta=0.552$，$p<0.01$）。因此可以认为自我领导在反馈环境对员工绩效的影响中发挥部分中介作用。反馈环境本身可以影响员工的绩效产出；同时，反馈环境还可以通过改变员工自我指导和自我激励的态度来进一步影响他们的工作行为。

　　根据 Festinger（1957）、Aronson（2004）认知失调理论（cognitive dissonance theory）的观点，刺激本身能带来结果的改变，但如果能经由刺激改变人的信念、态度和行为，这种影响可能更为持久。如何提升员工的自我领导水平，也是管理者在设计绩效考核机制时需要重点思考的问题。

　　反馈导向显著削弱了自我领导对员工绩效的正向影响（$\beta=-0.097$，$p<0.05$），即反馈导向越高的人，自我领导对员工绩效的正向影响越不显著；反之，反馈导向越低的人，自我领导对员工绩效的正向影响越显著。出现这种结果的一种原因可能是：高反馈导向的人认为反馈价值高，因此对同事和主管给予的反馈十分重视，他们倾向于借助外界的评价和反馈来改善自己的绩效表现，而不仅仅凭自己单打独斗，因而自我领导对员工绩效的影响被显著削弱了。而反馈导向低的人认为反馈价值不高，既不乐于向别人反馈也不乐意从外界接受反馈，因此他们总是习惯依靠自我领导和自我激励来提高自己的绩效表现。另一种可能原因在于员工所感受到的组织支持感的程度。如员工认为来自上级或同事的绩效反馈有助于自身的进步（效用）、提升自我形象（社会意识）和工作信心（自我效能感），那么员工就能感受到更强的组织支持感，从而获得激励去做好本职工作。此时，员工自我领导对员工绩效的影响反而减弱了。通过研究我们还发现了一个问题：反馈导向对自我领导和创新绩效的正向影响关系的调节作用不显著（$\beta=-0.067$）。创新绩效是衡量员工创新成果的指标，一般指技术创新。创新绩效相比任务绩效和关系绩效，更需要独立思考和自我坚持，因此，反馈导向对员工自我领导和创新绩效正向关系的影响有限。

8.5.2 理论贡献

本章主要研究了反馈环境对员工绩效的影响作用，并在研究中探讨了自我领导在其中的中介作用。同时，反馈导向也被证明在自我领导和员工绩效的影响中起调节作用。本章的主要理论贡献如下：

第一，探索绩效反馈环境对员工绩效的直接或间接作用机制。学者们大多研究反馈与员工绩效的关系，很少直接将反馈环境与员工绩效联系在一起研究。因此现有文献中关于反馈环境和员工绩效关系的研究还比较片面和混乱。本章以较为全面的反馈环境量表为依托，采用定量方法对反馈环境与员工绩效之间的影响机制进行了研究，为员工绩效的研究开拓了新的视角。

第二，完善了员工绩效的研究框架。以往对于员工绩效的研究一般都只包含了任务绩效和周边绩效。本章将创新绩效一起纳入员工绩效的研究范围，完善了员工绩效的研究框架。员工绩效一直是学者研究的重点，将创新绩效纳入员工绩效的范畴，扩大了绩效研究的思路和途径。

第三，采用两种方法验证中介作用，保证中介变量的可信度。在管理学研究中，学者们一般只采用 Barron 和 Kenny 的层级回归法检验中介作用存在与否。本章还使用了自抽样(bootstrapping)对自我领导的中介作用进行了验证。对于小样本的研究，自抽样方法更为科学。最终检验结果和层级回归法一致，这更加验证了自我领导中介作用的可信度。

第四，本章将反馈环境与个体反馈导向进行严格的区分，明确界定了反馈环境和反馈导向的界线。除此之外，反馈导向在之前的研究中一般都是作为前置变量(自变量)，而本章将反馈导向作为调节变量，由此提供了一种新的研究思路。

第五，问卷设计采用正负题项交叉的方式，可以降低问卷数据的同源偏差。正负题项交叉的方式可以使答题者清醒答题，看清楚题项的意思。但同时，我们需要对反向题进行数据转换，以保证研究的一致性。

8.5.3 管理启示

随着全球化和知识经济时代的来临，企业之间的竞争愈发激烈。为了能在日益激烈的市场竞争中赢得一席之地，员工和组织绩效的提升就变得尤为重要。绩效反馈作为绩效管理的最后环节和关键环节对员工绩效的提升具有重大影响，因此对企业绩效反馈环境是如何影响员工绩效的研究对现代企业而言是十分重要和必要的。本章的研究结果对企业的实际操作具有一定的指导意义，主要表现在以下几个方面：

第一，本章研究从企业绩效反馈环境入手，直接探索其对员工绩效的影响机制，使企业的管理层可以在未知员工绩效的前提下也能够提前采取措施来提高员工的绩效。这在一定程度上为那些还没有能力建立完善的绩效评价机制的中小企业提供了提升员工绩效的方法。当然，这对于大企业日常员工绩效管理也提供了方法，毕竟员工绩效的评估是有规律和时间限制的，不可能随时随地取得。

第二，企业应当重视自我领导对员工绩效的正向影响作用。虽然自我领导表明的是员工通过自我指导、自我激励的方式取得绩效的方式，但企业的反馈环境和领导的支持等外界因素会对员工的自我领导产生影响。因此，企业管理者应该注重创造一种能让员工产生高度自我领导的工作氛围和环境。

第三，反馈导向代表的是员工个人对绩效反馈的接受程度。从以往的研究可以看出，反馈导向会影响反馈寻求行为等。在本章中，我们发现反馈导向还会削弱自我领导对员工绩效的正向影响。因此，反馈导向是一个影响员工绩效十分重要的变量。因此，管理者应该特别关注企业员工反馈导向的高低。对于反馈导向较低的员工，应单独进行指导，以保证反馈的有效和团队建设的重要。在现代社会，单打独斗已经不是最有效率的工作方式了，学会和外界联系，从团队获取自己所需要的信息也很重要。在很多企业管理者眼里，反馈导向的高低取决于员工个人，企业无法改变，这种观念是不对的。反馈导向在个体所积累的反馈经验以及反馈文化的影响下是不断改变的。企业管理者要了解每位员工的需求和特性，有效地运用反馈性能定位个性差异的方式营造有利于建立企业竞争优势的工作环境。

8.5.4　不足与展望

本章通过文献归纳、问卷调查和统计分析深入探究了反馈环境对员工绩效的影响机制，并取得了一些有价值的成果，对理论和管理实践活动具有一定的指导意义。但是囿于笔者自身知识水平、时间和资源等因素，研究中还存在不少需要进一步完善的地方，具体体现在以下几个方面：

第一，有研究表明反馈环境测量中主管来源和同事来源是两个较为独立的方面，但本章并未对绩效反馈环境测量的两个来源进行区分，也没有进行对比分析，这将在以后的研究中进行改进。

第二，并未对选取的量表在中国企业情境下的适用性进行验证。每个变量的量表都是直接采用国际上具有权威的成熟量表直接翻译过来，虽然经过双向回译以保证理解不会出现较大的偏差，但并未在运用前进行预调研以确定量表的适用性。同时，因为量表的种类繁多，同一变量有很多测量量表。我们采用的量表虽然是国际成熟量表，但不一定是最适合中国企业情境的。在进行正式研究之前，最好对量表的适用性进行预调研。

第三，调查对象的选取。一般来说，一定要保证调查对象选取的随机性。但是在注重随机性的同时也要注意调查对象本身是否适合本次研究。在本章研究中，因为针对的是企业员工的绩效，所以对个体工商户、自由职业者而言并不具有调查意义。所以，研究者在进行问卷调查时不仅要确定问卷量表在中国企业情境下的适用性，还要考虑调查对象对本次研究的适用性，而不要一味地追求随机性。

第四，其他调节变量和中介变量的挖掘。本章只探讨了自我领导在反馈环境和员工绩效影响机制中的中介作用以及反馈导向在自我领导和员工绩效影响机制中的调节作用。反馈环境是一个复杂的变量，包含许多方面，而员工绩效也有很多影响因素。因此需要深入挖掘其他中介变量或调节变量，以充实和完善研究框架。

第五，调查数据的可靠性。本章采用了 Harman 单因素法检验了同源偏差等确定调查数据的可靠性。但是由于此次研究所收集的问卷仅仅是员工自评，并未设计主管的评价。

而员工在自评时会基于自我信息保护或者取悦他人等想法而不将自己的真实想法表达出来。因此，我们建议在未来的研究中，采用员工自评和主管评价两种途径来收集问卷数据。只有汇集两个途径的问卷数据，才能够更加准确地反映实际情况，提供更加可靠的研究结果。

第9章　组织公平、组织政治认知与
员工反生产行为的关系研究

9.1　引　言[①]

随着全球化的推进，市场竞争日益严峻，企业内外部环境都变得更加复杂，员工之间的竞争也愈演愈烈。员工反生产行为(counterproductive work behavior, CWB)在最近十几年里频频发生，给组织造成了很大的负面影响，引起了国外学者的高度关注。例如，2013年美国零售商所遭受的全部经济损失中，约43%来自员工监守自盗。而根据全球最大人力资源管理公司克罗诺思2011年的一项调查发现，在中国，有71%的被调查员工承认曾有过装病请假的情况，居于世界首位。这些行为影响了组织的工作效率，扰乱了组织的工作纪律，也不利于个人充分发挥生产力。在此背景下，探究反生产行为发生的原因及如何规避和纠正员工的反生产行为，成为国内外学界普遍关注的焦点。

组织是由个人组成的竞争又合作的团体。不同利益个体之间必然会有冲突，而组织公平就在其中起到调和的作用，它通过一系列稳定的制度、政策制衡着各方冲突。在中国的文化背景下，人们的传统观念里就有"不患寡而患不均"，组织公平显得尤其重要。许多学者研究过组织公平与员工行为态度之间的关系，比如会影响工作态度，如工作倦怠、工作满意度、组织认同、组织信任等；还会影响员工行为，如绩效产出等。Moorman(1991)发现组织公平可以通过组织支持感最终影响员工行为；也会影响员工情绪，比如产生紧张感、焦虑等。

反生产行为同样作为个体对组织表现出的一种反应，目前鲜有研究将其与组织公平感联系起来，也鲜有在中国组织文化背景下对这两者进行实证研究。关于组织公平是否以及如何影响员工的反生产行为，组织公平的传导途径和作用机理，以及两者之间是否还有其他中间变量来影响这个传导机制等问题，目前相关的实证研究尚不多见。

围绕上述问题，本章主要运用社会交换理论、激励理论、社会学习理论、心理契约理论等相关理论，提出了组织政治认知的中介作用和政治技能的调节作用这两个假设。组织政治认知被 Ferris 等(2000)定义为组织员工对工作环境中自利行为发生程度的主观评估，其中包含了个体对这种自利行为的归因。而政治技能指的是在复杂的工作环境中能有效地理解他人，并运用这种理解去施加影响的能力(Ferris et al., 2005)。

目前国内对反生产行为和组织公平的研究还相对较少，实证研究更是相当缺乏。本章

[①] 第4章、第5章和第7章的研究结论显示，组织不公平和负向无意识启动增加了代理人的拆台行为，因此本章以企业员工作为样本来源，采用问卷调查实证方法对此做进一步的分析，主要探讨组织公平、组织政治认知与反生产行为的相互关系。反生产行为主要包括组织指向和人际指向两个维度，人际指向的反生产行为实质上就是前述章节中的拆台行为。

尝试将组织政治认知、反生产行为、政治技能和组织公平四个变量纳入一个分析框架，通过实证研究组织公平对员工反生产行为的影响机制，分析组织政治认知的中介作用以及政治技能的调节作用，帮助企业了解反生产行为的成因和影响因素，为管理者提供治理反生产行为的途径和方法。

9.2　文　献　综　述

9.2.1　组织政治认知

组织政治领域的相关研究认为，政治是工作场所的重要组成部分，值得深入探讨。Mayes 和 Beaumont(1977)将组织政治定义为通过未经制裁的影响手段获得未经组织认可的目的，或通过未经制裁的目的影响组织管理。Pfeffer(1981)将组织政治定义为在获得、增强和使用权力的情况下采取的行动，在有选择的情况下获得优先结果。所有这些定义显然是指政治在组织宏观或微观层面存在影响。本研究侧重于组织内部的影响关系，包含两个主要方面——政治行为和政治观念(Cropanzano and Greenberg, 1997)。第一个方面将组织政治作为一般社会行为的一部分，用作可以促进组织基本运作的工具(Pfeffer, 1981)。因此，应通过针对不同目标，以自我为中心和以组织为重点的员工影响力策略来调查(Kipnis et al., 1980)。第二个方面是将政治定义为战略性设计的行为，以最大化员工的短期或长期自利利益(Ferris et al., 1994)。许多研究采用了这一定义，将组织政治视为组织功能障碍行为(Ferris et al., 1989)。在这种方法的研究中，政治行为由个人主观的政治观念代替，而不是实际的政治或影响力的手段。例如，Porter 等(1976)认为，组织政治的观念即使对实际事件的误解也很重要(Ferris et al., 1991)。Gandz 和 Murray(1980)认为组织政治是一种心态。 Ferris(1989)指出，这个概念认为组织政治基本上是主观的看法，可能反映客观现实也可能不反映客观现实。Ferris 等广泛研究了组织政治的感知概念。Ferris(1989)基于 Lewin(1936)的观点，开发了组织政治新观点的理论模型，即人们对现实的看法，而不是现实的回应；组织中的政治应该同样地被理解为人们认为的政治而不是实际的。Ferris 和 Kacmar(1992)试图通过开发一种组织政治认知的量表来更好地概念化政治观念，以更准确地衡量人们对政治行为的态度。

Ferris 和 Kacmar (1992)首先开发了一套测量组织成员的政治认知量表，并在此基础上，重新进行因素分析，最终得到三个维度：一般政治行为(general political behavior)、保持沉默静待好处行为(go along to get ahead behavior)、薪酬与晋升政策(pay and promotion policics)。后来的组织政治认知研究大多以这个模型为基础。

我国学者马超等(2006)结合我国实际情况，开发了一套企业员工组织政治认知量表，共分为自利行为、薪酬与晋升和同事关系三个维度。自利行为和 Ferris 的量表中的"一般政治行为"相似，但是更直观。同事关系是指组织内人与人之间的关系，这是我国国情下重要的一种关系取向。马超等所开发的这套量表在国内学界的组织政治认知研究中被广泛沿用。

9.2.2　反生产行为

近年来反生产行为(又称越轨行为)已经成为学术界广泛关注的焦点。Robinson 和 Bennett(1995)认为越轨行为就是个体有意地违反组织的制度规范,并威胁到组织和其他成员利益的行为。这些行为体现在进攻性(Douglas and Martinko, 2001)、报复(Skarlicki and Folger, 1997)和消极怠工(Robinson and Bennett, 1995)等。Fox 和 Spector(2005)在总结前人理论的基础上,进一步将反生产行为定义为员工在工作中故意实施的、对组织或组织相关者合法利益存在潜在危害的行为。

心理学家 Argyris(1957)发现有的人在工作中表现得疲惫不堪,下班之后却生龙活虎。站在个体角度,一个人在工作之外可能异常有活力,但是在工作中未必能有这样的表现,甚至可能是对抗组织的整体目标。也就是说,反生产行为虽然是一种个体行为,但在评价它的时候,不能脱离组织,应该站在组织角度以组织目标来判断。因此反生产行为的根本属性就是个体行为对组织目标的偏离。

由于分类依据不同,对反生产行为维度的划分也各不相同。Hollinger 和 Clark(1983)依据行为指向不同将其分为财产越轨和生产越轨。Fox 和 Spector(2005)将反生产行为分成辱骂他人、报复、偷窃、生产偏差和退缩。Robinson 和 Bennett(1995)构建了反生产行为的两个维度,一个是基于行为指向的"组织-人际"维度,包括组织导向的反生产行为和个体导向的反生产行为,并基于两个维度将反生产行为分为 4 大类 16 小类。

Gruys(2010)将 87 类反生产行为分成 11 类,如偷窃及相关行为、滥用信息、财产损失、滥用时间及资源、不安全行为等。并根据人际-组织维度和任务相关维度,将反生产行为划分成人际-任务型、人际-非任务型、组织-任务型、组织-非任务型四个结果。

Warren(2003)首次提出建设性-破坏性维度,进而将组织中的反生产行为划分为 4 类:建设性遵从、破坏性遵从、建设性越轨和破坏性越轨。Bing 等(2007)基于 Robinson 和 Bennett(1995)的量表,采用自我报告法,建立了一个含有 14 个因子的三维模型,包括生产偏差行为、人际偏差行为和资产偏差行为。目前学术界使用较多的是 Robinson 和 Bennett 的人际-组织维度的量表。

9.2.3　政治技能

很早就有学者开始研究政治技能在组织中的影响。Pfeffer(1981)最早提出了政治技能的概念,认为政治技能是个体在不确定的组织环境中生存发展的决定性因素。Mintzberg(2004)将政治技能定义为通过劝说、控制和协商实施影响的能力。Ferris 等(2005)总结了前人的研究,将政治技能定义为在工作中有效地理解他人,并用这种理解去影响他人,使得他们可以提高个人或组织的目标。Ferris 等认为高政治技能的人不仅知道如何做,而且知道如何隐蔽地、以一种不易被别人察觉的方式做,最后达到影响他人的目的。Treadway 等(2004)总结,高政治技能的人容易领会工作环境中的暗示,且能准确认识到他人的动机。政治技能不是一种单一的能力,而是许多内在、互补、持续能力的集合。

最早的政治技能测试量表是 Ferris(1991)开发的单维度六项目政治技能量表。其所使用的单维度就是指在工作中能理解他人并运用这种理解去影响他人的能力，所包含的条目如"我能使大多数我周围的人感到舒服"。

在这之后，学者又开发出了多维量表。比如 Ferris 等(2005)将政治技能重新划分成四个维度，提出了政治技能的思维结构，分别是社会机敏性、人际影响、交际能力和外显真诚。社会机敏性是指能准确洞察别人和周围正在发生的事情，高社会机敏性的人往往被认为是机灵的。人际影响指的是能让周围人感到轻松愉快，能对周围人施加影响。交际能力是指妥善处理内外人际关系的能力。外显真诚高的个体会被周围的人认为是真心的、诚实的，从而对他们的行为做出积极的解释，而非认为是虚假的手段。这对于个体能否成功实现影响很重要，因为被影响者对施加影响者意图的感知决定着被影响者能否积极地解释对方的影响。目前的政治技能研究广泛地使用了 Ferris 的四维度量表。

9.2.4　组织公平

公平通常分为两种，一种是通过制度管理达到的客观层面的绝对公平，这是难以实现的。另一种是组织公平感，即个人对组织内公平程度的主观判断。Greenberger 等(1989)认为，员工无法通过评价客观情况来判断组织是否公平，而是会通过自己感受到的公平程度来定义组织公平。因此在学术界，多数时候会用组织公平感来描述组织公平。

早期的经典公平理论是 Adams(1965)提出的公平理论，它关注的是个体获得的分配结果。个体通常会把自己的投入与收获比率与他人比较，如果觉得差不多一致，会感到组织公平；否则会认为自己受到了不公平待遇。

后来，研究深入到程序公平阶段。除了分配的结果要公平外，分配的过程也影响着个体对公平的感知。程序公平最早由 Thibaut 和 Walker(1975)从法律程序的角度提出，之后由 Leventhal 等(1980)扩大到了组织方面。

再后来，学者又引入了互动公平。Bies(1993)认为，在进行决策时，组织有没有和员工进行沟通，有没有考虑员工的难处等会影响组织公平。Greenberg 等(1993)进一步把互动公平分解为信息公平和人际公平，前者是指决策时能否给相关员工提供足够的信息和解释，后者是指决策时是否尊重员工、是否有正确的态度。

关于组织公平的结构有单维度说、二维度说、三维度说和四维度说。单维度说认为组织公平仅存在分配公平一个维度。二维度说提出在分配公平维度之外，加入程序公平维度。三维度说认为组织公平应该由分配公平、程序公平、互动公平这三个维度组成，这是目前使用最广泛的一种划分方式。另外还有四维度说，它是在三维度说的基础上增加了信息公平。

9.3　研　究　设　计

9.3.1　研究假设与理论模型

1. 组织公平与反生产行为

社会交换理论解释过个人会如何回应组织的积极对待(Cropanzano et al.，2001)。

Blau(1964)最先认为组织与个人之间存在着这种交换关系，但其并非是正式的。在这种与组织之间往来反馈的交流中，个人通过更好的表现和角色之外的行为来回报组织的积极对待(Molm et al.，2000)。当个人在组织中投入精力和时间时，他们会有所期待，只有这些期待得到满足的时候，他们才会认为交换关系是公平的，进而为了保持这种交换关系，更加努力地履行自己的义务。组织公平在组织行为学层面同样属于一种来自组织的积极对待，因此同样会影响个人对这种交换关系的判断。当个人在组织中感受到公平的分配、公平的程序和公平的人际时，他们才会进而下结论认为他们与组织间的交换关系是公平的，并在日后继续以与组织目标一致的方向投入努力。而当个人从组织中感受不到自己期望的人际关系、分配结果和分配程序上的公平时，他们则会把与组织之间的交换关系定义为不公平。在交换关系不公平时，工作的个人会选择以负面的方式回馈组织，比如抑制自己的行为和降低绩效(Cropanzano et al.，2005)。反生产行为所包括的旷工、破坏公司人际关系、迟到早退、消极怠工、挪用公司财物等，同样属于个人对组织的负面行为，且是其中比较极端的一种。另外，从 Fox 和 Spector(2005)整合攻击性行为和工作压力后提出的反生产行为的"压力源–情绪"模型(stress-emotion model)来看，员工的反生产行为的来源是工作中的负面情绪。"公平"一直是人类的美好理想，无论从个人还是国家的角度，都没有停止过对它的追求。从组织行为学的角度，公平属于积极的层面，与上一个模型中的会给个人带去压力的负面情绪处于相对面，与反生产行为是对立关系。基于以上学者的理论研究成果，本章提出如下假设：

假设 1：组织公平与反生产行为之间存在显著的负相关关系。

2. 组织政治认知的中介作用

Ferris 等(1989)提出了有关组织政治认知的三因素模型。该模型指出影响组织政治认知的因素有组织、个人和工作环境因素。Ferris 等认为，在越是高度集权化的、越是正式的、控制幅度越大的组织中，个人会更加认为组织中有较多的模糊性，进而产生高的组织政治认知。此外，因为居于高层的人处于有利的位置，可以操纵局面，往往不会产生负面的组织政治认知；但是居于较低层级的员工，参与政治游戏和获利能力较低，也就更容易将组织政治归为负面内容，产生负面感知。组织政治认知受到了诸如个人、工作环境、组织三方面因素的影响，而组织公平则在工作环境方面为组织政治认知的发生提供了介质，如感受到组织不公平的人更容易认为组织环境中存在很多的"模糊性"和"不确定性"，从而更容易认知到组织政治行为，并对其进行归因。基于此，本章提出以下假设：

假设 2：组织公平与组织政治认知之间存在显著的负相关关系。

根据期望理论，激励的效果等于效价乘以员工对实现目标的期望值。该模型认为，人们通常会选择能让他们达到期望(如奖励、认可)的行为。由此可见，该模型的一个关键成分是个体如何认识自己的组织环境。当个体认为他们的努力会获得正向的结果，且正向的结果可以传递回期望的奖励时，他们会为之努力。但是在一个政治性较高的组织中，组织环境不能有效地实现这个链条的传递。员工不认为自己的努力可以获得较高的绩效，反而是与关系、权力、地位等政治因素更密切相关。因此组织政治认知较高的员工，有更低的期望，以及更低的积极行为的激励。因此本章预测，在组织政治认知较高的组织中，组织的模糊性和不确定性损伤了个人对组织的信任，个人对付出能否获得预期回报产生怀疑，也不愿意再为组织投入时间和精力。本章认为，组织政治风靡、组织政治认知高的工作环境不利于个人对组织产生积极行为的正向激励，而且会降低员工工作效率，增加人际冲突，造成有害于组织和其他员工的行为即反生产行为。结合以上分析，本章做出假设如下：

假设 3：组织政治认知在组织公平和反生产行为之间发挥中介作用。

3. 政治技能的调节作用

Harris 等（2007）指出，高政治技能的员工有更高的社会机敏性，可以很好地观察别人的喜好和意图，察觉周围环境的变化，进而被接纳。而且，高政治技能的人有更高的社交技能，往往在自己的圈子里有很好的影响力，并以此获得良好的个人声誉（Laird et al.，2012）。学界将政治技能作为调节变量的研究也不少，例如 Perrewé 等（2004）提出政治技能在可感知的角色冲突和紧张感之间、角色超载和紧张之间起到了负向的调节作用。此外，大量的实证研究证明了政治技能可以缓解一些变量和工作绩效之间的关系。比如 Genntry 等（2007）指出高政治技能的人工作能力更强，工作绩效更高。由此可见，政治技能可以在一些压力源或负面情绪与工作结果、工作状态之间起到缓和、调节的作用。组织政治认知是一种个体对组织的"模糊性""不确定性"所产生的认识，会让个体察觉不安、降低信任、降低认同，因此也是属于这里的压力情绪源。因此，本章做出假设如下：

假设 4：政治技能在组织政治认知和反生产行为之间起到调节作用。

综上所述，本章的研究可以概括为一个既包括中介效应又包括调节效应的模型，如图 9.1 所示。

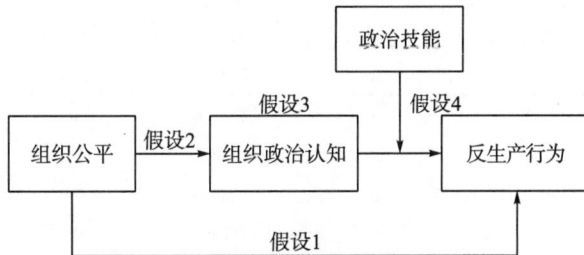

图 9.1　理论模型

9.3.2　研究样本

本章研究样本主要通过纸质和电子问卷的方式收集，问卷从 2017 年 4 月 1 日发放到 2017 年 4 月 15 日，答卷主要来自江苏、重庆、四川、上海等省份。纸质问卷一共在 MBA 和 MPAcc 课堂中发放了 38 份，回收 38 份，有效问卷 31 份。电子问卷通过问卷星的方式随机发放，一共回收 177 份，有效问卷 177 份。最终的有效问卷是 208 份（有效率 96.7%）。样本的主要人口特征如表 9.1 所示。

表 9.1　样本基本特征

统计项目	样本分类	样本数量	百分比	累计数量	累计百分比
性别	男	84	40.38%	84	40.38%
	女	124	59.62%	208	100.00%
年龄	25 岁以下	23	11.06%	23	11.06%
	25~35 岁	79	37.98%	102	49.04%
	35~50 岁	85	40.87%	187	89.90%
	50 岁以上	21	10.09%	208	100.00%
学历	高中及以下	25	12.02%	25	12.02%
	专科	48	23.08%	73	35.10%
	本科	113	54.33%	186	89.42%
	硕士	14	6.73%	200	96.15%
	博士及以上	8	3.84%	208	100.00%
在职时间	1 年及以下	10	4.81%	10	4.81%
	2~3 年	46	22.12%	56	26.92%
	3~5 年	35	16.83%	91	43.75%
	5~10 年	33	15.87%	124	59.62%
	10 年以上	84	40.37%	208	100.00%
工作类型	高层管理人员	25	12.02%	25	12.02%
	中层管理人员	41	19.71%	66	31.73%
	基层管理人员	34	16.35%	100	48.08%
	专业技术人员	47	22.60%	147	70.67%
	行政人员	17	8.17%	164	78.85%
	营销人员	9	4.33%	173	83.17%
	其他	35	16.82%	208	100.00%
所在行业	教育	46	22.12%	46	22.12%
	金融	26	12.50%	72	34.62%
	保险	0	0	72	34.62%
	政府	19	9.13%	91	43.75%
	房地产	11	5.29%	102	49.04%
	医疗保健	8	3.85%	110	52.88%
	IT 高科技	9	4.33%	119	57.21%
	服务业	16	7.69%	135	64.90%
	加工制造	26	12.50%	161	77.40%
	其他	47	22.59%	208	100.00%
企业规模	50 人及以下	45	21.63%	45	21.63%
	50~200 人	86	41.35%	131	62.98%
	200~500 人	38	18.27%	169	81.25%
	500 人及以上	39	18.75%	208	100.00%

9.3.3　研究变量

本章研究中需要测量的变量包括：组织政治认知、组织公平、反生产行为以及政治技能，变量的测量量表均取自国外的成熟量表（问卷内容详见附录 6）。在编制问卷过程中，我们将英文的量表翻译为汉语，并且在小范围内预试后，再修改问卷的结构和用词，以保证被试者能够准确地理解题项的含义，最终形成了调查问卷。问卷采用 Likert-5 点测量量表，每个题目的选项设置为 1～5 的区间，其中 1 代表非常不同意；2 代表比较不同意；3 代表不确定；4 代表比较同意；5 代表非常同意。

组织公平量表采用 Moorman（1991）开发的量表，包括 18 个题项，典型的题项如"公司的决策反映了公司各个层面的意见""你的上司关系你作为员工的各种权利"；组织政治量表来自 Hochwarter 等（2003）开发的量表，包括 8 个题项，典型的题项如"很多员工都竭力进入（或形成）小圈子"；反生产行为量表来自 Bennett 和 Robinson（2000）所开发的量表，包括 23 个题项，典型的题项如"我曾对同事说过一些伤人的话""我曾擅自延长休息时间"；政治技能量表来自 Ferris 等（2005）开发的经典量表，共包含 18 个题项，典型题项包括"我善于让他人喜欢我""在工作中，我认识很多重要人物并和他们保持良好关系"。

此外，本章将部分人口统计变量作为研究的控制变量，包括性别、年龄、受教育年限、单位类型、工作年限、本企业工作年限、企业规模、所在行业及工作种类。

9.4　实验结果与分析

9.4.1　描述性统计与相关分析

本章运用 SPSS 24.0 对各变量进行描述性统计和相关分析，表 9.2 给出了各变量的方差、均值、标准差、相关系数和平均方差析出量（AVE）的平方根。

表 9.2　各变量的描述性统计和相关分析结果

变量	均值	标准差	1	2	3	4	5
组织公平	3.43	0.84	**0.5820**				
组织政治认知	2.75	1.06	-0.488**	**0.6937**			
政治技能	3.74	0.59	0.306**	-0.049	**0.3924**		
CWB-O	1.55	0.62	-0.224**	0.394**	-0.167*	**0.4071**	
CWB-I	1.61	0.64	-0.202**	0.312**	-0.151*	0.700**	**0.4151**

注：N=208，*表示 $p < 0.05$，**表示 $p < 0.01$；AVE 平方根在对角线上加粗显示。CWB-O 为组织指向的反生产行为；CWB-I 为人际指向的反生产行为。

根据表 9.2 的结果显示，组织公平与反生产行为具有显著负相关关系（$r_{\text{CWB-O}}$=-0.224，

$p_{CWB-O} < 0.01$、$r_{CWB-I} = -0.202$，$p_{CWB-I} < 0.01$），假设 1 得到初步验证；组织公平与组织政治认知也具有显著负相关关系（$r = -0.488$，$p < 0.01$），假设 2 得到初步验证。总体来看本书假设 1 和假设 2 得到了初步支持，以上单变量分析结果并未控制其他因素的影响，为获得更为稳定的证据，接下来进行同源方差检验和信效度分析。

9.4.2　同源偏差检验

在内容控制方面，本调查在实施时对研究目的严格保密，所有问卷都是以匿名的方式填写，并在发放时强调仅供学术之用。为了防止被试对研究意图的猜测，所有量表都是以循序渐进、隐去名称出处的方式排列，力求每个题项表述清晰，尽量避免主观性引导。在检验控制方面，本章采用学术界通用的 Harman 单因素方法进行同源性检验。具体操作步骤是把问卷中的所有题项一起做因子分析，在未旋转时得到第一个主成分，反映同源偏差的方差解释比例若未超过 50%则说明同源方差不严重。

检验结果显示，在未旋转时提取的第一个主成分累计百分比为 24.451%，小于关键值 50%。据此可认为本章的研究问卷的同源偏差不严重，不会影响结果的准确性。

9.4.3　信效度分析

1. 信度分析

本章所采用的信度测量方法是针对 Likert 式量表开发的 Cronbach's Alpha 系数，一般要求信度系数 α 大于 0.80。问卷数据分析结果显示，组织公平感的 α 系数为 0.961，其中程序公平、人际公平、分配公平三个维度的 α 系数分别为 0.929、0.936、0.947；组织政治认知的 α 系数为 0.947；组织反生产行为的 α 系数为 0.933，其中 CWB-O 和 CWB-I 的 α 系数分别为 0.903、0.885；政治技能的 α 系数为 0.922，其中社会机敏性、人际影响、交际能力、外显真诚四个维度的 α 系数分别为 0.824、0.849、0.864、0.915。综合以上分析结果可知，本章研究所采用的量表信度水平较高，测量结果稳定。

2. 效度分析

为考察组织公平感、组织政治认知、反生产行为及政治技能概念的结构效度，本章研究的效度分析主要采用的是因子分析法检验问卷的会聚效度（convergent validity）和验证性因子分析检验问卷的区分效度（discriminant validity）。

会聚效度指测量同一构念的各个题项应该高度关联，通常要求因子载荷大于 0.50。本章采用因子分析法对每个构念的所有题项抽出一个主成分，判断这个主成分在每个题项上的因子载荷是否大于 0.50。分析结果表明，组织公平量表的 KMO 值为 0.942，Bertlett 球形度检验的显著性水平接近 0，说明该量表适合进行因子分析，组织公平经过因子分析提取出的主成分，在每个题项上的因子载荷为 0.634～0.887；组织政治认知量表的 KMO 值为 0.927，Bertlett 球形度检验的显著性水平接近 0，经过因子分析提取出的主成分，在每个题项上的因子载荷为 0.778～0.912；反生产行为量表的 KMO 值为 0.906，Bertlett 球形度检验的显著性水平接近 0，经过因子分析提取出的主成分，除了在第 8 项外，每个题项上的因子载荷均大于 0.50；政治技能量表的 KMO 值为 0.920，Bertlett 球形度检验的显著性水平接近 0，经过因子分析提取出的主成分，除了第 12 项，在每个题项上的因子载荷均大于 0.50（最低因子载荷为 0.513）。结合上述分析结果和判断指标，我们认为本章研究所用量表会聚效度较好。

区分效度指测量不同构念的测量条目的相关度应当相对较低，本章采用 LISREL 8.7 对相关变量进行验证性因子分析，分别对建构的单因子模型（将组织公平、组织政治认知和反生产行为合并为一个因子）、双因子模型（反生产行为为一个因子，组织政治认知和组织公平合并为一个因子）、三因子模型（组织公平、组织政治认知、反生产行为各为一个因子）进行模型对比分析。

选取拟合指标χ^2/df、RMSEA、RMR、NFI、IFI、CFI 检验假设模型的优劣，各拟合指标取值及判断方法如下：

(1)绝对拟合指标包括：①χ^2/df，卡方与自由度之比。一般认为χ^2/df<3 表明模型拟合良好；3<χ^2/df<5 表明拟合一般，但可以接受；χ^2/df>5 代表拟合效果差。②RMSEA，近似误差的均方根。RMSEA<0.05 代表拟合很好，0.05<RMSEA<0.08 表示拟合良好，0.08<RMSEA<0.1 代表可以接受。③RMR，平均残差平方根。RMR<0.05 代表拟合良好，0.05<RMR<0.10 表示可以接受，RMR>0.1 代表不良拟合。

(2)相对拟合指标包括：①NFI，基准化适合度指标。②IFI，增量适合度指标。③CFI，比较适合度指标。这些指标的关键值都是 0.90，当其大于 0.90 时代表拟合良好。

具体分析结果见表 9.3。

表 9.3 验证性因子分析结果

测量模型	χ^2/df	RMSEA	RMR	NFI	IFI	CFI
单因子模型	4.031	0.18	0.15	0.74	0.79	0.79
双因子模型	4.598	0.17	0.169	0.831	0.863	0.862
三因子模型	3.655	0.132	0.122	0.866	0.899	0.899

由表 9.3 可知，本章研究假设的三因子模型的各项拟合指标（χ^2/df=3.655、RMSEA=0.132、RMR=0.122、NFI=0.866、IFI=0.899、CFI=0.899）均明显优于另外两个嵌套竞争模型，由此可以判断三因子模型为最优拟合模型，且该模型的主要研究变量具有较好的区分效度。

9.4.4 假设检验

1. 回归分析

对于本章提出的各个假设，我们将依次进行回归分析检验。首先将组织公平作为自变量，反生产工作行为作为因变量，控制人口统计学变量，用 SPSS 24.0 进行回归分析。回归分析结果显示，反生产行为与组织公平显著负相关($F=11.666$，$\beta=-0.158<0$，$Sig=0.001<0.05$)，假设 1 验证成立。采用相同的方法，将组织公平作为自变量，组织政治认知作为因变量，控制人口统计学变量，SPSS 软件分析结果表明，组织公平与反生产行为显著负相关($F=64.427$，$\beta=-0.611<0$，$Sig=0.000<0.05$)，假设 2 也得以验证。

2. 组织政治认知的中介作用

本章根据 Baron 和 Kenny(1986)提出的层级回归法进行中介变量的检验，具体操作方法分为三步：①自变量对因变量的回归分析；②自变量对中介变量的回归分析；③自变量和中介变量对因变量的回归分析。

由表 9.4 可知，在第一步回归中，组织公平与反生产行为的回归系数显著($\beta=-0.158$，$Sig=0.001<0.05$)；在第二步回归中，组织公平与组织政治认知的反生产行为的回归系数显著($\beta=-0.611$，$Sig=0.000<0.05$)；在第三步回归中，组织政治认知与反生产行为的回归系数依旧显著($\beta=0.197$，$Sig=0.000<0.05$)，但是组织公平与反生产工作行为的回归系数不显著($\beta=-0.038$，$Sig=0.453>0.05$)，即在加入组织政治认知之后，组织公平与反生产行为的关系由显著变得不再显著，说明组织政治认知在组织公平-反生产行为关系中发挥完全中介作用，假设 3 得到验证。

表 9.4　组织政治认知在组织公平-反生产行为关系中的中介效应(三步法)

	自变量	R	ΔR^2	F	β	T	Sig
反生产行为	常量	0.232	0.049	11.666	2.117	12.934	0.000
	组织公平				-0.158	-3.415	0.001
组织政治认知	常量	0.488	0.235	64.427	4.851	18.045	0.000
	自变量	R	ΔR^2	F	β	T	Sig
	组织公平				-0.611	-8.027	0.000
反生产行为	常量	0.391	0.144	18.480	1.161	4.655	0.000
	组织政治认知				0.197	4.898	0.000
	组织公平				-0.038	-0.752	0.453

3. 政治技能的调节作用

政治技能在组织政治认知-反生产行为关系中的调节效应的回归分析结果如表 9.5 显示。在模型 3 中，加入了政治技能和组织政治认知的乘积项之后，该乘积项与反生产行为的回归系数边缘显著($\beta=-0.059$，$Sig=0.57$)，说明政治技能有调节组织政治认知-反生产行为关系的倾向。从图 9.2 中同样可以看出，在高政治技能分组，组织政治认知与反生产行为的回归直线斜率较低；而在低政治技能分组，组织政治认知与反生产行为的回归直线斜率较高，同样说明了政治技能有调节组织政治认知-反生产行为关系的倾向，假设 4 得到部分支持。

表 9.5　调节效应检验

变量	反生产行为			
	模型 1	模型 2	模型 3	模型 4
控制变量				
年龄	−0.001	0.002	0.002	0.002
性别	−0.123	−0.135	−0.143	−0.139
学历	−0.017	0.006	0.008	0.007
在职时间	0.001	0.000	0.000	0.000
企业性质	−0.027	0.034	0.003	0.004
行业	0.010	0.011	0.006	0.008
岗位类型	0.034	0.025	0.014	0.011
自变量				
组织政治认知		0.212^{***}	0.208^{***}	0.212^{***}
调节变量				
政治技能			$−0.157^{*}$	$−0.148^{*}$
乘积项				
政治技能×组织政治认知				−0.059 (Sig=0.057)
F	0.797	4.954	5.205	5.089
R^2	0.165	0.167	0.192	0.206
R^2 变化量	0.027	0.133	0.155	0.166

注：*表示 $p<0.05$，***表示 $p<0.001$。

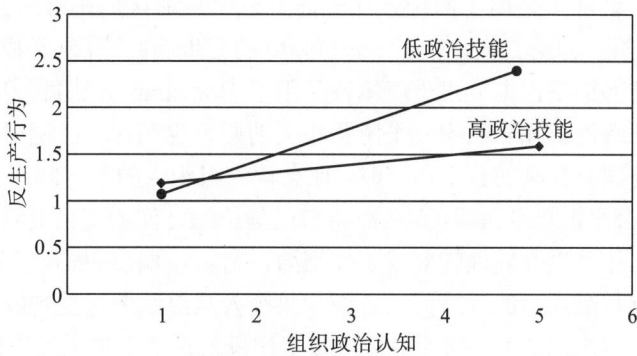

图 9.2　政治技能的调节作用

为进一步验证政治技能调节倾向的作用途径，本章将反生产行为分为面向组织的反生产行为(CWB-O)和面向个人的反生产行为(CWB-I)，分别验证政治技能在其中的调节作用。结果显示，政治技能在组织政治认知和 CWB-O 之间起到负向调节作用(β=−0.069，$p<0.05$)，而政治技能对组织政治认知和 CWB-I 的回归系数不显著(β=−0.045，$p>0.05$)，这说明政治技能在组织政治认知和 CWB-I 之间的调节作用不显著，假设 4 得到了部分支持。

9.5　研究结论与讨论

9.5.1　相关结论

1. 组织公平对反生产行为的影响

从实证的结果可以看出，组织公平与反生产行为之间存在显著的负相关关系。也就是说，当个人认为组织内有更高的公平程度时，会相应地减少对组织或其他个体不利的反生产行为。这一结论证实了组织公平确实是反生产行为的影响因素之一，组织公平是组织程序、人际、分配公平程度的反应，属于积极的组织行为学层面，与反生产行为的"压力源-情绪"模型(Fox and Spector，2005)中所提出的来自工作的负性情绪是对立面，不属于反生产行为的情绪来源。因此，本章的研究结论与以往的反生产行为作用机制的研究结论一致。

个人往往会将自己的投入与组织的反馈联系在一起，建立一种非正式的社会交换关系。当个体在组织中感到被公平、友善地对待时，他们希望与组织的这种互惠关系能持续下去，进而通过积极地承担角色、更加地努力工作来满足工作的要求，使自己的行为与组织的目标一致来回报组织。而当个人认为自己的付出没有得到组织应有的对待后，员工会认为组织该对此负责，进而采取偷窃、旷工、消极怠工、挪用公司财产、迟到早退等报复行为来表达自己的不满。

2. 组织政治认知在组织公平与反生产行为之间的中介作用

在中介效应验证环节采用了两种方法验证了组织政治认知在组织公平与反生产行为之间的中介作用。第一种是 Baron 和 Kenny(1986)的三步回归法，基于样本正态分布假设。在未知样本分布的前提下，本章出于谨慎性又用了 Bootstrap 方法再一次验证了中介作用的存在。同时组织政治认知和组织公平感负相关的假设也在这一过程中得到了验证。

当个人认为组织有较高的公平程度时，他会认为组织内的程序制度、人际关系都是有章法可循的、透明公平的以及可靠的，从而将自己与组织之间的交换关系定义为可信赖的，认为自己的努力工作可以有效地转变成工作绩效，并因此在日后投入更多的有利于组织的时间和精力来维持和组织间的互换关系。但如果个人从组织中感受到较多的不公平现象，他会质疑自己与组织之间的交换关系，即质疑工作投入是否会带来工作绩效，还是会受到其他政治、权力、地位、关系等客观因素的影响。一个缺乏公平制度程序，规则界限不再明确甚至山头林立、明争暗斗的组织，增加了个人的组织政治认知。组织政治盛行、规则不再适用时，人们往往采用竞争性的自利行为为自己服务，甚至形成小团体，降低组织认同感，恶化组织关系，乃至破坏组织或其他个人的利益，也就是做出反生产行为。因此组织公平通过组织政治认知影响了反生产行为。

在实证中，我们不仅发现了组织政治认知具有中介作用，且发现这种中介作用是完全的。也就是说，组织公平对反生产行为的影响完全通过组织政治认知起作用。这种结果或可以用社会学习理论来解释。Bandura(1986)提出了三元交互决定论(triadic reciprocal determinism),他认为认知、行为和环境三者互相影响。Bandura(1978)认为认知决定着哪些环境因素将被知觉,如何被解释,加诸何种行为。就像阅读一样,人们的喜好(认知的形式),决定着个体选择哪类书籍来看,而实际的阅读行为又会影响将来选择怎样的书籍。这也类似于组织政治认知的中介作用。当组织中有不公平现象时,个体产生较高的组织政治认知,这种政治认知影响着个体会在怎样程度上去知觉和解释组织不公平现象,以及在怎样程度对此做出反应的行为,比如是否要实施反生产行为。

另外,道德许可(moral licensing)理论和社会比较(social comparison)理论也可以对这个结果做出解释。研究发现,当有些个体做出正确的行为或抉择后,会允许自己不再继续行善甚至允许自己犯错,也就是弃善从恶。Festinger(1957)指出人们会通过将自己的信念、态度、意见等与别人进行比较,从而获得对自己社会特征的理解。在高组织政治的环境中,员工将自己的行为与他人的行为比较,认为自己在道德、行为上都是无可指责的,相反认为身边的人有更高的政治性,也就产生了较高的组织政治认知。在对自己之前的行为作出正义的评价之后,出于道德许可效应,这些人放松了对自己行为的要求,认为即使之后犯错也无可厚非,从而减少了善行,甚至产生反生产行为。

组织政治认知在组织公平和反生产行为之间起完全中介作用,反映出国内组织生态的严重问题,即部分员工对组织的态度(对组织政治的认知)呈现出常态归因的特点(所在企业就是一个关系复杂、政治横行的组织),可能有扩大化或犬儒主义化的倾向,进而导致更多的反生产行为。

3. 政治技能在组织政治认知和反生产行为之间的调节效应

从实证分析的结果来看,政治技能有调节组织政治认知和反生产行为关系的倾向。也就是说,高政治技能的人知道如何在政治盛行的环境中,观察别人的言行举止,形成自己的认识,并利用这种认识去影响他人,从而实现自己的目的。他们将这种组织的不稳定性、不透明性视为机遇和挑战,而不是障碍。一方面,他们利用自己优秀的社交技能,很快地察觉环境的变化和别人的思想意图,能够在各种政治小团体间游刃有余;另一方面,他们会利用自己在人群里的影响力去对组织和周围的人施加影响。但是无论哪一方面,组织的政治环境都给他们提供了施展技能、实现企图的土壤。他们既不需要也不再有做出与组织目标相悖行为的动机。因此,政治技能缓和了组织政治认知给个人的紧张感,反而让他们觉得自己获得了额外的机遇,从而减少甚至消除了对组织政治行为的消极情绪,由此减少了消极的反生产行为。

值得注意的是,实证结果表明政治技能可以显著地调节组织政治认知和面向组织的反生产行为之间的关系。心理契约论认为,雇员和组织之间存在事先约定好的、内隐的对各自的期望(Levin and Wardwell,1962)。心理契约违背(psychological contract violation)指出个体在组织未能充分履行心理契约的认知的基础上,会感觉组织对自己背信弃义(Morrison and Robinson,1997)。也就是说个人会更多地把心理契约破裂的原因归咎于组织,而非其他员工个人。这也就解释了为何政治技能在组织政治认知和面向组织的反生产行为之间有明显的调节作用。高政治技能的员工在感知到组织内有较多的政治行为时,比起低政治技能的员工，会没那么肯定地将模糊、不确定的政治行为定义为负面的，也会没那么强烈地认为是组织背弃了自己，相应的，本来认为组织背信弃义而产生的报复感也就被削弱，面向组织的反生产工作行为也因此减少。

9.5.2　管理建议

本章探讨的是组织公平、反生产行为、组织政治认知、政治技能四者之间的关系和作用机理，旨在为管理者提高领导力，改善组织气氛，以提高员工对组织的认同感，纠正员工反生产行为，提高工作绩效提供管理建议。

本章的研究结果已证实组织不公平会提高员工的组织政治认知，增加员工反生产行为。因此广大管理者可以通过改善组织分配、程序、互动等方面的不公平因子，从而降低员工恶意损伤组织的行为。具体来说，体现在以下几个方面：一是建立科学明确的人力资源管理系统，使得员工的绩效、薪酬、晋升考核能有章可循。目前许多企业，尤其是中小企业，普遍缺乏一套完整的、稳定的、严格实施的绩效考评系统，造成了绩效考核时"钻空子""搞小动作"的政治现象。因此，为了实现分配结果和分配程序上的公平，这样一套完整的系统应该首先被建立。二是完善员工参与制度，促进互动公平。理论研究表明，如果员工能参与决策的过程，组织的公平感会提高，也有助于拉近上下级之间的权力距离，这也是组织民主的体现。员工参与组织决策有助于提高决策的透明度，使分配的程序更加公平合理，也可在即使分配结果暂时不能完全公平的前提下，降低员工的情绪冲突。

另外，本章的研究也发现，政治技能和组织政治认知也是组织公平作用于反生产行为的重要一环。这也启示管理者，一方面，要重视并减少组织中的政治行为，如管理者要以身作则、不谋私利，坚决抵制组织内的不良小团体和小动作，通过透明公正的奖惩制度来防止组织内的政治风气；另一方面，个人和组织都要有意识地培养政治技能，如通过系统性的实践学习、替代学习、情景模拟、沟通交流等来有效提高员工的政治技能。

9.5.3　研究局限与展望

虽然本章的研究对组织公平、反生产行为、组织政治认知、政治技能之间的关系模型进行了梳理，从而在理论上实现了一定进步，但是受到客观条件的限制，本章研究仍然在以下几个方面存在不足和缺陷：

第一，被试样本的局限性。一方面是样本的数量较小。虽然最后的有效问卷数是208份，但是考虑到本次研究方向的特殊性和变量之间关系的复杂性，这样的样本容量还是稍显不足。比如本章验证出政治技能有调节组织公平感和反生产行为总体之间关系的倾向，在本章的结果中显著性水平是 0.57，已经十分接近 0.05 的标准值，如果在条件允许的情况下增加样本量，可能会使变量之间的关系更加明确。另一方面是样本来源的局限性。尽管我们已经结合了线上和线下问卷尽可能保证来源的广泛性，但是受制于客观条件，样本的部分人口统计学变量(如行业、地区)都比较集中，可能间接削弱了本章结论的可复制性。因此未来的样本要增加数量，并尽可能地覆盖更多的地区、行业、企业类型、工作岗位等人口变量，使结果符合大样本随机抽样的特征。

第二，所使用的样本还存在一定的局限性。一方面是共同方法偏差的局限性，即所有的问卷都是由员工一人自评完成的。比如针对反生产行为的问卷，如果能从多个来源采集数据，把个人自评和他人评价、领导评价结合起来，回答的可靠性会进一步提高。另一方面是社会称许性的影响。组织政治认知、反生产行为都属于组织行为学里比较负面的内容，需要个人对组织内政治斗争、个人的恶意伤害行为等做出评估。受到社会道德标准的束缚，被试在回答这些问题的时候可能会自动修正或不如实回答，导致结果与实际的偏差。在未来，应该采取更完善的研究工具和研究方法，比如考虑社会称许效应，修正量表中题项的分布和表述，使用配对样本，将领导评价、同事评价和自评相结合等。

第三，变量选取的局限性。本章研究一共选取了四个变量，实际可能还有更多变量，或者变量之间有更复杂的关系在这其中产生作用。未来还需要在这方面做出更多探索，可以考虑进更多的心理学变量，比如反刍思维、自控能力等。另外，鉴于反生产行为的危害，可以考虑加入一些符合我国国情的变量，比如组织犬儒主义、谦卑型领导风格，可以拓展国内的反生产行为的研究。

第 10 章　总结与展望

10.1　研究总结与政策含义

本书在动态锦标赛环境下，利用实验研究方法，探讨阶段性绩效反馈、组织不公平与倾斜政策、锦标赛规模与结构三方面因素对代理人努力水平与拆台行为的影响。同时，本书利用问卷调查的实证研究方法，考察了绩效反馈环境对员工绩效的影响，以及组织公平、组织政治认知与反生产行为之间的相互关系。本章将对研究的主要内容、核心结论及政策建议进行提炼和归纳。

(1)本书对锦标赛的动态特征即阶段性绩效反馈的激励效应进行了重点分析，发现阶段性绩效反馈具有重要的激励作用，且不同反馈策略对代理人行为的影响程度不同。

第 2 章将静态锦标赛模型扩展至包含拆台因素的动态锦标赛模型。数理模型分析结果显示，动态锦标赛第一阶段与静态锦标赛无差异，而由于第一阶段产出差距的存在使得代理人第二阶段的努力水平和拆台水平低于静态锦标赛。相比静态锦标赛，动态锦标赛有助于减少拆台行为，但同时也减少了努力激励。然而代理人的产出究竟是增加还是减少，从数理模型本身我们尚无法先验地判断。由于规范分析非常依赖于对称性的严格假设，有必要通过实验或实证方法对动态锦标赛中代理人的行为模式进行具体刻画。

第 3 章利用股票价格竞猜的真实努力实验方法，考察阶段性绩效信息不公开、阶段性绩效信息公开、始终告知代理人比竞争对手稍微落后、始终告知代理人比竞争对手稍微领先、始终告知代理人比竞争对手大幅落后等不同的阶段性绩效反馈策略对代理人努力水平与拆台行为的影响。实验结果显示：①与阶段性绩效不公开实验相比，在真实绩效反馈机制下，被试会根据竞争对手当前的绩效信息调整自身策略。代理人的努力水平变化不大，而拆台水平显著下降，这一点与第 2 章数理模型分析结果有一定的出入，显示动态锦标赛机制下代理人的努力激励得到维持，而拆台动机则被弱化。②与其他反馈机制相比，告知代理人比竞争对手稍微落后，对代理人的努力水平激发程度最大，其努力水平在第二阶段会显著提升，总绩效最高。③与其他反馈机制相比，告知代理人比竞争对手稍微领先，代理人的拆台水平最低，总绩效与真实反馈相比显著提升。④与其他反馈机制相比，告知代理人比竞争对手大幅落后会造成代理人努力水平不佳，其却会以最大程度利用拆台手段来打击竞争对手。⑤在允许委托人自主选择是否真实公布第一阶段绩效差距的实验中，60%左右的委托人选择对真实差距信息进行篡改；而且委托人在篡改信息时更倾向于缩小代理人第一阶段绩效差距。⑥在没有拆台因素的实验情境下，委托人篡改信息的频率比有拆台因素的实验情况更高；同时，委托人在篡改信息的过程中，部分会受到自身对欺骗态度的影响。⑦被试自我效能感越高，对不利评价的担心程度越高，其努力水平也越高。⑧偏向于合作型的被试拆台水平相对较低，但其拆台水平与其风险偏好程度的关系并不显著。

以上结论对于企业管理实践的启示体现在如下三个方面：第一，阶段性绩效信息反馈对于员工激励和绩效提升具有重要作用。绩效考核具有两大功能——评价和发展，前者与薪酬、职位晋升联系紧密，着眼于"过去"；后者则重视对员工知识、技能、能力的培养，着眼于"未来"。如果绩效考评的周期过长（例如年度考核），其功能往往偏重于评价；如果能在企业内部建立起实时反馈与指导的管理机制，将有助于员工的业绩提升与长远发展[①]。第二，不同的信息反馈策略具有不同的激励效应。当代理人被告知比竞争对手稍微落后时，其努力水平最高；当代理人被告知比竞争对手稍微领先时，其拆台水平最低；当代理人被告知与竞争对手存在较大差距时，其努力水平虽然能得到一定程度的激发，但是拆台行为也更为激烈。企业管理人员在进行反馈决策时就需要根据不同的阶段性绩效反馈策略对代理人的行为影响，结合代理人对不利评价的态度、自我效能感、性格类型及自身风险偏好等因素，进行综合考虑和权衡。例如，为了使考试成绩较差的学生不至于太沮丧甚至放弃，老师会选择性地保留部分信息。在某些企事业单位中，部分领导有时会刻意营造下属能力相当的局面，一来可避免部分员工的不可替代性，二来增加领导自身的影响力和控制力。第三，鉴于委托人存在少报（或缩小）阶段性绩效差距的倾向，如果代理人预知到这一点，将对绩效反馈信息存疑或者"打折扣"，极端情况下代理人的行为可能会和不存在阶段性绩效反馈信息时的静态锦标赛一样。换言之，阶段性绩效反馈作用的发挥，其前提在于代理人必须相信委托人发出的信号是真实可信的，否则机制设计的任何目标都难以实现。建立管理政策的一致性和增强管理者的可信度，理应引起各级管理者的高度关注。

（2）本书在动态锦标赛环境下考察了组织公平与倾斜政策对代理人努力水平与拆台行为的影响，发现组织公平对代理人行为有重要影响，而倾斜政策的激励效应不佳。

第 4 章以起点不公平和拆台成本高低作为主要操控变量，利用股票价格预测的真实努力实验，分析代理人的行为特点。研究结论显示：①因竞赛规则的歧视性（起点不公平，在本研究中反映为竞赛时长不同）而处于劣势的代理人，并没有放弃竞赛，而是付出更高的努力水平，起点不同竞赛机制下的产出并不低于起点相同竞赛机制下的产出。②代理人的拆台行为受拆台成本影响，并且当拆台成本增高时，可有效减少代理人的拆台行为。

---

① 马库斯·白金汉和艾什利·占锋在《重构绩效管理》（原载于《哈佛商业评论》2015 年第 4 期）中分享了德勤（Deloitte）公司的绩效管理改革实践。德勤公司每年有 200 万工时用于绩效管理，具体花费在填表、开会和设计打分标准，但超过一半（58%）的受访高管认为，他们目前的绩效管理方式既无法激发员工积极性，也无法提高员工业绩。德勤公司认为，在随时变动的世界中，一年一度的目标过于"批量化"。关键是，对员工表现的实时评价比指导顾问的年终打分更有价值。通过对最优秀组长的研究表明，他们会经常和所有组员沟通近期工作。这些简短沟通让管理者心中有数，无论是下一周工作、优先审议选项、近期工作反馈还是提供讲程修改意见，重要信息都尽在掌握。这些沟通还让管理者清楚了解每名组员未来的动向及其原因，明白优质工作的标准是什么，以及各组员在近期如何能发挥出最佳表现。因此，其新的绩效系统要求每名组长每周至少与组员沟通一次。

Chung 和 Narayandas（2017）研究了一家办公设备 B2B 公司，该公司采用较复杂的薪酬方案。通过分析实地实验数据，作者考察了该公司薪酬方案如何分别影响高绩效、低绩效和中等绩效销售员的表现。研究发现，薪酬方案中的底薪和直接提成对这三类销售员的影响较为相似，而其他薪酬规则对不同类型的销售员产生了不同的激励效果。例如，超额提成能持续激励顶尖销售员，使他们完成指标后仍保持投入。季度奖金对低绩效销售员最重要；年度目标和年终奖金对高绩效员工激励效果更强，而低绩效员工更需要短期考核来保持动力。这与教师激励学生的方法有些类似：对于优秀学生，只需等他在期末考试中发挥水平；较差的学生则需要用小测验不断刺激。销售团队的激励也是同样道理。

③本研究并未发现代理人在第一阶段"保存实力"的棘轮效应,实际上代理人第一阶段的努力水平高于第二阶段,该现象支持了"职业关注"假说。

第 5 章仍然采用真实努力试验方法探讨结果不公平(在本书中反映为针对特定代理人的人为产出增加)与倾斜政策对代理人努力水平和拆台行为的影响,研究结果发现:①与基准实验(公平锦标赛)相比,在较低程度不公平锦标赛中,代理人的努力水平显著降低;在较高程度不公平锦标赛中,代理人的努力水平没有明显变化。该结论显示,不公平因素对代理人努力水平的影响可能并非线性关系,从实验数据看,二者之间呈现"U"形关系,即较低程度的不公平激励效应最差。②不公平程度与代理人拆台水平之间呈现"倒 U"形关系,即与基准实验和较高程度不公平实验相比,较低程度的不公平会提升代理人的拆台水平,降低其绩效产出。③对特定角色代理人的行为分析表明,在较低程度不公平锦标赛中,有利被试和不利被试的努力水平无显著差异,且都低于公平锦标赛机制下的努力水平;而在较高程度不公平锦标赛中,有利被试的第二阶段努力水平和两阶段整体努力水平都高于不利被试,显示出有利被试受到的激励更大。④在两种倾斜政策中,"雪中送炭"倾斜政策并不能提升代理人的努力水平和绩效产出,而"锦上添花"倾斜政策却降低了代理人的绩效产出;同时,两种倾斜政策都导致了更多的拆台行为。

以上结论的政策含义体现在如下两个方面:第一,竞赛规则的不公平对员工的努力水平、拆台行为和绩效产出均有重要影响,因此企业应该高度重视内部管理中的程序公平或过程公平问题,从绩效考核、薪酬与晋升管理等方面出发,确定统一标准,完善制度设计和内部管理,确保对所有员工一视同仁,避免不公平因素对员工士气和组织绩效产生的消极影响。同时,企业对于组织公平的建设,"勿以恶小而为之"。所谓"行百里者半九十",对于组织不公平的部分妥协或容忍,可能会对员工士气和组织绩效产生破坏性的影响。第二,管理者在企业管理中应慎用倾斜政策。在两种倾斜政策中,"雪中送炭"倾斜政策的初衷固然良好,但研究发现该政策不仅不能提高代理人的努力水平和绩效产出,反而诱发更多的拆台行为。因此,在企业管理和公共政策实践中,对于"肯定性行动"的使用需要格外慎重。自 1990 年以来,众多学者对"肯定性行动"等倾斜政策的质疑日益增多。例如,于红(2014)指出,南非实施的"肯定性行动"虽然取得一定成效,但并未实现预期目标,白人主导的经济结构未有根本性改变。与此同时,"肯定性行动"反而扩大了黑人群体内部的不平等。近年来,倾斜政策走向式微。例如,来自美国 1300 多个四年制学院和大学的数据显示,在招生中考虑种族或者族群因素的学校数量从 20 世纪 90 年代中期开始急剧下滑,尤其是公立高校。四年制公立高校在招生中考虑种族因素的比例从超过 60% 下降到 35%(肖地生,2016)。对于另一种类型的倾斜政策——"锦上添花"而言,研究表明其激励效应更差,该政策不仅降低了代理人的努力水平,还增加了代理人之间的拆台,降低了绩效产出。业绩卓著的"明星"员工固然能起到较好的榜样或表率作用,但把所有资源投向"明星"员工却让企业处于较高的风险之中。

(3)本书在动态锦标赛环境下探讨了锦标赛规模(参赛者人数)和结构(获胜比例)对代理人努力水平与拆台行为的影响,旨在为锦标赛机制设计提供理论指导和实验证据。

第 6 章设计了 1/2、2/4 和 1/4 三个真实努力实验(股票价格预测),实验结果表明:①当锦标赛结构不变时(1/2 实验和 2/4 实验对比),锦标赛规模的增大降低了代理人的努力水平，但对拆台行为的影响在统计上不显著，因此代理人的绩效产出更低。②当锦标赛规模不变时，较之获胜比例较高的锦标赛结构(2/4 实验)，获胜比例较低的锦标赛结构(1/4 实验)提升了代理人的努力水平，降低了代理人之间的相互拆台，进而导致了更高的绩效产出。

第 7 章利用还原诗句(被试根据一组被打乱的诗句写出正确的诗句)的真实努力实验，重点分析锦标赛结构和无意识启动("与人为善"与"以邻为壑")对代理人努力水平和拆台行为的影响。此处，我们使用 1/3 和 2/3 的锦标赛结构，分别对应首位晋升制与末位淘汰制。实验结果显示：①较之获胜比例较大的锦标赛结构，获胜比例较低的锦标赛结构可以提高代理人的努力水平，降低其拆台水平，为委托人创造更多的利益。这一发现重述了第 6 章的结论。②当获胜比例为 1/3 时，上一轮排名最高的代理人在下一轮会遭受更猛烈的拆台；当获胜比例为 2/3 时，上一轮排名靠后的代理人会受到更多的拆台。③正向的无意识启动并不能有效降低代理人的拆台行为，但是负向的无意识启动会显著增加代理人的拆台行为。④风险偏好型代理人的平均努力水平和拆台水平更高，个人主义型和竞争型代理人会比亲社会型代理人选择更高的拆台水平。

以上结论对于锦标赛机制设计的启示在于如下四个方面：第一，企业在进行竞赛机制设计时，应该适当控制竞赛规模。当参与竞争的人数较多时，可以将员工分成若干规模不大的小组①，每个小组采用组内锦标赛激励形式，员工的报酬仅与小组内成员的产出排序有关，而与小组外的员工产出无关。第二，企业应当在满足员工参与约束的前提下，设计获胜比例较低的锦标赛结构，如此不但可以有效降低企业的人力成本，同时还可以提高员工努力水平，降低员工拆台水平，从而使员工产出保持在一个较高的水平上。第三，在首位晋升制中，上一轮排名最高的代理人在下一轮会遭受更猛烈的拆台，最终产出高的员工可能并非能力最强的员工，而是更少被拆台的员工，因此企业如果采用晋升锦标赛作为选拔高能力员工的方式，需要审慎地考虑拆台因素对于员工绩效产出及晋升决策的影响。第四，锦标赛机制激烈的竞争氛围经由"以邻为壑"的负向启动效用予以强化，会导致代理人的拆台行为更频繁。因此企业在运用锦标赛机制时不仅需要为员工营造良好的合作氛围，构建良好的同事关系，还应当避免组织内部的恶性竞争关系，防止组织政治的形成，主动发现组织可能出现的不和谐气氛并防患于未然，以避免对代理人产生潜移默化的负面影响。

(4)本书在理论研究和实验研究的基础上，利用问卷调查的实证方法分析绩效反馈环境对员工绩效的作用机理与途径，探讨组织公平、组织政治认知与反生产行为的相互关系，以更好地贴近企业管理实际，增强研究的外部效度。

第 8 章以重庆地区多家企业的 226 名员工作为调查样本，尝试探究绩效反馈环境对员工绩效的影响路径及作用机理。第 3 章和第 7 章的研究结论表明，阶段性绩效反馈以及环境因素对代理人行为具有重要影响。因此，我们运用问卷调查实证方法对此展开进一步研究。反馈环境是指日常"主管-下属"和"同事-同事"反馈过程的情境方面，是一个多维

---

① 将一个很多人参加的竞赛划分为若干子竞赛将带来如下益处：第一，依据代理人的能力进行分类或分组(sorting)，将提升竞争的均衡性和激烈程度；第二，节约大型竞赛所需的组织、管理与协调成本；第三，代理人应该知道其竞争对手是谁，在不明确竞争对手的情形下代理人的激励较低。

度的复杂构念(包括来源可信度、反馈质量、反馈传递、有利反馈频率、不利反馈频率、来源可用性和促进反馈寻求七个维度);员工绩效包括任务绩效、周边绩效与创新绩效三个维度;员工自我领导是个体通过必要的自我指导和自我激励从而取得行为绩效的自我影响过程;反馈导向则反映了员工对反馈意见的总体接受程度或对反馈价值的评价程度。实证分析结果表明:反馈环境和员工自我领导显著正向影响员工绩效,员工自我领导在反馈环境对员工绩效的正向影响中发挥部分中介作用。此外,反馈导向削弱了员工自我领导对员工绩效的正向影响关系,即反馈导向越高的员工,自我领导对员工绩效的正向影响关系越不明显。

第9章以江苏、重庆、四川、上海等省市多家企业的208名员工作为调查样本,探讨组织公平、组织政治认知与反生产行为的相互关系。第4章、第5章和第7章的研究结论显示,组织不公平和负向无意识启动增加了代理人的拆台行为,因此我们采用问卷调查实证方法,以反生产行为为因变量,对此做进一步分析。反生产行为指员工在工作中故意实施的、对组织或组织相关者合法利益存在潜在危害的行为,分为组织指向和人际指向两个维度(人际指向的反生产行为其实就是拆台行为);组织公平是组织或单位内人们对与个人利益有关的组织制度、政策和措施的公平感受,包含分配公平、程序公平、人际公平三个维度;组织政治认知是指个体对组织中他人、群体或组织致力于追求自我利益活动的认知评价和判断;政治技能是个体在组织中能有效地理解他人,并能利用这种理解去影响他人的能力。实证分析结果表明:第一,组织公平与反生产行为之间存在显著负相关关系,即当个人认为组织具有较低的公平程度时,其对组织或其他个体不利的反生产行为会相应地增多。第二,组织政治认知在组织公平和员工反生产行为之间起到完全中介作用。当组织政治盛行、规则不再适用时,人们往往采用竞争性自利行为为自己服务,形成小团体,降低组织认同感、恶化组织关系,甚至破坏组织或其他个人的利益,反生产行为相应增多。第三,政治技能负向调节了组织政治认知和反生产行为的关系。高政治技能的人知道如何在政治盛行的环境中观察别人的言行举止,进而形成自己的认识,并利用这种认识去影响他人,从而实现自己的目的,其反生产行为相应减少。简言之,高政治技能削弱了组织政治认知与反生产行为的正向关系。

以上结论对于组织管理的实践启示在于:第一,企业应该从来源可信度、反馈质量、反馈传递和促进反馈寻求等方面不断优化绩效反馈环境,让员工理解绩效反馈不是简单地将他们分为三六九等,而是支持员工不断提升工作能力、改善工作绩效、实现职业生涯目标的有效途径。第二,企业应当重视自我领导和反馈导向对员工绩效的影响作用。在日常的管理实践中,企业管理者应该通过适当的分权和授权,调动员工的积极性和主动性,营造一种能让员工产生高度自我领导的工作氛围和环境。对于低反馈导向的员工而言,更应如此。如果某些员工的自我领导和反馈导向都很低(内在激励和外在督促都不管用),管理者就要特别考虑如何激励这部分员工。第三,管理者可以从分配公平、程序公平、互动公平入手改善组织公平性,降低员工恶意损伤组织或同事的行为,诸如建立科学明确的人力资源管理系统,使得员工的绩效、薪酬、晋升考核有章可循;完善员工参与制度,提高决策的参与性和透明度,使分配或决策的程序更加趋向公平合理;管理者也需要多关注自身的领导风格,降低员工的情绪冲突。第四,组织政治认知在组织公平和反生产行为之间起完全中介作用，反映出国内企业组织生态的严重问题，即部分员工对组织的态度(对组织政治的认知)呈现出常态归因(所在企业就是一个关系复杂、政治横行的组织)的特点，可能有扩大化或犬儒主义化的倾向，进而导致更多的反生产行为。在今天的企业管理中，尤其是对反生产行为的治理，也必须从制度规章设计、执行与纠偏、企业文化建设入手，对于组织不公平、组织政治等问题不讳言、不掩过、不惧怕，真抓实干，切实解决企业发展中的内外部环境问题。

10.2　存在的不足及可能的扩展方向

第一，本书主要使用了实验室实验的方法，内部效度高但外部效度有待进一步检验[①]。实验研究方法按其对现实的逼近程度又可分为实验室实验、实地实验和自然实验[②]。实验室实验可以通过随机分组的方式对无关因素进行有效控制，进而保证因果关系的可靠性，其内部效度高而外部效度有限。实地实验和自然实验对于现实的贴近程度更高，但存在对无关因素失去控制的风险，即外部效度高而内部效度有限。本书以实验室实验为主，未来如果能补充企业或组织等实际工作场景的实地实验或自然实验，将有助于提升研究的现实价值和结论的外部效度。

第二，出于可操作性的考虑，本书将动态锦标赛仅划分为两个阶段，而现实中的锦标赛往往是多阶段的，例如世界杯等大型体育赛事往往包括预选赛、小组赛、淘汰赛等多个阶段，大型企业内部的晋升阶梯甚至会达到数十级。如何对多阶段锦标赛如淘汰赛进行建模和实验研究，值得深入探讨。例如，作为一种竞争机制，锦标赛在最后阶段筛选出的获胜者是否一定是竞争性很强的个体？其竞争性是否一定表现为更高的努力水平和拆台水平？另一个让人感兴趣的话题是，如果一个员工在锦标赛前期一直表现良好，那么他在后期是否也会偶尔从事拆台行为？道德许可理论在这个领域或许有着很大的发挥空间。

第三，由于实验设计的特点和研究者精力的限制，本书在系列实验研究中的实验参数只能取有限水平(例如锦标赛规模和结构)，即实验参数的水平是离散值且其选择具有一定的主观性。虽然项目组进行了预实验以保证实验参数设定的合理性，但仍然存在以偏概全的风险。针对此点，未来可以细化实验参数设计或补充相关基于实地观察或调查的实证研究，争取实现对核心变量的连续值测度，从而进一步扩展研究范围。

第四，本书主要聚焦员工个体之间的竞争与合作(个体锦标赛)，但是正如我们在管理现实中看到的，以团队为基础的竞争逐渐成为组织生活的常态。一方面，自从 20 世纪 90 年代以来，各种不同形式的工作团队正在不断地取代传统的、以个人为分工基本单位的、

---

① 内部效度是研究者对因果关系的信心程度，或者说，有多大把握说：自变量 X 引起了因变量 Y 的变化？实验室实验的内部效度是相当高的。外部效度指当我们在实验室实验中发现一个因果关系后，我们有多大把握说：同样的因果关系在组织环境中也成立吗？因此，实地实验的外部效度是比较高的。

② 实验室实验主要在实验室完成，而实地实验与自然实验都是在真实的企业或组织环境中发生。实地实验仍然有研究者干预(研究者进行实验设计)，而自然实验指企业或组织自行采取的政策或机制变动，与研究者无关。相对而言，自然实验的外部效度最高但内部效度难以保证，经常又被归为拟实验或准实验(quasi-experiment)的范畴。另外，自然实验的数据不容易得到，某种程度上具有"可遇不可求"的特点。

独立式的工作方式，并成为整个组织的构成基础，组织结构日趋扁平化。另一方面，企业或组织之间的竞争，尤其是企业内部各部门之间的竞争，往往都表现为一种团队竞争，即团队锦标赛。例如，美国通用汽车公司就曾利用过团队锦标赛机制进行裁并。1992 年，该公司宣布将在不久的将来关闭 21 个工厂，但是裁撤工厂的名单尚未最终确定。随着该计划的逐渐明朗和深入，有些工厂，例如位于密歇根州的 Willow Run 工厂和地处得克萨斯州的 Arlington 工厂，被要求进行一对一的竞争以确定哪一家工厂可以幸存下来。因应这样的时代背景，学术界对于锦标赛理论的研究也出现了从个体锦标赛逐渐转向团队锦标赛的趋势。在团队锦标赛环境下，探讨团队人员构成、沟通条件、团队价值观、薪酬分配等因素对代理人行为及绩效的影响，或将产生有价值的发现。

第五，本书研究使用的被试主要为在校大学生或研究生，原因在于本书涉及的基本都是多轮实验，被试参加一个实验平均要花 1.5～2 小时，因此我们招募被试的一个前提是其有较多的自由时间，可在位于大学校园的实验室停留较长时间；企业员工很难具备这样的条件。因此本书仍然以大学生或研究生被试为主，只是在基于问卷调查的实证研究中使用了企业员工样本。未来在条件和资金允许的情况下，可补充企业或社会组织员工作为被试，并对不同来源的被试样本进行比较分析。

参 考 文 献

陈晓萍，徐淑英，樊景立，2008. 组织与管理研究的实证方法[M]. 北京：北京大学出版社.

程永亮，2013. 锦标赛结构、阶段性绩效反馈与无意识启动对代理人行为的影响：实验的证据[D]. 重庆：重庆大学.

邓鸿，2010. 非对称锦标赛拆台行为的实验研究[D]. 重庆：重庆大学.

郭文臣，杨静，付佳，2015. 以组织犬儒主义为中介的组织支持感、组织公平感对反生产行为影响的研究[J]. 管理学报，12(4)：530-537.

郭云，廖建桥，2014. 上级发展性反馈对员工工作绩效的作用机理研究[J]. 管理科学，27(1)：99-108.

黄昱方，刘永恒，2016. 高绩效工作系统对员工组织认同的影响——程序公平的中介作用及主管支持的调节作用[J]. 华东经济管理，30(4)：117-123.

李晓义，李维安，李建标，等，2010. 首位晋升与末位淘汰机制的实验比较[J]. 经济学(季刊)，10(1)：227-248.

林浚清，黄祖辉，孙永祥，2003. 高管团队内薪酬差距、公司绩效和治理结构[J]. 经济研究，(4)：31-40.

刘春，孙亮，2010. 薪酬差距与企业绩效：来自国企上市公司的经验证据[J]. 南开管理评论，13(2)：30-39.

刘得明，龙立荣，2008. 国外社会比较理论新进展及其启示——兼谈对公平理论研究的影响[J]. 华中科技大学学报：社会科学版，22(5)：103-108.

刘梅梅，2007. 组织政治行为知觉及其对组织承诺影响的研究[D]. 杭州：浙江大学.

刘庆春，2007. 组织政治认知的心理作用机制：领导成员交换的缓冲效应和组织认同的中介效应检验[D]. 杭州：浙江大学.

刘雪峰，张志学，梁钧平，2007. 认知闭合需要、框架效应与决策偏好[J]. 心理学报，39(4)：611-618.

刘亚，2002. 组织公平感的结构及其与组织效果变量的关系[D]. 武汉：华中师范大学.

罗胜强，姜嬿，2014. 管理学问卷调查研究方法[M]. 重庆：重庆大学出版社.

马超，2005. 组织政治认知及其对人力资源管理影响的研究[D]. 广州：暨南大学.

马超，凌文辁，方俐洛，2006. 企业员工组织政治认知量表的构建[J]. 心理学报，38(1)：107-115.

苗青，陈思静，宫准，等，2015. 人力资源管理研究与实践：前沿量表手册[M]. 杭州：浙江大学出版社.

牛琬婕，2015. 顾客不公平对员工反生产行为的影响：研究情绪耗竭的中介效应与认同的调节效应[D]. 兰州：兰州大学.

沈海华，2006. 技术学习对创新绩效的影响因素分析[D]. 杭州：浙江大学.

孙星，李世航，2006. 基于动态信息反馈的员工绩效管理[J]. 安徽农业大学学报：社会科学版，15(4)：23-26.

王骏，2006. 科学骗局的"集体制造"——"黄禹锡事件"的另类解读[J]. 科学文化评论，(2)：53-65.

王丽萍，2017. 国家治理中的公共政策范式转型——从肯定性行动到多样性管理[J]. 北京大学学报：哲学社会科学版，54(3)：133-142.

王宁，周密，赵西萍，2015. 反馈倾向、人际信任对反馈寻求策略的影响研究[J]. 管理评论，27(9)：140-150.

王轶楠，杨中芳，2005. 中西方面子研究综述[J]. 心理科学，28(2)：398-401.

魏光兴，蒲勇健，2006. 首位晋升制与末位淘汰制比较研究[J]. 科技管理研究，26(6)：230-232.

温忠麟，侯杰泰，马什赫伯特，2004. 结构方程模型检验：拟合指数与卡方准则[J]. 心理学报，36(2)：186-194.

肖地生，2016. 美国肯定性行动政策探源及其发展[J]. 南京师大学报：社会科学版，(1)：89-97.

谢荷锋，牟腊春，2017. 高管流动与跨企业战略学习中的"马太效应"——基于中国制造业上市公司的实证检验[J]. 华东经济管理，31(3)：131-139.

谢俊，储小平，汪林，2012. 效忠主管与员工工作绩效的关系：反馈寻求行为和权力距离的影响[J]. 南开商业评论，15(2)：31-38.

徐契舜，2003. 组织内部冲突网络、自我效能与创新绩效之研究[D]. 桃园：台湾中原大学.

闫敏，冯明，2017. 友好反馈文化对员工反馈寻求行为的影响机制[J]. 当代财经，386(1)：69-78.

闫威，陈长怀，2012. 机会公平、倾斜政策与不对称锦标赛：一项实验研究[J]. 管理工程学报，26(1)：89-97.

闫威，刘艳春，邓鸿，2013. 能力异质性对代理入拆台行为的影响：实验的证据[J]. 系统工程理论与实践，33(2)：396-404.

闫威，周婧，李娜，2015. 动态锦标赛中代理人努力水平与拆台行为的实验研究[J]. 管理工程学报，29(3)：124-136.

杨春江，逯野，杨勇，2014. 组织公平与员工主动离职行为：工作嵌入与公平敏感性的作用[J]. 管理工程学报，28(1)：16-25.

于红，2014. 南非的肯定性行动评析[J]. 世界民族，(6)：10-21.

于维娜，樊耘，张婕，等，2015. 价值观异致性会促进创新绩效的产生吗?支持性组织氛围和反馈寻求行为的被中介的调节效应[J]. 预测，(2)：14-21.

袁芳，2006. 锦标赛、内生性制度创新供给与地区博弈——以各地物流园区布局为例[J]. 财贸研究，17(4)：8-14.

曾馨逸，闫威，2010. 锦标赛规模与结构对员工努力水平的影响：一项实验研究[J]. 经济科学，32(1)：62-71.

张博，2013. 组织政治认知、组织承诺与员工反生产行为关系的实证研究[D]. 南京：南京师范大学.

张军，2005. 为增长而竞争：中国之谜的一个解读[J]. 东岳论丛，26(4)：15-19.

张燕，解蕴慧，王泸，2015. 组织公平感与员工工作行为：心理安全感的中介作用[J]. 北京大学学报：自然科学版，51(1)：180-186.

张燕红，廖建桥，2015. 团队真实型领导、新员工反馈寻求行为与社会化结果[J]. 管理科学，28(2)：126-136.

赵国祥，梁瀚中，2011. 国外自我领导研究的现状述评[J]. 心理科学进展，19(4)：589-598.

周迪，2017. 我国区域公共图书馆公平与效率的马太效应研究[J]. 图书情报工作，61(2)：67-73.

周黎安，2004. 晋升博弈中政府官员的激励与合作——兼论我国地方保护主义和重复建设问题长期存在的原因[J]. 经济研究，(6)：33-40.

周黎安，2007. 中国地方官员的晋升锦标赛模式研究[J]. 经济研究，(7)：36-50.

周黎安，陶婧，2011. 官员晋升竞争与边界效应：以省区交界地带的经济发展为例[J]. 金融研究，(3)：15-26.

Abdelbasset E M，Kalnins V I，Ahmed I，et al.，1989. A 48 kilodalton intermediate filament associated protein (IFAP) in reactive-like astrocytes induced by dibutyryl cyclic AMP in culture and in reactive astrocytes in situ[J]. Journal of Neuropathology and Experimental Neurology，48(3)：245-254.

Adams G L，Ammeter A P，Treadway D C，et al.，2002. Perceptions of organizational politics：additional thoughts，reactions，and multi-level issues[J]. Research in Multi-Level Issues，1(1)：287-294.

Adams J S，1965. Inequity in social exchange[J]. Advances in Experimental Social Psychology，2(4)：267-299.

Akerlof G A，1984. Gift exchange and efficiency-wage theory：four views[J]. The American Economic Review，74(2)：79-83.

Akerlof G A，Yellen J L，1990. The fair wage-effort hypothesis and unemployment[J]. The Quarterly Journal of Economics，105(2)：255-283.

Ambrose M L，Seabright M A，Schminke M，2002. Sabotage in the workplace：the role of organizational injustice[J]. Organizational Behavior and Human Decision Processes，89(1)：947-965.

Amegashie J A，Runkel M，2007. Sabotaging potential rivals[J]. Social Choice and Welfare，28(1)：143-162.

Aoyagi M，2010. Information feedback in a dynamic tournament[J]. Games and Economic Behavior，70(2)：242-260.

Argyris C, 1957. Personality and organization: the conflict between system and the individual[J]. American Sociological Review, 23(6): 747-748.

Ashford S J, 1986. Feedback-seeking in individual adaptation: a resource perspective[J]. Academy of Management Journal, 29(3): 465-487.

Ashford S J, Blatt R, Vandewalle D, 2003. Reflections on the looking glass: a review of research on feedback-seeking behavior in organizations[J]. Journal of Management, 29(6): 773-799.

Auriol E, Friebel G, Pechlivanos L, 2002. Career concerns in teams[J]. Journal of Labor Economics, 20(2): 289-307.

Balafoutas L, Sutter M, 2012. Affirmative action policies promote women and do not harm efficiency in the laboratory[J]. Science, 335(6068): 579-582.

Bandura A, 1978. The self system in reciprocal determinism[J]. American Psychologist, 33(4): 344-358.

Bandura A, 1986. Social foundations of thought and action: a social cognitive theory[M]. Upper Saddle River: Prentice-Hall.

Bandura A, 1997. Self-efficacy: the exercise of control[M]. London: W. U. Freeman.

Bargh J A, 1989. Conditional automaticity: varieties of automatic influence on social perception and cognition[M]// Uleman J S, Bargh J A. Unintended thought. New York: Guilford Press.

Bargh J A, Chartrand T L, 2000. The mind in the middle: a practical guide to priming and automaticity research[M]. New York: Cambridge University Press.

Bargh J A, Chen M, Burrows L, 1996. Automaticity of social behavior: direct effects of trait construct and stereotype priming on action[J]. Journal of Personality and Social Psychology, 71(2): 230-244.

Baron R M, Kenny D A, 1986. The moderator-mediator variable distinction in social psychological research: conceptual, strategic, and statistical considerations[J]. Journal of Personality and Social Psychology, 51(6): 1173-1182.

Bennett E L, Robinson J G, 2000. Development of a measure of workplace deviance[J]. Journal of Applied Psychology, 85(3): 349-360.

Berger J, Pope D, 2011. Can losing lead to winning?[J]. Management Science, 57(5): 817-827.

Bies R J, 1993. Privacy and procedural justice in organizations[J]. Social Justice Research, 6(1): 69-86.

Bies R J, Moag J S, 1986. Interactional justice: communication criteria of fairness[J]. Research on Negotiation in Organizations, 1: 43-55.

Bing M N, Stewart S M, Davison H K, et al., 2007. An integrative typology of personality assessment for aggression: implications for predicting counterproductive workplace behavior[J]. Journal of Applied Psychology, 92(3): 722-744.

Blanes I, Vidal J, Nossol M, 2011. Tournaments without prizes: evidence from personnel records[J]. Management Science, 57(10): 1721-1736.

Blank H, Biele G, Heekeren H R, et al., 2013. Temporal characteristics of the influence of punishment on perceptual decision making in the human brain[J]. The Journal of Neuroscience, 33(9): 3939-3952.

Blau P M, 1964. Justice in social exchange[J]. Sociological Inquiry, 34(2): 193.

Borman W C, Motowidlo S J, 1993. Expanding the criterion domain to include elements of contextual performance[M]// Schmitt N, Borman W C. Personnel selection in organizations. San Francisco: Jossey-Bass.

Bratton V K, Kacmar K M, 2004. Extreme careerism: the dark side of organizational behavior[M]. San Francisco: Jossey-Bass.

Brown A, Chowdhury S M, 2017. The hidden perils of affirmative action: sabotage in handicap contests[J]. Journal of Economic Behavior and Organization, 133: 273-284.

Brown J, 2011. Quitters never win: the(adverse)incentive effects of competing with superstars[J]. Journal of Political Economy, 119(5): 982-1013.

Bull C, Schotter A, Weigelt K, 1987. Tournaments and piece rates: an experimental study[J]. Journal of Political Economy, 95(1): 1-33.

Calsamiglia C, Franke J, Rey-Biel P, 2013. The incentive effects of affirmative action in a real-effort tournament[J]. Journal of Public Economics, 98: 15-31.

Carpenter J, Matthews P H, Schirm J, 2010. Tournaments and office politics: evidence from a real effort experiment[J]. American Economic Review, 100(1): 1-18.

Cason T N, Masters W A, Sheremeta R M, 2010. Entry into winner-take-all and proportional-prize contests: an experimental study[J]. Journal of Public Economics, 94(9-10): 604-611.

Charness G, Kuhn P, 2010. Lab labor: what can labor economists learn from the lab?[J]. Social Science Electronic Publishing, 4: 229-330.

Charness G, Masclet D, Villeval M C, 2010. Competitive preferences and status as an incentive: experimental evidence[R]. Bonn: Institute of Labor Economics.

Chartrand T L, Dalton A N, Cheng C M, 2007. The antecedents and consequences of nonconscious goal pursuit[M]. New York: Guilford Press.

Che Y K, Gale I L, 1998. Caps on political lobbying[J]. American Economic Review, 88(3): 643-651.

Chen G, Gully S M, Eden D, 2001. Validation of a new general self-efficacy scale[J]. Organizational Research Methods, 4(1): 62-83.

Chen K P, 2003. Sabotage in promotion tournaments[J]. Journal of Law, Economics, and Organization, 19(1): 119-140.

Ch'ng K S, 2013. Mitigating sabotage in tournament: an experimental study[J]. Procedia-Social and Behavioral Sciences, 91: 128-139.

Chowdhury S M, Gürtler O, 2015. Sabotage in contests: a survey[J]. Public Choice, 164(1-2): 135-155.

Chung D J, Narayandas D, 2017. Incentives versus reciprocity: insights from a field experiment[J]. Journal of Marketing Research, 54(4): 511-524.

Collins R L, 1996. For better or worse: the impact of upward social comparisons on self-evaluations[J]. Psychological Bulletin, 119(1): 51-69.

Colquitt J A, 2001. On the dimensionality of organizational justice: a construct validation of a measure[J]. Journal of Applied Psychology, 86(3): 386-400.

Conyon M J, Peck S I, Sadler G V, 2001. Corporate tournaments and executive compensation: evidence from the U.K.[J]. Strategic Management Journal, 22(8): 805-815.

Cropanzano R, Byrne Z S, Bobocel D R, et al., 2001. Moral virtues, fairness heuristics, social entities, and other denizens of organizational justice[J]. Journal of Vocational Behavior, 58(2): 164-209.

Cropanzano R, Goldman B, Folger R, 2005. Self-interest: defining and understanding a human motive[J]. Journal of Organizational Behavior, 26(8): 985-991.

Cropanzano R, Greenberg J, 1997. Progress in organizational justice: tunneling through the maze[J]. International Review of Industrial and Organizational Psychology, 12: 317-372.

Daniel N S, Rebitzer J B, Sanders S, et al., 2002. Monitoring, motivation, and management: the determ inants of opportunistic behavior in a field experiment[J]. American Economic Review, 92(4): 850-873.

De Dreu C K W, Koole S L, Oldersma F L, 1999. On the seizing and freezing of negotiator inferences: need for cognitive closure moderates the use of heuristics in negotiation[J]. Personality and Social Psychology Bulletin, 25(3): 348-362.

Deutsch M, 1973. The resolution of conflict: constructive and destructive processes [M]. New Haven: Yale University Press.

Deutscher C, Schneemann S, 2017. The impact of intermediate information on sabotage in tournaments with heterogeneous contestants[J]. Managerial and Decision Economics, 32(1): 3-12.

DeVries D L, Morrison A M, Shullman S L, et al., 1986. Performance appraisal on the line[M]. Greensboro: Center for Creative Leadership.

Diliello T C, Houghton J D, 2006. Maximizing organizational leadership capacity for the future: toward a model of self-leadership, innovation and creativity[J]. Journal of Managerial Psychology, 21(4): 319-337.

Douglas S C, Martinko M J, 2001. Exploring the role of individual differences in the prediction of workplace aggression[J]. Journal of Applied Psychology, 86(4): 547-559.

Drago R, Garvey G T, 1998. Incentives for helping on the job: theory and evidence[J]. Journal of Labor Economics, 16(1): 1-25.

Dukerich J, Weigelt K, Schotter A, 1990. A game theory analysis of dual discrimination[J]. Organizational Behavior and Human Decision Processes, 47(1): 21-41.

Ederer F P, Fehr E, 2007. Deception and incentives: how dishonesty undermines effort provision[R]. Bonn: Institute of Labor Economics.

Ederer F P, 2010. Feedback and motivation in dynamic tournaments[J]. Journal of Economics and Management Strategy, 19(3): 733-769.

Eriksson D M, 1996. Organization information system: extending organizational coganotion through intelligent artifacts[J]. Journal of Cybernetics, 27(3): 235-264.

Eriksson T, Poulsen A, Villeval M C, 2009a. Feedback and incentives: experimental evidence[J]. Labour Economics, 16(6): 679-688.

Eriksson T, Teyssier S, Villeval M C, 2009b. Self-selection and the efficiency of tournaments[J]. Economic Inquiry, 47(3): 530-548.

Ertac S, 2005. Social comparisons and optimal information revelation: theory and experiments[R]. Los Angeles: University of California.

Falk A, Fehr E, 2003. Why labour market experiments?[J]. Labour Economics, 10(4): 399-406.

Falk A, Ichino A, 2006. Clean evidence on peer effects[J]. Journal of Labor Economics, 24(1): 39-57.

Fallucchi F, Quercia S, 2016. Affirmative action and retaliation in experimental contests[J]. Journal of Economic Behavior and Organization, 156: 23-40.

Farmer S M, Tierney P, Kung-Mcintyre K, 2003. Employee creativity in Taiwan: an application of role identity theory[J]. Academy of Management Journal, 46(5): 618-630.

Fedor D B, Eder R W, Buckley M R, 1989. The contributory effects of supervisor intentions on subordinate feedback responses[J]. Organizational Behavior and Human Decision Processes, 44(3): 396-414.

Fehr E, Falk A, 2002. Psychological foundations of incentives[J]. European Economic Review, 46(5): 687-724.

Fehr E, Schmidt K M, 2004. Fairness and incentives in a multi-task principal-agent model[J]. The Scandinavian Journal of Economics, 106(3): 453-474.

Ferris G R, 1991. Personnel/human resources management: a political influence perspective[J]. Journal of Management, 17(2): 447-488.

Ferris G R, Fedor D B, King T R, 1994. A political conceptualization of managerial behavior[J]. Human Resource Management Review, 4(1): 1-34.

Ferris G R, Harrellcook G, Dulebohn J H, 2000. Organizational politics: the nature of the relationship between politics perceptions and political behavior[J]. Frontiers in Endocrinology, 6(2): 146-159.

Ferris G R, Kacmar K M, 1992. Perceptions of organizational politics[J]. Journal of Management, 18(1): 93-116.

Ferris G R, Treadway D C, Kolodinsky R W, et al., 2005. Development and validation of the political skill inventory[J]. Journal of Management, 31(1): 126-152.

Ferris G R, Russ G S, Fandt P M, 1989. Politics in organizations[M]//Giacalone R A, Rosenfeld P. Impression management in the organization. Hillsdale: Lawrence Erlbaum Associates, Inc.

Fershtman C, Gneezy U, 2011. The tradeoff between performance and quitting in high power tournaments[J]. Journal of the European Economic Association, 9(2): 318-336.

Festinger L, 1957. A theory of cognitive dissonance[M]. Redwood City: Stanford University Press.

Flaherty S, Moss S A, 2007. The impact of personality and team context on the relationship between workplace injustice and counterproductive work behavior[J]. Journal of Applied Psychology, 37(11): 2549-2575.

Folger R, Baron R A, 1996. Violence and hostility at work: a model of reactions to perceived injustice[C]//VanderBos G R, Bulatao E Q. Violence on the job: identifying risks and developing solutions, Washington, D. C.: American Psychological Association.

Fox S, Spector P E, 2005. Counterproductive work behavior: investigation of actors and targets[M]. Washington: American Psychological Association.

Frank R, 1985. The demand for unobservable and other nonpositional goods [J]. American Economic Review, 75(1): 101-116.

Franke J, 2012. The incentive effects of levelling the playing field: an empirical analysis of amateur golf tournaments[J]. Applied Economics, 44(9): 1193-1200.

Fryer R G, Loury G C, 2005. Affirmative action in winner-take-all markets[J]. Journal of Economic Inequality, 3(3): 263-280.

Fu Q, 2006. A theory of affirmative action in college admissions[J]. Social Science Electronic Publishing, 44(3): 420-428.

Fuchs W, 2007. Contracting with repeated moral hazard and private evaluations job market paper[J]. American Economic Review, 97(4): 1432-1448.

Gandz J, Murray V V, 1980. The experience of workplace politics[J]. Academy of Management Journal, 23(2): 237-251.

Garicano L, Palacios-Huerta I, Prendergast C, 2005. Favoritism under social pressure[J]. Review of Economics and Statistics, 87(2): 208-216.

Genntry W A, Harris L S, Nowicki S, 2007. Recognition of emotion in facial expressions and resident advisor effectiveness[J]. Journal of College and University Student Housing, 34(2): 61-69.

George J M, Zhou J, 2001. When openness to experience and conscientiousness are related to creative behavior: an interactional approach[J]. Journal of Applied Psychology, 86(3): 513-524.

Gibbons F X, Bergan M R, Blanton H, et al., 2002. Comparison-level preferences after performance: is downward comparison theory still useful?[J]. Journal of Personality and Social Psychology, 83(4): 865-880.

Gibbs M J, 1991. An economic approach to process in pay and performance appraisals[R]. Chicago: University of Chicago.

Gill D, Prowse V, 2012. A structural analysis of disappointment aversion in a real effort competition[J]. American Economic Review, 102(1): 469-503.

Gillis W E, McEwan E, Crook T R, et al., 2011. Using tournaments to reduce agency problems: the case of franchising[J].

Entrepreneurship Theory and Practice, 35: 427-447.

Gilmore D C, Ferris G R, Dulebohn J H, et al., 1996. Organizational Politics and Employee Attendance[J]. Group and Organization Management, 21(4): 481-494.

Gneezy U, Rustichini A, 2000. Pay enough or don't pay at all[J]. Quarterly Journal of Economics, 115(3): 791-810.

Goltsman M, Mukherjee A, 2011. Interim performance feedback in multistage tournaments: the optimality of partial disclosure[J]. Journal of Labor Economics, 29(2): 229-265.

Green J, Stokey N, 1983. A Comparison of Tournaments and Contracts[J]. Journal of Political Economy, 91(3): 349-364.

Greenberg J, 1990. Employee theft as a reaction to underpayment inequity: the hidden cost of pay cuts[J]. Journal of Applied Psychology, 75: 561-568.

Greenberg J, 1993. The social side of fairness: interpersonal and informational classes of organizational justice[M]//Corponzona R. Justice in the workplace: approaching fairness in human resource management. Hillsdale: Lawrence Erlbaum Associates, Inc.

Greenberger D B, Strasser S, Cummings L L, et al., 1989. The impact of personal control on performance and satisfaction[J]. Organizational Behavior and Human Decision Processes, 43(1): 29-51.

Greller M M, Herold D M, 1975. Sources of feedback: a preliminary investigation[J]. Organizational Behavior and Human Performance, 13(2): 244-256.

Gruys M L, Sackett A P R, 2010. Investigating the dimensionality of counterproductive work behavior[J]. International Journal of Selection and Assessment, 11(1): 30-42.

Gürtler O, Harbring C, 2010. Feedback in tournaments under commitment problems: theory and experimental evidence[J]. Journal of Economics and Management Strategy, 19(3): 771-810.

Gürtler O, Münster J, 2010. Sabotage in dynamic tournaments[J]. Journal of Mathematical Economics, 46(2): 179-190.

Gürtler O, Münster J, Nieken P, 2013. Information policy in tournaments with sabotage[J]. Scandinavian Journal of Economics, 115(3): 932-966.

Harbring C, Irlenbusch B, 2003. An experimental study on tournament design[J]. Labour Economics, 10(4): 443-464.

Harbring C, Irlenbusch B, 2005. Incentives in tournaments with endogenous prize selection[J]. Journal of Institutional and Theoretical Economics, 161(4): 636-663.

Harbring C, Irlenbusch B, 2008. How many winners are good to have? On tournaments with sabotage[J]. Journal of Economic Behavior and Organization, 65(3): 682-702.

Harbring C, Irlenbusch B, Kräkel M, et al., 2007. Sabotage in corporate contests: an experimental analysis[J]. International Journal of the Economics of Business, 14(9): 367-392.

Harris C, Vickers J, 1985. Perfect equilibrium in a model of a race[J]. Review of Economic Studies, 52(2): 193-209.

Harris K J, Kacmar K M, Zivnuska S, et al., 2007. The impact of political skill on impression management effectiveness[J]. Journal of Applied Psychology, 92(1): 278-285.

Harris L C, Ogbonna E, 2006. Service sabotage: a study of antecedents and consequences[J]. Journal of the Academy of Marketing Science, 34(4): 543-558.

Hochwarter W A, Kiewitz C, Castro S L, et al., 2003. Positive affectivity and collective efficacy as moderators of the relationship between perceived politics and job satisfaction[J]. Journal of Applied Social Psychology, 33(5): 1009-1035.

Hofstede G, 1993. Cultural constraints in management theories[J]. The Academy of Management Executive, 7(1): 81-94.

Hollinger R C, Clark J P, 1983. Deterrence in the workplace: perceived certainty, perceived severity, and employee theft[J]. Social

Forces，62(2)：398-418.

Ilgen D R，Fisher C D，Taylor S M，1979. Consequences of individual feedback on behavior in organizations[J]. Journal of Applied Psychology，64(4)：349-371.

Ilgen D R，Hamstra B W，1972. Performance satisfaction as a function of the difference between expected and reported performance at five levels of reported performance[J]. Organizational Behavior & Human Performance，7(3)：359-370.

Ilgen D R，Moore C F，1987. Types and choices of performance feedback[J]. Journal of Applied Psychology，72(3)：401-406.

Irlenbusch B，Sliwka D，2006. Career concerns in a simple experimental labour market[J]. European Economic Review，50(1)：147-170.

Ishida J，2012. Dynamically sabotage-proof tournaments[J]. Journal of Labor Economics，30(3)：627-655.

Johnson T J，Feigenbaum R，Weiby M，1964. Some determinants and consequences of the teacher's perception of causation[J]. Journal of Educational Psychology，55(5)：237.

Kahneman D，Tversky A，1979. Prospect theory：an analysis of decision under risk[J]. Econometrica，47(2)：263-291.

Kanagaretnam K，Mestelman S，Nainar K，et al.，2009. The impact of social value orientation and risk attitudes on trust and reciprocity[J]. Journal of Economic Psychology，30(3)：368-380.

Karagonlar G，Kuhlman D M，2013. The role of social value orientation in response to an unfair offer in the ultimatum game[J]. Organizational Behavior and Human Decision Processes，120(2)：228-239.

Kazan A L，1999. Exploring the concept of self-leadership：factors impacting self-leadership of ohio americorps members[D]. Columbus：Ohio State University.

Kiewitz C，Hochwarter W A，2002. Aggression and violence in the workplace[M]// Ferris G R，Buckley M R，Fedor D B. Human resources management：perspectives，context，functions，and outcomes. Upper Saddle River：Prentice-Hall.

Kipnis D，Schmidt S M，Wilkinson I，1980. Intraorganizational influence tactics：explorations in getting one's way[J]. Journal of Applied Psychology，65(4)：440-452.

Kirkegaard R，2012. Favoritism in asymmetric contests：head starts and handicaps[J]. Games and Economic Behavior，76：226-248.

Klein A H，Schmutzler A，2016. Optimal effort incentives in dynamic tournaments[J]. Games and Economic Behavior，103：199-224.

Klein D B，O'Flaherty B，1993. A game-theoretic rendering of promises and threats[J]. Journal of Economic Behavior and Organization，21(3)：295-314.

Klumpp T，Polborn M K，2006. Polborn primaries and the new hampshire effect[J]. Journal of Public Economics，90(6-7)：1073-1114.

Knoeber C R，Thurman W N，1994. Testing the theory of tournaments：an empirical analysis of broiler production[J]. Journal of Labor Economics，12(2)：155-179.

Konrad J，2000. Assessment and verification of national vocational qualifications：policy and practice[J]. Journal of Vocational Education and Training，52(2)：225-243.

Konrad K A，2000. Sabotage in rent-seeking contests[J]. Journal of Law，Economics，and Organization，16：155-165.

Konrad K A，2007. Strategy in contests：an introduction [J]. Discussion Papers Research Unit Market Processes and Governance，13(3)：138-151.

Kräkel M，2005. Helping and sabotaging in tournaments[J]. International Game Theory Review，7(2)：211-228.

Kräkel M，2007. Emotions in tournaments[J]. Journal of Economic Behavior and Organization，67(1)：204-214.

Kramer L A，Weber J M，2012. This is your portfolio on winter：seasonal affective disorder and risk aversion in financial decision making[J]. Social Psychological and Personality Science, 3 (2): 193-199.

Kruglanski A W, Webster D M, 1996. Motivated closing of the mind: seizing and freezing[J]. Psychological Review, 103 (2): 263-283.

Laird M D, Ferris G R, Zboja J J, 2012. Partial mediation of the political skill-reputation relationship[J]. Career Development International, 17 (6): 557-582.

Lakhani K, Lifshitz-Assaf H, Tushman M, 2013. Open innovation and organizational boundaries: the impact of task decomposition and knowledge distribution on the locus of innovation[M]// Grandori A. Handbook of economic organization: integrating economic and organizational theory. London: Edward Elgar Publishing.

Lazear E P, 1989. Pay equality and industrial politics[J]. Journal of Political Economy, 97 (3): 561-580.

Lazear E P, 2008. Personnel economics[J]. Social Science Electronic Publishing, 10 (4): 199-236.

Lazear E P, Oyer P, 2004. Internal and external labor markets: a personnel economics approach[J]. Labour Economics, 11 (5): 527-554.

Lazear E P, Rosen S, 1981. Rank-order tournaments as optimum labor contracts[J]. Journal of Political Economy, 89 (5): 841-864.

Leary M R, 1983. A brief version of the fear of negative evaluation scale[J]. Personality and Social Psychology Bulletin, 9 (3): 371-375.

Leibbrandt A, Wang L C, Foo C, 2015. Gender quotas, competitions, and peer review: experimental evidence on the backlash against women[J]. Management Science, 64 (8): 3501-3516.

Leventhal G S, Karuza J, Fry W R, 1980. Beyond fairness: a theory of allocation preferences[J]. Justice and Social Interaction, 3: 167-218.

Levin H, Wardwell E, 1962. The research uses of doll play[J]. Psychological Bulletin, 59 (1): 27-56.

Lewin K, 1936. Principles of topological psychology[M]. New York: McGraw-Hill.

Liden R C, Mitchell T R, 1985. Reactions to feedback: the role of attributions[J]. Academy of Management Journal, 28 (2): 291-308.

Linderbaum B A, Levy P E, 2010. The development and validation of the feedback orientation scale (FOS) [J]. Journal of Management Official Journal of the Southern Management Association, 36 (6): 1372-1405.

Locke E A, Latham G P, 1990. A theory of goal setting and task performance[M]. Upper Saddle River: Prentice Hall.

Locke E A, Latham G P, 2004. What should we do about motivation theory?Six recommendations for the twenty-first century[J]. Academy of Management Review, 29 (3): 388-403.

Logan M, 2010. Simple frequency analysis[M]// Logan M. Biostatistical design and analysis using r: a practical guide. Oxford: Wiley-Blackwell.

London M, Smither J W, 2002. Feedback orientation, feedback culture, and the longitudinal performance management process[J]. Human Resource Management Review, 12 (1): 81-100.

Longenecker C O, Sims H P, Gioia D A, 1987. Behind the mask: the politics of employee appraisal[J]. The Academy of Management Executive, 1 (3): 183-193.

Ludwig S, Lünser G K, 2012. Observing your competitor: the role of effort information in two-stage tournaments[J]. Journal of Economic Psychology, 33 (1): 166-182.

Lundquist T, Ellingsen T, Gribbe E, et al., 2009. The aversion to lying[J]. Journal of Economic Behavior and Organization, 70 (1): 81-92.

Malhotra D, 2010. The desire to win: the effects of competitive arousal on motivation and behavior[J]. Organizational Behavior and

Human Decision Processes, 111(2): 139-146.

Manz C C, 1986. Self-leadership: toward an expanded theory of self-influence processes in organizations[J].Academy of Management Review, 11: 585-600.

Masterson S S, Lewis K, Goldman B M, et al., 2000. Integrating justice and social exchange: the differing effects of fair procedures and treatment on work relationships[J]. Academy of Management Journal, 43(4): 738-748.

Mayes A, Beaumont G, 1977. Does visual evoked potential asymmetry index cognitive activity?[J]. Neuropsychologia, 15(2): 249-256.

McClintock C, 1976. Social motivations in settings of outcome interdependence[M]. Beverly Hills: Sage Publications.

McCrary J, 2007. The effect of court-ordered hiring quotas on the composition and quality of police[J]. American Economic Review, 97(1): 318-353.

Miller D T, Ross M, 1975. Self-serving biases in the attribution of causality: fact or fiction?[J]. Psychological Bulletin, 82(2): 213-225.

Mintzberg H, 2004. Leadership and management development: an afterword[J]. The Academy of Management Executive, 18(3): 140-142.

Molm L D, Takahashi N, Peterson G, 2000. Risk and trust in social exchange: an experimental test of a classical proposition[J]. American Journal of Sociology, 105(5): 1396-1427.

Moorman R H, 1991. Relationship between organizational justice and organizational citizenship behaviors: do fairness perceptions influence employee citizenship?[J]. Journal of Applied Psychology, 76(6): 845-855.

Morrison E W, Robinson S L, 1997. When employees feel betrayed: a model of how psychological contract violation develops[J]. Academy of Management Review, 22(1), 226-256.

Müller G F, Georgianna S, Roux G, 2010. Self-leadership and physical vitality[J]. Psychological Reports, 107(2): 383-392.

Münster J, 2007. Selection tournaments, sabotage and participation[J]. Journal of Economics and Management Strategy, 16(4): 943-970.

Murphy K R, Cleveland J N, 1995a. Performance appraisal: an organizational perspective[M]. Boston: Allyn and Bacon.

Murphy K R, Cleveland J N, 1995b. Understanding performance appraisal: social, organizational, and goal-based perspectives[M]. New York: Sage Publications.

Nagin D S, Rebitzer J B, Sanders S, et al., 2002. Monitoring, motivation, and management: the determinants of opportunistic behavior in a field experiment[J]. American Economic Review, 92(4): 850-873.

Nalebuff B J, Stiglitz J E, 1983. Prizes and incentives: towards a general theory of compensation and competition[J]. Bell Journal of Economics, 14(1): 21-43.

O'Keefe M, Viscusi W K, Zeckhauser R J, 1984. Economic contests: comparative reward schemes[J]. Journal of Labor Economics, 2(1): 27-56.

O'Reilly III C A, Main B G, Crystal G S, 1988. CEO compensation as tournament and social comparison: a tale of two theories[J]. Administrative Science Quarterly, 33(2): 257-274.

Orrison A, Schotter A, Weigelt K W, 2004. Multiperson tournaments: an experimental examination[J]. Management Science, (6): 67-89.

Orrison E A, Schotter A, Weigelt K W, 1998. On the design of optimal organizations using tournaments: an experimental examination[J]. Social Science Electronic Publishing, 97(4): 1191-1198.

Parsons C K, Herold D M, Leatherwood M L, 1985. Turnover during initial employment: a longitudinal study of the role of causal attributions[J]. Journal of Applied Psychology, 70(2): 337-341.

Perrewé P L, Zellars K L, Ferris G R, et al., 2004. Neutralizing job stressors: political skill as an antidote to the dysfunctional consequences of role conflict[J]. Academy of Management Journal, 47(1): 141-152.

Pfeffer J, 1981. Power in organizations[M]. Boston: Pitman.

Podsakoff P M, Farh J L, 1989. Effects of feedback sign and credibility on goal setting and task performance[J]. Organizational Behavior and Human Decision Processes, 44(1): 45-67.

Porter L W, Crampon W J, Smith F J, 1976. Organizational commitment and managerial turnover: a longitudinal study[J]. Organizational Behavior and Human Performance, 15(1): 87-98.

Preacher K J, Hayes A F, 2004. SPSS and SAS procedures for estimating indirect effects in simple mediation models[J]. Behavior Research Methods, Instruments and Computers, 36(4): 717-731.

Prussia G E, Anderson J S, Manz C C, 1998. Self-leadership and performance outcomes: the mediating influence of self-efficacy[J]. Journal of Organizational Behavior, 19(5): 523-538.

Puccinelli N M, Goodstein R C, Grewal D, et al., 2009. Customer experience management in retailing: understanding the buying process[J]. Journal of Retailing, 85(1): 15-30.

Robinson S L, Bennett R J, 1995. A typology of deviant workplace behaviors: a multidimensional scaling study[J]. Academy of Management Journal, 38(2): 555-572.

Robinson S L, Kraatz M S, Rousseau D M, 1994. Changing obligations and the psychological contract: a longitudinal study[J]. Academy of Management Journal, 37(1): 137-152.

Rosaz J, 2012. Biased information and effort[J]. Economic Inquiry, 50(2): 484-501.

Runkel M, 2006. Optimal contest design, closeness and the contest success function[J]. Public Choice, 129(1-2): 217-231.

Sander R H, 2004. A systemic analysis of affirmative action in American law schools[J]. Stanford Law Review, 57(2): 367-483.

Sansone C, 1986. A question of competence: the effects of competence and task feedback on intrinsic interest[J]. Journal of Personality and Social Psychology, 51(5): 918–931.

Sayegh L, Anthony W P, Perrewé P L, 2004. Managerial decision-making under crisis: the role of emotion in an intuitive decision process[J]. Human Resource Management Review, 14(2): 179-199.

Schotter A, Weigelt K, 1992. Asymmetric tournaments, equal opportunity laws, and affirmative action: some experimental results[J]. Quarterly Journal of Economics, 107(2): 511-539.

Sela A, Lizzeri A, Shell K, 2002. Contest architecture[J]. Journal of Economic Theory, 126(1): 70-96.

Shantz A, Latham G P, 2009. An exploratory field experiment of the effect of conscious and subconscious goals on employee performance[J]. Organizational Behavior and Human Decision Processes, 109(1): 9-17.

Shantz A, Latham G, 2011. The effect of primed goals on employee performance: implications for human resource management[J]. Human Resource Management, 50(2): 289-299.

Shaw J D, Gupta N, 2007. Pay system characteristics and quit patterns of good, average, and poor performers[J]. Personnel Psychology, 60(4): 903-928.

Skaperdas S, Grofman B, 1995. Modeling negative campaigning[J]. American Political Science Review, 89(1): 49-61.

Skarlicki D P, Folger R, 1997. Retaliation in the workplace: the roles of distributive, procedural, and interactional justice[J]. Journal of Applied Psychology, 82(3): 734-443.

Smith R E, Sarason I G, 1975. Social anxiety and the evaluation of negative interpersonal feedback[J]. Journal of Consulting and Clinical Psychology, 43(3): 429.

So T, Brown P, Chaudhuri A, et al., 2017. Piece-rates and tournaments: implications for learning in a cognitively challenging task[J]. Journal of Economic Behavior and Organization, 142: 11-23.

Soubeyran R, 2009. Contest with attack and defense: does negative campaigning increase or decrease voter turnout? [J]. Social Choice and Welfare, 32(3): 337-353.

Sowell T, 2004. Affirmative action around the world: an empirical study[M]. New Haven: Yale University Press.

Stajkovic A D, Locke E A, Blair E S, 2006. A first examination of the relationships between primed subconscious goals, assigned conscious goals, and task performance[J]. Journal of Applied Psychology, 91(5): 1172-1180.

Stajkovic A D, Luthans F, 1998. Self-efficacy and work-related performance: a meta-analysis[J]. Psychological Bulletin, 124(2): 240.

Steele C M, Aronson J A, 2004. Stereotype threat does not live by Steele and Aronson (1995) alone[J]. American Psychologist, 59(1): 47-48.

Steelman L A, Levy P E, Snell A F, 2004. The feedback environment scale: construct definition, measurement, and validation[J]. Educational and Psychological Measurement, 64(1): 165-184.

Stone C J, 1985. Additive regression and other nonparametric models[J]. Annals of Statistics, 13(2): 689-705.

Subhasish M C, Oliver G, 2015. Sabotage in contests: a survey[J]. Public Choice, 164: 135-155.

Sunde U, Taylor M P, 2009. Heterogeneity and performance in tournaments: a test for incentive effects using professional tennis data[J]. Applied Economics, 41(25): 3199-3208.

Sutter M, Strassmair C, 2009. Communication, cooperation and collusion in team tournaments: an experimental study[J]. Games and Economic Behavior, 66(1): 506-525.

Terwiesch C, Xu Y, 2008. Innovation contests, open innovation, and multiagent problem solving[J]. Management Science, 54(9): 1529-1543.

Thibaut J W, Walker L, 1975. Procedural justice: a psychological analysis[M]. New York: Halsted Press.

Thompson M N, Dahling J J, 2012. Perceived social status and learning experiences in social cognitive career theory[J]. Journal of Vocational Behavior, 80(2): 351-361.

Tong K, Leung K, 2002. Tournament as a motivational strategy: extension to dynamic situations with uncertain duration[J]. Journal of Economic Psychology, 23(3): 399-420.

Treadway D C, Ferris G R, Hochwarter W, et al., 2005. The role of age in the perceptions of politics—job performance relationship: a three-study constructive replication.[J]. Journal of Applied Psychology, 90(5): 872-881.

Treadway D C, Hochwarter W A, Ferris G R, et al., 2004. Leader political skill and employee reactions[J]. Leadership Quarterly, 15(4): 493-513.

Tsoulouhas T, Marinakis K, 2007. Tournaments with ex post heterogeneous agents[J]. Economics Bulletin, 4(41): 1-9.

Tversky A, Kahneman D, 1992. Advances in prospect theory: cumulative representation of uncertainty[J]. Journal of Risk and Uncertainty, 5(4): 297-323.

Van Dijk F, Sonnemans J, Van Winden F, 2001. Incentive systems in a real effort experiment[J]. European Economic Review, 45(2): 187-214.

Van Horssen S, 2010. Tournament theory in practice: appraisal system evaluation[D]. Rotterdam: Erasmus University.

Vandegrift D, Brown P M, 2003. Task difficulty, incentive effects, and the selection of high-variance strategies: an experimental examination of tournament behavior[J]. Labour Economics, 10(4): 481-497.

Vandegrift D, Yavas A, 2010. An experimental test of sabotage in tournaments[J]. Journal of Institutional and Theoretical Economics, 166(2): 259-285.

Vandegrift D, Yavas A, Brown P M, 2007. Incentive effects and overcrowding in tournaments: an experimental analysis[J]. Experimental Economics, 10(4): 345-368.

Vroom V H, 1964. Work and Motivation[M]. New York: Wiley.

Warren D E, 2003. Constructive and destructive deviance in organizations[J]. The Academy of Management Review, 28(4): 622-632.

Watkins K E, Marsick V J, 2003. Summing up: demonstrating the value of an organization's learning culture[J]. Advances in Developing Human Resources, 5(2): 129-131.

Watson D, Friend R, 1969. Measurement of social-evaluative anxiety[J]. Journal of Consulting and Clinical Psychology, 33(4): 448.

Weigelt K, Dukerich J, Schotter A, 1989. Reactions to discrimination in an incentive pay compensation scheme: a game-theoretic approach[J]. Organizational Behavior and Human Decision Processes, 44(1): 26-44.

Weitzman M L, 1980. The "ratchet principle" and performance incentives[J]. The Bell Journal of Economics, 11(1): 302-308.

Williams J R, Miller C, Steelman L A, et al., 1999. Increasing feedback seeking in public contexts: it takes two (or more) to tango[J]. Journal of Applied Psychology, 84: 969-976.

Williams L J, Anderson S E, 1991. Job satisfaction and organizational commitment as predictors of organizational citizenship and in-role behaviors[J]. Journal of Management, 17(3): 601-617.

Yumoto Y, 2003. Risk preference, correlation choice, sabotage, and the design of promotion tournaments[D]. Raleigh: North Carolina State University.

附录1 第3章实验材料

A1.1 实验指导语(以实验3为例)

各位同学:

你们好! 欢迎并感谢你们参与此次实验活动。由于本次实验的奖品是现金,而现金发放需要在学校财务处报账,所以需要各位同学在股票预测表上认真填写自己的姓名和学号。

同时为了保证实验结果的真实性与有效性,请大家在实验期间不要相互交流,并保持手机静音。非常感谢你的配合!

基本情况及奖金规则说明:

(1)实验每两人一组,共有10~20轮。每轮有两阶段。

(2)本次实验主要依据同学们对股票价格预测的准确度来判断输赢。例如股票实际价格为81,你预测的价格为70,而你的对手的预测价格为85。你的差值绝对值=|股票实际价格-预测价格|,此时你的差值绝对值=|81-70|=11,而对手差值绝对值=4,则对手预测得更为精确。

(3)本实验根据你每轮绩效总和(差值绝对值总和)来判断每轮输赢情况。

差值绝对值总和=阶段一差值绝对值+阶段二差值绝对值+被拆台个数

拆台可以直接影响对手的预测结果,但是也会造成自身成本的增加影响自身收益(拆台每单位成本为0.05,选择3个单位拆台,成本即为0.15)。

(4)赢家将获得实验币 M=1.3,输家将获得实验币 m=0.7。

(5)每轮收益为 M 或 $m-0.05\times n$ (0.05为每单位拆台成本, n 为拆台个数)。

(6)10~20轮结束之后,计算总收益。

实验流程:

(1)实验开始之前,你有10分钟时间观察数据关系表。数据关系表中的每一行为一组,具体为股票价格受每一行中的因素1和因素2影响。每一行都遵循某种特定关系,且各列之间无直接关系。

(2)进入预实验。预实验成绩不计入总收益。此时,电脑屏幕会公布第一阶段因素1和因素2。你根据之前猜测的规律来预测本阶段股票价格。(时间为2分钟)

(3)2分钟之后,电脑会给你反馈如下信息:

股票实际价格;

第一阶段预测的股票差值绝对值=|股票实际价格-预测价格|;

对手差值绝对值。

(4)根据电脑反馈的信息及公布的第二阶段的因素1和因素2,预测第二阶段股票价格。随后决定是否要对对手拆台；若拆台，则需选择拆台个数。

注意：拆台可以直接影响对手的预测结果，但是也会造成成本的增加而影响收益（根据绩效总和公式、收益公式）。

（5）两阶段结束之后，电脑会反馈如下信息：

股票实际价格、第二阶段差值绝对值、两阶段绩效总和（差值绝对值总和）、被拆台个数；

输赢情况、本轮收益、累计收益。

（6）如此循环 10～20 轮游戏，总收益较大者获胜。

A1.2　数据关系表

序号	因素 1	因素 2	股票实际价格
1	18	78	80
2	90	19	54
3	86	22	61
4	25	77	80
5	70	38	66
6	30	64	72
7	82	10	47
8	29	80	79
9	53	44	64
10	10	98	92

A1.3　调　查　问　卷

亲爱的同学：

非常感谢你参与我们的实验，现在我们需要你填写一张调查表，请如实填写。我们保证这些信息仅用于学术研究，不做其他用途。

第一部分

请根据你的实际情况勾选或者填写。

1. 你在实验中的序号是＿＿＿＿＿＿＿。

2. 你的性别：＿＿＿＿＿＿＿。

A. 男　　　　　　　B. 女

3. 你的年龄是多少？（　　　　）

A. 20 岁以下　　　B. 20～23 岁　　　　　C. 24～27 岁　　　　　D. 27 岁以上

4. 你的专业：＿＿＿＿＿＿＿。

5. 你平均每个月的生活开支是多少？（　　　　）

A. 600 元以下　　　　　　　　　B. 600～1000 元

C. 1000～1500 元　　　　　　　　　　D. 1500～2000 元

E. 2000 元以上

6. 除了国家补贴，你的生活来源主要是？（　　　　）

A. 主要靠家里人支持　　　　　　　　B. 主要靠勤工俭学或校外实习

7. 你认为系统反馈给你的配对成员的差值绝对值是真实的吗？（　　　　）

A. 真实　　　　　　　　　　　　　　B. 不真实

第二部分

下面有 9 个矩阵，每个矩阵中横向的两个数字分别代表你和另一个人的收益，A、B、C 为三种方案，请按照你的真实想法，在每个矩阵中选择你最希望采取的收益分配方案并打勾（单选）。

1.	你的收益	对方收益		2.	你的收益	对方收益
A.	50	20		A.	70	40
B.	40	0		B.	60	15
C.	40	40		C.	60	60
3.	你的收益	对方收益		4.	你的收益	对方收益
A.	60	30		A.	50	15
B.	50	10		B.	40	0
C.	50	50		C.	40	40
5.	你的收益	对方收益		6.	你的收益	对方收益
A.	80	50		A.	60	25
B.	70	30		B.	50	10
C.	70	70		C.	50	50
7.	你的收益	对方收益		8.	你的收益	对方收益
A.	50	25		A.	70	40
B.	40	10		B.	60	10
C.	40	40		C.	60	60
9.	你的收益	对方收益				
A.	60	35				
B.	50	15				
C.	50	50				

第三部分

假设你通过某项努力获得了200元。这时有一个"投资"项目出现：有二分之一的可能性为你的投资金额将翻一番还要多（投资回报率为110%）；同样有二分之一的可能性为你的投资金额将全部无法收回（投资回报率为-100%）。

比如：如果将全部200元用于投资（100%），你将各有二分之一的机会获得420元或者0元。如果你将200元中的100元用于投资（50%），首先不用于投资的100元得以保留，再加上各有二分之一的机会获得210元或者0元，你的总收益将是310元或者100元。如果不参加该项投资（0%），你将获得确定的200元。

如果立即给你反馈结果并得到收益，你会拿出200元中的百分之多少进行投资？（单选）。（　　　　　）

A. 100%（一半的可能获得420元，一半的可能获得0元）

B. 90%（一半的可能获得398元，一半的可能获得20元）

C. 80%（一半的可能获得376元，一半的可能获得40元）

D. 70%（一半的可能获得354元，一半的可能获得60元）

E. 60%（一半的可能获得332元，一半的可能获得80元）

F. 50%（一半的可能获得310元，一半的可能获得100元）

G. 40%（一半的可能获得288元，一半的可能获得120元）

H. 30%（一半的可能获得266元，一半的可能获得140元）

I. 20%（一半的可能获得244元，一半的可能获得160元）

J. 10%（一半的可能获得222元，一半的可能获得180元）

K. 0%（不参与投资，得到确定的200元）

第四部分

请你根据真实想法选择合适的程度：1代表一点也不符合，2代表稍微不符合，3代表基本符合，4代表比较符合，5代表完全符合。

1. 我担心别人对我的看法，即使我知道这其实没什么关系。　　　　（1　2　3　4　5）

2. 即便我知道别人对我有不好的印象，我也毫不在意。　　　　　（1　2　3　4　5）

3. 我非常担心别人注意到我的缺点。　　　　　　　　　　　　　（1　2　3　4　5）

4. 我很少担心我给别人留下了什么样的印象。　　　　　　　　　（1　2　3　4　5）

5. 我担心别人不支持我。　　　　　　　　　　　　　　　　　　（1　2　3　4　5）

6. 我担心别人发现我的错误。　　　　　　　　　　　　　　　　（1　2　3　4　5）

7. 别人对我的评价不会影响我。　　　　　　　　　　　　　　　（1　2　3　4　5）

8. 当我与别人交流时，我会担心别人对我的看法。　　　　　　　（1　2　3　4　5）

9. 我经常担心我给别人留下了什么样的印象。　　　　　　　　　（1　2　3　4　5）

10. 即便我知道别人正在对我进行评价，也不会对我有什么影响。（1　2　3　4　5）

11. 有时候我太在意别人对我的看法。　　　　　　　　　　　　　（1　2　3　4　5）

12. 我经常担心我会说错话或做错事。   (1 2 3 4 5)

13. 我能够完成我为自己设定的大多数目标。   (1 2 3 4 5)

14. 当面对有难度的任务时，我确定我能够完成它。   (1 2 3 4 5)

15. 通常情况下，我认为我能够获得那些对我重要的结果。   (1 2 3 4 5)

16. 我相信若我决心尽我最大的努力，我会成功。   (1 2 3 4 5)

17. 我能够成功克服很多挑战。   (1 2 3 4 5)

18. 我自信我能够很有效率地完成不同的任务。   (1 2 3 4 5)

19. 与其他人相比，我在大多数任务上面都完成得很好。   (1 2 3 4 5)

20. 即使事情很复杂，我也能够很好地处理。   (1 2 3 4 5)

附录 2　第 4 章实验材料

A2.1　实验指导语(以实验 1 为例)

各位同学:

你们好! 欢迎并感谢你们参与此次实验活动。

本次实验主要依据你们两个阶段对股票价格预测的准确度来判断输赢。无论是赢家还是输家,为表感谢,我们都有精美礼品相送!

实验具体程序如下:

(1)实验开始后,每位同学将有 10 分钟的时间观察股票价格预测表。表中的每一行为一组,具体为股票价格受每一行中的因素 1 和因素 2 影响。每一行都遵循某种特定关系,且各列之间无直接关系。

(2)10 分钟后,实验助理员分发股票预测表并公布第一阶段因素 1 和因素 2。每位同学将有 2 分钟预测股票价格,并填写在表中。2 分钟后,实验助理员公布股票实际价格,每位同学计算差值绝对值,并填入表中。

(3)2 分钟预测时间结束后,每位同学有 1 分钟的时间选择拆台①个数。例如:拆台个数为 2,则竞争对手的差值绝对值增加 2,但与此同时,实施拆台者的成本相应增加,每个拆台成本为 0.05。

(4)预测结束后,实验助理员公布第二阶段因素 1 和因素 2。每位同学有 2 分钟时间预测第二阶段的股票价格。

(5)2 分钟后实验助理员公布正确价格,各同学计算其本阶段差值绝对值。

(6)两阶段结束后,计算差值绝对值总和。

　　　　差值绝对值总和=阶段一差值绝对值+阶段二差值绝对值+被拆台个数

差值绝对值小者获得,得到 $M=1.3$,差值绝对值大者获得 $m=0.7$。最后收入为 M 或 $m-0.05\times n$。此轮实验结束。

(7)如此重复。总收入最大者获胜。

请特别注意以下事项:

(1)每轮实验有两阶段,两人一组。

(2)拆台行为只能在第一阶段结束后进行,其余时间均不可。

(3)为防止两阶段结束后被试修改拆台个数或其他数据,各数据填写后均不得修改,否则作废。

---

① 拆台即为了降低对方绩效水平所采取的破坏行动,如故意封锁一些公共信息、传播错误的信息、损害对手的工作工具以及破坏对手的劳动成果等行为。

A2.2　股票价格预测表（实验1：信息未公开，拆台成本=0.05）

序号：　　　　　姓名：　　　　　电话：　　　　　收入总和：

	因素1	因素2	预测价格	实际价格	差值绝对值	被拆台个数	差值总和
0 第一阶段			（　　）		（　　）	（　　）	
0 第二阶段			（　　）		（　　）		（　　）
	$M=1.3-m=0.7-$拆台个数（　　）$\times 0.05$				=	（　　）	

	因素1	因素2	预测价格	实际价格	差值绝对值	被拆台个数	差值总和
1 第一阶段			（　　）		（　　）	（　　）	（　　）
1 第二阶段			（　　）		（　　）		
	$M=1.3-m=0.7-$拆台个数（　　）$\times 0.05$				=	（　　）	

	因素1	因素2	预测价格	实际价格	差值绝对值	被拆台个数	差值总和
2 第一阶段			（　　）		（　　）	（　　）	（　　）
2 第二阶段			（　　）		（　　）		
	$M=1.3-m=0.7-$拆台个数（　　）$\times 0.05$				=	（　　）	

	因素1	因素2	预测价格	实际价格	差值绝对值	被拆台个数	差值总和
3 第一阶段			（　　）		（　　）	（　　）	（　　）
3 第二阶段			（　　）		（　　）		
	$M=1.3-m=0.7-$拆台个数（　　）$\times 0.05$				=	（　　）	

	因素1	因素2	预测价格	实际价格	差值绝对值	被拆台个数	差值总和
4 第一阶段			（　　）		（　　）	（　　）	
4 第二阶段			（　　）		（　　）		
	$M=1.3-m=0.7-$拆台个数（　　）$\times 0.05$				=	（　　）	

	因素1	因素2	预测价格	实际价格	差值绝对值	被拆台个数	差值总和
5 第一阶段			（　　）		（　　）	（　　）	（　　）
5 第二阶段			（　　）		（　　）		
	$M=1.3-m=0.7-$拆台个数（　　）$\times 0.05$				=	（　　）	

A2.3　数据关系表

序号	因素1	因素2	股票实际价格
1	61	63	81
2	46	15	37
3	15	37	47
4	27	21	39
5	75	37	64
6	16	57	63
7	72	70	85
8	12	18	32
9	63	32	55
10	55	12	44

A2.4　第一阶段信息公开表

轮数	序号1	序号2
0		
1		
2		
3		
4		
5		
6		
7		
8		
9		
10		
11		
12		
13		

A2.5　数据生成表(实验指导员使用)

轮数	因素1	因素2	价格
0	28	89	87
	14	37	45

续表

轮数	因素 1	因素 2	价格
1	61	67	86
	19	15	31
2	30	79	84
	71	89	98
3	50	30	49
	78	33	58
4	14	33	41
	69	79	95
5	36	83	89
	22	71	75
6	68	58	74
	56	41	66
7	27	31	48
	75	37	66
8	46	18	37
	22	54	56
9	48	40	64
	24	15	35
10	85	12	52
	79	30	66
11	18	66	64
	16	28	43

附录 3　第 5 章实验材料

A3.1　实验指导语(以实验 3 "雪中送炭" 为例)

各位同学:

你们好! 欢迎你们参与此次实验! 为了保证实验结果的真实性与有效性, 请仔细阅读以下指导语。

请大家在实验期间不要相互交流, 并保持手机静音。非常感激你的配合!

基本情况及奖金规则说明:

(1)实验每 2 人一组, 共有 10～20 轮, 每轮分为两阶段。

(2)正式实验开始前, 进行预实验(1～2 轮), 同学若有任何问题, 请在此时提出。预实验成绩不计入总收益。

(3)本次实验任务为预测股票价格, 同学们对股票价格预测的准确度对输赢有重要影响。

例如股票实际价格为81, 你预测的价格为70, 而你的对手的预测价格为85。你的差值绝对值=|股票实际价格-预测价格|, 此时你的差值绝对值=|81-70|=11, 而对手差值绝对值=4, 由于 4<11, 所以对手预测得更为准确。

(4)本实验根据每轮最终值来判断每轮输赢情况。

$$最终值=阶段一差值绝对值+阶段二差值绝对值+被拆台个数+K$$

拆台可以直接影响对手的预测结果(例如你对对手实施 1 单位拆台, 则对手最终值增加 1), 但是也会造成自身成本的增加进而影响自身收益(例如拆台每单位成本为 0.05, 若你选择 3 个单位拆台, 花费的成本即为 0.15)。

实验过程中, 被试最终值将会按照以下实验规则被人为地加上 K:

对小组中第一阶段落后(差值绝对值较大)者, 第二阶段 $K=0$;

对小组中第一阶段领先(差值绝对值较小)者, 第二阶段 $K=2$。

最终值更小的被试将获得本轮竞赛的胜利, 成为赢家。

(5)赢家将获得实验币 $M=1.3$, 输家将获得 $m=0.7$。

(6)每轮收益为 M 或 $m-0.05 \times n$(其中, 0.05 为每单位拆台成本, n 为拆台个数)。

(7)所以轮次实验结束之后, 计算总收益。

实验流程:

(1)实验开始之前, 你有 10 分钟的时间观察数据关系表(A3.2)。数据关系表中的每一行为一组, 具体为股票价格受每一行中因素 1 和因素 2 影响。且每一行都遵循某种特定关系, 各列之间无直接关系。

(2)第一阶段(限时 2 分钟)。电脑屏幕会公布第一阶段因素 1 和因素 2。请你根据之前猜测的规律来预测第一阶段股票价格。2 分钟之后电脑会反馈如下信息：

股票实际价格；

第一阶段股票价格预测的差值绝对值=|股票实际价格-预测价格|；

对手差值绝对值。

(3)第二阶段(限时为 3 分钟)。根据电脑第一阶段反馈的信息及公布的第二阶段因素 1 和因素 2，预测第二阶段股票价格，并决定是否要对对手拆台。若拆台，则需选择拆台个数。(请注意被添加的 K 值)

(4)两阶段结束之后，电脑会反馈如下信息：

股票实际价格、第二阶段差值绝对值、被拆台个数、K 值、最终值；

输赢情况、本轮收益、累积收益。

(5)如此循环 10～20 轮游戏，总收益较大者获胜。

A3.2　数据关系表

序号	因素 1	因素 2	股票实际价格
1	18	78	80
2	90	19	54
3	86	22	61
4	25	77	80
5	70	38	66
6	30	64	72
7	82	10	47
8	29	80	79
9	53	44	64
10	10	98	92
11	61	63	81
12	46	15	37
13	15	37	47
14	27	21	39
15	75	37	64
16	16	57	63
17	72	70	85
18	12	18	32
19	63	32	55
20	55	12	44

附录 4　第 7 章实验材料

A4.1　实验流程

实验大致流程如下：

(1)实验助理员的预备工作。在实验被试到达之前，助理人员对座位编号 1~18。随机把 18 个号码分为 6 组，并为每个小组成员编号，比如编号 43 表示第 4 组第 3 位小组成员。该信息只为实验助理员所知，被试不知同小组内其他成员的任何身份信息。

(2)被试到达实验室后随机挑选座位，并在整个实验过程中保持不变。实验助理员分发实验指导语和实验表格，被试有 5 分钟的时间阅读该内容。随后实验助理员对实验内容进行讲解，告知被试实验流程、需要完成的任务以及奖金分配和个人收益的计算情况等。每一个到场的成员不论参加实验与否，都会获得一个精美的 A4 文件袋。由于实验 5 和实验 6 涉及无意识启动效应的研究，在实验主持介绍锦标赛实验规则和步骤之前，被试被要求在 5 分钟内完成 SST 测试。实验员在发放 SST 测试问卷时需声明该测试与本实验无关，属于另一个老师的研究项目，以防被试猜出无意识启动效应的意图。具体的实验规则如下：

每轮实验开始前，被试都会得到本轮的任务表(每一轮的任务表都不相同)。任务表中列出了被试需要完成的被打乱顺序的常见诗句，但每句话的第一个字正确。被试需要在 3 分钟内写出正确的诗句。完成之后，实验主持给出答案，左右相邻的被试交换进行评分[①]。评分规则为整句正确获得 2 分，前半句或后半句正确得 1 分。自第二轮开始，被试在完成任务期间，可以从 0~9 范围内为其中一个成员选择一个拆台数字(拆台数字将以 1∶1 的比例扣除被拆台对象的任务得分)，填入决策成本表相应的位置，并根据实验指导语上的数字和成本对应表记录下拆台成本(实验的第一轮不允许拆台)。

存在信息反馈的实验中，被试被告知获得上一轮小组成员的绩效信息和个人的收益情况，之后本轮实验结束，下一轮实验开始。该信息是由实验助理根据本轮三位成员的任务得分和被拆台的数字等信息计算得到并填写在被试的实验用表上并反馈给被试，三位小组成员的本轮得分计算公式为：

$$本轮得分=任务完成量的得分-被选择的拆台数字$$

之后，根据三位成员本轮得分的排序为小组成员分配本轮获得的实验币(在锦标赛结构为 1/3 的激励机制下排名第一的成员获得实验币 $M=10$，另外两名成员获得实验币 $m=5$；在锦标赛结构为 2/3 的激励机制下排名前两位的成员获得实验币 $M=10$，另外一个获得实验币 $m=5$。每位成员本轮个人收益的计算公式为：

[①] 因为所有被试没有关于自己竞争对手的信息，相邻被试也未必属于同一个小组，所以相互评分的被试间没有任何利益相关性，且不允许交流，所以评分客观、可信。

个人收益=本轮获得的实验币−拆台成本

（3）预实验。实验主持介绍实验具体程序后，先进行 2 轮预实验，之后由被试就实验提出自己的疑问，实验主持负责解答。被试提问程序结束后，实验主持会随机挑选 3 名被试，就实验程序中的具体问题进行询问。通过这样一个双向检查（double check）的过程，使每名被试彻底明白实验规则，确保实验的准确实施。

（4）正式实验。我们告知被试有 10 轮实验，但是实验会在第 8 轮后结束，这样可以防止被试在最后一轮中行为变异，与现实中无限博弈的情况更接近。

（5）调查问卷。实验全部完成后，分发调查问卷，收集被试的基本信息、社会价值取向和风险偏好。在无意识启动实验 5 和实验 6 中，附加了检验被试是否猜中测试意图的问项：在完成最开始的"心理语言学实验"时，是否注意到该实验有不寻常之处？你觉得"心理语言学实验"使用的词语有无特定的模式或主题？对猜对意图的被试，其实验数据予以剔除。

（6）在问卷调查的同时，实验助理计算被试整个实验的总收益并排名，统计胜负，并在问卷结束后，据此分发奖品。获胜者获得市场价格为 30 元的暖手鼠标垫，其他人获得市场价格为 15 元的干鞋器。之后实验主试与被试进行短暂的交流，对被试进行心理疏导。

A4.2　实验任务表

序号：　　　　　　　　　　　　　　　　得分：

项目	得分	项目	得分
1. 文古事章千，得知寸心失。		2. 谈有鸿儒笑，往无白来丁。	
3. 明照松间月，清石上流泉。		4. 羁恋旧鸟林，池思故鱼渊。	
5. 久樊笼里在，复返自得然。		6. 枯老树藤昏鸦，小流水桥人家。	
7. 物人非事是事休，欲泪先语流。		8. 醉之不意在翁酒，在乎水山间之也。	
9. 沧月明泪珠有海，蓝日暖玉生烟田。		10. 天苍野茫茫苍，风草低羊见吹牛。	
11. 江代有山才出人，各风骚年数领百。		12. 昔已乘黄鹤去人，此空余黄地鹤楼。	
13. 枝柳绵少吹又上，天何处草无芳涯！		14. 庄晓迷梦蝴生蝶，望春托杜帝鹃心。	
15. 笑不闻声渐悄渐，多却被情恼无情。		16. 江如多此娇山，引数英腰雄竞折无。	
17. 问间情物是何世，直教生死相许。			

A4.3　无意识启动

正向无意识启动

各位同学:

你们好!

在实验正式开始之前,需要占用各位几分钟时间,完成其他学院老师的一份"心理语言学"实验。由于其用于科研实验,所以请大家认真对待。在完成问卷的过程中,请大家保持安静,以确保实验结果的真实性。

以下每个题目中有五个随机排列的词语,请在其中选择四项构成一个完整的句子,并按顺序填入后面的括号当中。

示例: ①俄罗斯②最大的③是④国家⑤太阳　　　　　　　　　　(①　③　②　④)

1. ①水果②苹果③硕大④是⑤一种　　　　　　　　　　　(　　　　　　)
2. ①团结②同学③我和④成功⑤友爱　　　　　　　　　　(　　　　　　)
3. ①树木②同事③就该④之间⑤以诚相待　　　　　　　　(　　　　　　)
4. ①会②融化③受热④论文⑤冰　　　　　　　　　　　　(　　　　　　)
5. ①品质②是③与人为善④桌子⑤很好的　　　　　　　　(　　　　　　)
6. ①黄色的②橘子③雨水④是⑤不一定　　　　　　　　　(　　　　　　)
7. ①胸怀②君子③演员④通常⑤坦荡　　　　　　　　　　(　　　　　　)
8. ①报李②投桃③是④传统美德⑤书本　　　　　　　　　(　　　　　　)
9. ①草地②几丛③上④野兔⑤有　　　　　　　　　　　　(　　　　　　)
10. ①合作的②药物③无穷的④力量⑤是　　　　　　　　　(　　　　　　)
11. ①依靠②成功③实力④自身⑤方便　　　　　　　　　　(　　　　　　)
12. ①飞来飞去②书本③飞蛾④在⑤树林中　　　　　　　　(　　　　　　)
13. ①喜欢②我③竞争④公平⑤铅笔　　　　　　　　　　　(　　　　　　)
14. ①电脑②别人③我会④帮助⑤主动　　　　　　　　　　(　　　　　　)
15. ①下雪②北方③经常④南方⑤冬天　　　　　　　　　　(　　　　　　)
16. ①天气②余香③手有④玫瑰⑤送人　　　　　　　　　　(　　　　　　)
17. ①大街上②一所③有④楼梯⑤小学　　　　　　　　　　(　　　　　　)
18. ①其实②火车③充满④正能量⑤世界　　　　　　　　　(　　　　　　)
19. ①小于②密度③木板的④天气⑤铁　　　　　　　　　　(　　　　　　)
20. ①我的②值得③朋友④信赖⑤房屋　　　　　　　　　　(　　　　　　)

负向无意识启动

各位同学：

你们好！

在实验正式开始之前，需要占用各位几分钟时间，完成其他学院老师的一份"心理语言学"实验。由于其用于科研实验，所以请大家认真对待。在完成问卷的过程中，请大家保持安静，以确保实验结果的真实性。

以下每个题目中有五个随机排列的词语，请在其中选择四项构成一个完整的句子，并按顺序填入后面的括号当中。

示例：①俄罗斯②最大的③是④国家⑤太阳　　　　　　　　　（ ① ③ ② ④ ）

1. ①水果②苹果③硕大④是⑤一种　　　　　　　　　　　　　（　　　　　）
2. ①门前②人人③雪④自扫⑤天气　　　　　　　　　　　　　（　　　　　）
3. ①房屋②被③暗算④背后⑤我曾　　　　　　　　　　　　　（　　　　　）
4. ①会②融化③受热④论文⑤冰　　　　　　　　　　　　　　（　　　　　）
5. ①相信②我③本恶④人性⑤树木　　　　　　　　　　　　　（　　　　　）
6. ①黄色的②橘子③雨水④是⑤不一定　　　　　　　　　　　（　　　　　）
7. ①书本②依靠③犯规④获胜⑤科比　　　　　　　　　　　　（　　　　　）
8. ①好朋友②对我③也会④方便⑤耍花招　　　　　　　　　　（　　　　　）
9. ①草地②几丛③上④野兔⑤有　　　　　　　　　　　　　　（　　　　　）
10. ①打击②火车③要有④对敌人的⑤力度　　　　　　　　　　（　　　　　）
11. ①不择手段②桌子③要④成功⑤有时　　　　　　　　　　　（　　　　　）
12. ①飞来飞去②书本③飞蛾④在⑤树林中　　　　　　　　　　（　　　　　）
13. ①杯子②吃亏③休想④让我⑤别人　　　　　　　　　　　　（　　　　　）
14. ①贬低②成绩③别人的④野兔⑤他故意　　　　　　　　　　（　　　　　）
15. ①下雪②北方③经常④南方⑤冬天　　　　　　　　　　　　（　　　　　）
16. ①同事们②斗角③勾心④喜欢⑤衣服　　　　　　　　　　　（　　　　　）
17. ①大街上②一所③有④楼梯⑤小学　　　　　　　　　　　　（　　　　　）
18. ①是②电脑③张三④告密者⑤一个　　　　　　　　　　　　（　　　　　）
19. ①小于②密度③木板的④天气⑤铁　　　　　　　　　　　　（　　　　　）
20. ①犯我②桌子③人若④我必⑤犯人　　　　　　　　　　　　（　　　　　）

A4.4　实验被试指导语

亲爱的同学:

你好! 非常感谢你在百忙之中参加这项与决策有关的实验。

根据你的参与程度和最终获得的实验币情况, 我们为你准备了丰厚的礼品。为了保证实验结果的真实性和有效性, 请大家在实验期间不要相互交流并保持手机静默。

基本情况及奖金规则说明:

(1)实验共 10 轮, 每轮分为两个阶段; 预计耗时在 2 小时左右。

(2)你和其他很多同学被安排在同一个教室且每人的座位上有一个序号。我们会随机把你和其中另外两位同学组成一个 3 人小组, 并且小组成员在 10 轮内不发生变动。你只知道自己的组代码和序号, 而无法知道小组内其他成员的身份信息。你的所有决定都只和小组内成员相关而与其他人无关。

(3)你需要完成填写诗句的任务, 同时你还需要选择一个决策数字, 这两项内容决定你的本轮得分。

(4)得分的排名情况将会决定你本轮获得实验币的数量。本轮得分最高的成员获得高报酬 $M=10$ 实验币, 本轮得分落后的两位成员获得低报酬 $m=5$ 实验币。如果出现两个或三个相同的最高得分, 将通过掷骰子的方式决定其中一人获胜。

(5)对 3 名小组成员的 10 轮收益(每轮收益由本轮获得的实验币数量与决策数字成本共同决定)进行加总, 总收益最高的成员获得一个 USB 暖手鼠标垫(市场价格 30 元), 其余 2 名成员各得一个烘鞋器(市场价格 15 元)。

(6)作为出场费, 每一个前来参加实验的同学都将获得一个精美的 A4 文件袋。出场费与你的最终表现无关。

(7)实验期间, 除完成实验任务外, 你可以翻阅我们为你准备的报纸或你自带的任何材料。

实验流程:

(1)实验正式开始前 20 分钟, 请你仔细阅读实验指导语。前两轮为预实验阶段, 目的在于使大家熟悉实验步骤, 结果不计入总收益。此过程中若有任何不清楚的地方可向实验员提问, 由后者进行解答。

(2)在实验第一阶段开始时, 我们会发给你一个任务表。任务表中列出了若干常见的诗句, 字的顺序已被打乱, 但是每句话第一个字是正确的, 根据被打乱的诗句, 写出正确的诗句。完成整句得 2 分, 写出前半句或后半句得 1 分; 任务时间为 3 分钟。之后实验员给出答案, 左右相邻的被试交换评分。

(3)实验第二阶段, 实验员回收任务表, 统计得分后发给你一个对应的决策得分表(表1)。实验员会为你将该轮中组内三位成员的第一阶段得分填入列(1)。你可以根据组内成员的得分情况, 在 0~9 范围内为其中一个成员选择一个决策数字, 填入列(2)相应的位置(决策数字代表从你选择的成员的第一阶段得分中扣除的得分,目的在于提高自己本轮得分的排名以获得高报酬 M)。接下来,请将决策数字对应的成本填入列(3)的空格里(决策数字成本表示从你将获得的实验币中扣除的数量,即减少别人的得分会带来自身实验币的消耗)。决策数字及其对应的成本如表 2 所示。

表 1 决策得分表

轮数	组内成员	第一阶段得分(1)	决策数字选择(2)	决策数字成(3)	个人获利 (M=10,m=5)(4)	个人收益 (5)=(4)-(3)

表 2 决策数字及其对应成本

决策数字	0	1	2	3	4	5	6	7	8	9
决策数字成本(实验币)	0	0.5	1	1.6	2.2	2.9	3.6	4.5	5.4	6.5

(4)实验员回收决策得分表(表 1),并为你计算本轮得分:

本轮得分=第一阶段得分(1)-第二阶段被选择的决策数字

被选择的决策数字表示其他成员为你选择的决策数字,它将以 1:1 的比例减少你的本轮得分。该项数字只有实验员可见。

(5)实验员根据小组成员的本轮得分排名进行收益分配并计入列(4),计算个人收益并填入列(5)。计算公式为:

个人收益(5)=个人获利(4)-决策数字成本(3)

(6)本轮实验结束,下一轮按以上步骤重复进行。最后把 10 轮收益相加得出个人总收益。

具体实验操作示例如下:

你的组代码为 23,2 代表第二组,3 代表第三位成员,你第一阶段任务得分为 14 分。在第二阶段你可以在决策得分表(表 3)上看到如下信息:

表 3 决策得分表 A

轮数	组内成员	第一阶段得分(1)	决策数字选择(2)	决策数字成本(3)	个人获利 (M=10,m=5)(4)	个人收益 (5)=(4)-(3)
	21	12				
1	22	18				
	23	14				

其中 12 和 18 代表另外两个成员第一阶段的任务得分。

此时你可以为其他成员选择一个决策数字。比如你为 2 号成员选择 6 个决策数字,你需要填写成表 4 的形式:

表4 决策得分表 B

轮数	组内成员	第一阶段得分(1)	决策数字选择(2)	决策数字成本(3)	个人获利 (M=10，m=5)(4)	个人收益 (5)=(4)-(3)
1	21	12				
	22	18	6		10	
	23	14				

实验人员会将小组成员本轮得分汇总到另外一张表上，并根据排名情况分配个人获利。假如其他人的选择数字都为零，则本轮得分依次为12、12、14，那么你获得10实验币，个人收益为10-3.6=6.4实验币，其他成员获得5实验币。

A4.5 调查问卷

亲爱的同学：

非常感谢你参与我们的实验，现在我们需要你填写一张调查表，请你如实填写，我们保证这些信息仅用于研究，不做其他用途。

第一部分

请根据你的实际情况打勾或者填写。

1. 你在实验中的序号是＿＿＿＿＿＿。

2. 你的性别：＿＿＿＿＿＿。

A. 男　　　　　　　B. 女

3. 你的年龄是多少？（　　　　）

A. 20岁以下　　　B. 20～23岁　　　　C. 24～27岁　　　　D. 27岁以上

4. 你的专业：＿＿＿＿＿＿。

5. 你平均每个月的生活开支是多少？（　　　　）

A. 600元以下　　　　　　　　B. 600~1000元

C. 1000～1500元　　　　　　D. 1500～2000元

E. 2000元以上

6. 除了国家补贴，你的生活来源主要是？（　　　　）

A. 主要靠家里人支持　　　　　B. 主要靠勤工俭学或校外实习

第二部分

下面有9个矩阵，每个矩阵中横向的两个数字分别代表你和另一个人的收益，A、B、C为三种方案，请按照你的真实想法，在每个矩阵中，选择你最希望采取的收益分配方案并打勾(单选)：

1.	你的收益	对方收益		2.	你的收益	对方收益
A.	50	20		A.	70	40
B.	40	0		B.	60	15
C.	40	40		C.	60	60

3.	你的收益	对方收益		4.	你的收益	对方收益
A.	60	30		A.	50	15
B.	50	10		B.	40	0
C.	50	50		C.	40	40

5.	你的收益	对方收益		6.	你的收益	对方收益
A.	80	50		A.	60	25
B.	70	30		B.	50	10
C.	70	70		C.	50	50

7.	你的收益	对方收益		8.	你的收益	对方收益
A.	50	25		A.	70	40
B.	40	10		B.	60	10
C.	40	40		C.	60	60

9.	你的收益	对方收益
A.	60	35
B.	50	15
C.	50	50

第三部分

假设你通过某项努力获得了 200 元。这时有一个"投资"项目出现：有二分之一的可能性为你的投资金额将翻一番还要多（投资回报率为 110%）；同样有二分之一的可能性为你的投资金额将全部无法收回（投资回报率为 -100%）。

比如：如果将全部 200 元用于投资（100%），你将各有二分之一的机会获得 420 元或者 0 元。如果你将 200 元中的 100 元用于投资（50%），首先不用于投资的 100 元得以保留，再加上各有二分之一的机会获得 210 元或者 0 元，你的总收益将是 310 元或者 100 元。如果不参加该项投资（0%），你将获得确定的 200 元。

如果立即给你反馈结果并得到收益，你会拿出 200 元中的百分之多少进行投资？（单选）。（　　　　）

A. 100%（一半的可能获得 420 元，一半的可能获得 0 元）

B. 90%（一半的可能获得 398 元，一半的可能获得 20 元）

C. 80%（一半的可能获得 376 元，一半的可能获得 40 元）

D. 70%（一半的可能获得 354 元，一半的可能获得 60 元）

E. 60%（一半的可能获得 332 元，一半的可能获得 80 元）

F. 50%（一半的可能获得 310 元，一半的可能获得 100 元）

G. 40%（一半的可能获得 288 元，一半的可能获得 120 元）

H. 30%（一半的可能获得 266 元，一半的可能获得 140 元）

I. 20%（一半的可能获得 244 元，一半的可能获得 160 元）

J. 10%（一半的可能获得 222 元，一半的可能获得 180 元）

K. 0%（不参与投资，得到确定的 200 元）

附录 5　第 8 章调查问卷

A5.1　反馈环境(主管来源)

请评价以下描述与你的主管的相符程度。请仔细阅读每个句子,不要漏掉,并在相应的数字上画"√"	非常不同意	不同意	比较不同意	一般	比较同意	同意	非常同意
1. 我的主管通常熟悉我在工作中的表现	1	2	3	4	5	6	7
2. 一般来说,我尊重我的主管对我工作绩效的看法	1	2	3	4	5	6	7
3. 关于工作绩效反馈,我通常不信任我的主管	1	2	3	4	5	6	7
4. 我的主管在评估我工作绩效时是公平的	1	2	3	4	5	6	7
5. 我相信主管给予我的反馈	1	2	3	4	5	6	7
6. 我的主管对我的工作绩效给了了有用反馈	1	2	3	4	5	6	7
7. 从我的主管处收到的绩效反馈是有帮助的	1	2	3	4	5	6	7
8. 我重视从主管那里得到的反馈	1	2	3	4	5	6	7
9. 从我的主管处收到的反馈有助于我完成工作	1	2	3	4	5	6	7
10. 从我主管那里得到的绩效信息通常不是很有意义	1	2	3	4	5	6	7
11. 我的主管以支持性的方式对我的工作绩效进行反馈	1	2	3	4	5	6	7
12. 当我的主管给我绩效反馈时,他或她会考虑我的感受	1	2	3	4	5	6	7
13. 我的主管通常会以一种轻率的方式提供反馈	1	2	3	4	5	6	7
14. 在提供绩效反馈时,我的主管态度不好	1	2	3	4	5	6	7
15. 我的主管在给我绩效反馈时很委婉	1	2	3	4	5	6	7
16. 当我在工作中表现出色时,我的主管会表扬我	1	2	3	4	5	6	7
17. 我很少得到主管的表扬	1	2	3	4	5	6	7
18. 当我在工作上做得很好的时候,我的主管通常会让我知道	1	2	3	4	5	6	7
19. 我经常收到主管的积极反馈	1	2	3	4	5	6	7
20. 当我未在最后期限前完成工作时,我的主管会让我知道	1	2	3	4	5	6	7
21. 当我的工作表现不符合组织标准时,我的主管会告诉我	1	2	3	4	5	6	7
22. 在我的工作表现低于预期的情况下,我的主管会让我知道	1	2	3	4	5	6	7

请评价以下描述与你的**主管**的相符程度。请仔细阅读每个句子，不要漏掉，并在相应的数字上画"√"	非常不同意	不同意	比较不同意	一般	比较同意	同意	非常同意
23. 当我在工作中犯错误时，我的主管会告诉我	1	2	3	4	5	6	7
24. 当我需要绩效信息时，我的主管通常是可以提供的	1	2	3	4	5	6	7
25. 我的主管太忙了以至于不能给我反馈	1	2	3	4	5	6	7
26. 我和我的主管几乎没有接触	1	2	3	4	5	6	7
27. 我每天和我的主管互动	1	2	3	4	5	6	7
28. 我唯一收到主管的绩效反馈是在我的绩效评估正式会议上	1	2	3	4	5	6	7
29. 当我直接要求提供绩效反馈时，我的主管通常感到恼怒	1	2	3	4	5	6	7
30. 当我要求提供绩效反馈时，我的主管一般不会马上给我信息	1	2	3	4	5	6	7
31. 当我向主管请求反馈我的绩效表现时，我感觉很自在	1	2	3	4	5	6	7
32. 当我不确定我的工作表现时，我的主管会鼓励我向他寻求反馈	1	2	3	4	5	6	7

A5.2　反馈环境(同事来源)

请评价以下描述与你的**同事**的相符程度。请仔细阅读每个句子，不要漏掉，并在相应的数字上画"√"	非常不同意	不同意	比较不同意	一般	比较同意	同意	非常同意
1. 我的同事通常熟悉我在工作中的表现	1	2	3	4	5	6	7
2. 一般来说，我尊重我的同事对我工作绩效的看法	1	2	3	4	5	6	7
3. 关于工作绩效反馈，我通常不信任我的同事	1	2	3	4	5	6	7
4. 我的同事在评估我的工作绩效时是公平的	1	2	3	4	5	6	7
5. 我对同事给我的反馈有信心	1	2	3	4	5	6	7
6. 我的同事对我的工作绩效给予了有用的反馈	1	2	3	4	5	6	7
7. 我从同事处收到的绩效反馈是有帮助的	1	2	3	4	5	6	7
8. 我重视我从同事那里得到的反馈	1	2	3	4	5	6	7
9. 我从同事处收到的反馈有助于我完成工作	1	2	3	4	5	6	7
10. 我从同事那里得到的绩效信息通常不是很有意义	1	2	3	4	5	6	7
11. 我的同事以支持性的方式对我的工作绩效进行反馈	1	2	3	4	5	6	7
12. 当我的同事给我绩效反馈时，他或她会考虑我的感受	1	2	3	4	5	6	7
13. 我的同事通常会以一种轻率的方式提供反馈	1	2	3	4	5	6	7

续表

请评价以下描述与你的同事的相符程度。请仔细阅读每个句子，不要漏掉，并在相应的数字上画"√"	非常不同意	不同意	比较不同意	一般	比较同意	同意	非常同意
14. 一般来讲，在提供绩效反馈时，我的同事态度不好	1	2	3	4	5	6	7
15. 我的同事在给我绩效反馈时很委婉	1	2	3	4	5	6	7
16. 当我在工作中表现出色时，我的同事会表扬我	1	2	3	4	5	6	7
17. 我很少得到同事的表扬	1	2	3	4	5	6	7
18. 当我在工作上做得很好的时候，我的同事通常会让我知道	1	2	3	4	5	6	7
19. 我经常收到同事的积极反馈	1	2	3	4	5	6	7
20. 当我未在最后期限前完成工作时，我的同事会让我知道	1	2	3	4	5	6	7
21. 当我的工作表现不符合组织标准时，我的同事会告诉我	1	2	3	4	5	6	7
22. 在我的工作表现低于预期的情况下，我的同事会让我知道	1	2	3	4	5	6	7
23. 当我在工作中犯错误时，我的同事会告诉我	1	2	3	4	5	6	7
24. 当我需要绩效信息时，我的同事通常是可以提供的	1	2	3	4	5	6	7
25. 我的同事太忙了以至于不能给我反馈	1	2	3	4	5	6	7
26. 我和我的同事几乎没有接触	1	2	3	4	5	6	7
27. 我每天和我的同事互动	1	2	3	4	5	6	7
28. 当我直接要求提供绩效反馈时，我的同事通常会感到恼怒	1	2	3	4	5	6	7
29. 当我要求提供绩效反馈时，我的同事一般不会马上给我信息	1	2	3	4	5	6	7
30. 当我向同事请求反馈我的绩效表现时，我感觉很自在	1	2	3	4	5	6	7
31. 当我不确定我的工作表现时，我的同事会鼓励我向他们寻求反馈	1	2	3	4	5	6	7

A5.3　反馈导向

请你根据对以下题项的符合程度，客观评价自己。请仔细阅读每个句子，不要漏掉，并在相应的数字上画"√"	非常不同意	不同意	比较不同意	一般	比较同意	同意	非常同意
1. 反馈有助于我在工作上取得成功	1	2	3	4	5	6	7
2. 我依靠反馈来发展我在工作中的技能	1	2	3	4	5	6	7
3. 反馈对于你提升绩效至关重要	1	2	3	4	5	6	7
4. 来自主管的反馈可以帮助我在公司中进步	1	2	3	4	5	6	7

续表

请你根据对以下题项的符合程度，客观评价自己。请仔细阅读每个句子，不要漏掉，并在相应的数字上画"√"	非常不同意	不同意	比较不同意	一般	比较同意	同意	非常同意
5. 我发现反馈对我达成目标至关重要	1	2	3	4	5	6	7
6. 我有责任利用反馈来提高绩效	1	2	3	4	5	6	7
7. 我认为自己有责任对反馈做出适当调整	1	2	3	4	5	6	7
8. 直到对反馈做出回应和调整，我才有一种释然感	1	2	3	4	5	6	7
9. 如果我的主管给我反馈，我有责任去面对	1	2	3	4	5	6	7
10. 我认为有责任根据反馈做出改变	1	2	3	4	5	6	7
11. 我想知道其他人对我的看法	1	2	3	4	5	6	7
12. 根据反馈我更能了解其他人对我的看法	1	2	3	4	5	6	7
13. 反馈有助于我给其他人留下良好印象	1	2	3	4	5	6	7
14. 反馈让我知道我在其他人眼里是怎样的人	1	2	3	4	5	6	7
15. 我借助反馈给其他人留下好印象	1	2	3	4	5	6	7
16. 我感觉在处理反馈意见时很有自信	1	2	3	4	5	6	7
17. 与其他人相比，我更有能力处理反馈意见	1	2	3	4	5	6	7
18. 我相信我有能力处理好反馈意见	1	2	3	4	5	6	7
19. 无论是积极的还是消极的反馈，我在回应时都很有信心	1	2	3	4	5	6	7
20. 我知道自己能够妥善处理收到的反馈意见	1	2	3	4	5	6	7

A5.4　自 我 领 导

请你根据对以下题项的符合程度，客观评价自己。请仔细阅读每个句子，不要漏掉，并在相应的数字上画"√"	非常不同意	不同意	比较不同意	一般	比较同意	同意	非常同意
1. 我思考工作中如何进步	1	2	3	4	5	6	7
2. 我特别留心自己一贯的工作表现	1	2	3	4	5	6	7
3. 我关注自己的工作表现	1	2	3	4	5	6	7
4. 我牢记目标	1	2	3	4	5	6	7
5. 我把工作中取得的进展记录下来	1	2	3	4	5	6	7
6. 我关注我给自己的忠告	1	2	3	4	5	6	7
7. 我尽力扩大职责范围	1	2	3	4	5	6	7
8. 我关注如何扩充岗位职责	1	2	3	4	5	6	7
9. 我思考能够承担的新任务	1	2	3	4	5	6	7
10. 我努力去做超越本职工作的任务	1	2	3	4	5	6	7
11. 我考虑增加自己的责任	1	2	3	4	5	6	7
12. 我寻找能够超越现有职责的工作重任	1	2	3	4	5	6	7

续表

请你根据对以下题项的符合程度，客观评价自己。请仔细阅读每个句子，不要漏掉，并在相应的数字上画"√"	非常不同意	不同意	比较不同意	一般	比较同意	同意	非常同意
13. 我积极行动自行解决问题	1	2	3	4	5	6	7
14. 我喜欢靠自己解决问题	1	2	3	4	5	6	7
15. 如果出现问题，我自行解决	1	2	3	4	5	6	7
16. 我在脑海中寻找解决问题的方式	1	2	3	4	5	6	7
17. 我靠自己想出解决问题的方法	1	2	3	4	5	6	7
18. 我思考各种解决问题的方法	1	2	3	4	5	6	7
19. 我决定对工作方式做出改进	1	2	3	4	5	6	7
20. 我努力思考工作中可能的积极改变	1	2	3	4	5	6	7

A5.5　员 工 绩 效

请根据你自己的实际情况，选择一个你认为最符合的答案。请仔细阅读每个句子，不要漏掉，并在相应的数字上画"√"	非常不同意	不同意	比较不同意	一般	比较同意	同意	非常同意
1. 我能够充分完成工作任务	1	2	3	4	5	6	7
2. 我能履行岗位说明书中的职责	1	2	3	4	5	6	7
3. 我能按照组织期望的方式，完成工作任务	1	2	3	4	5	6	7
4. 我能按照正式的绩效考核标准和要求完成工作任务	1	2	3	4	5	6	7
5. 我从事那些能直接影响自身绩效评估结果的工作	1	2	3	4	5	6	7
6. 无论我的主管是否在场，我都能按照要求认真、努力地工作	1	2	3	4	5	6	7
7. 在团队中，我能协助其他成员工作	1	2	3	4	5	6	7
8. 我能显示出恰当的个人形象	1	2	3	4	5	6	7
9. 我遵守公司的各项规章制度，按规定或流程做事	1	2	3	4	5	6	7
10. 我要求安排具有挑战性的工作	1	2	3	4	5	6	7
11. 我能主动地帮助其他成员完成工作任务	1	2	3	4	5	6	7
12. 我能密切关注工作中的重要细节	1	2	3	4	5	6	7
13. 我支持、鼓励我的同事战胜困难	1	2	3	4	5	6	7
14. 我自愿做许多有利于公司利益的事情	1	2	3	4	5	6	7
15. 我在工作中率先尝试新的想法或方法	1	2	3	4	5	6	7
16. 我会寻求新想法或新方式来解决问题	1	2	3	4	5	6	7
17. 结合实际情况，我提出一些突破性的想法	1	2	3	4	5	6	7
18. 我是一个创新的好榜样	1	2	3	4	5	6	7

基本信息

1. 你的性别：_____。
①男　　　　　　　②女

2. 你的年龄：_____岁。

3. 你的受教育年限(自小学一年级开始)：_____年。

4. 自参加工作以来，你一共工作了_____年。

5. 你在本企业本岗位工作了_____年。

6. 你所在的行业：_____。

①教育　　　　　②金融　　　　　③保险　　　　　④政府机构
⑤房地产　　　　⑥医疗保健　　　⑦IT 高科技　　　⑧服务
⑨加工制造　　　⑩其他

7. 你的工作种类：_____。

①高层管理人员　②中层管理人员　③基层管理人员　④专业技术人员
⑤行政人员　　　⑥营销人员　　　⑦其他

附录6 第9章调查问卷

A6.1 政 治 技 能

请你根据对以下题项的符合程度，客观评价自己。请仔细阅读每个句子，不要漏掉，并在相应的数字上画"√"	非常 不同意	比较 不同意	不确定	比较 同意	非常 同意
1. 我能够很好地理解他人	1	2	3	4	5
2. 我特别善于察觉他人的动机和意图	1	2	3	4	5
3. 在社会交往中，我通常被认为是机灵聪明的	1	2	3	4	5
4. 我似乎总是出于本能地知道该说什么或做什么来影响他人	1	2	3	4	5
5. 我能够密切关注别人的面部表情	1	2	3	4	5
6. 我能够让身边的多数人都感到轻松和愉悦	1	2	3	4	5
7. 我能够容易并有效地与他人进行沟通交流	1	2	3	4	5
8. 对我来讲，与大多数人和谐相处很容易	1	2	3	4	5
9. 我善于让他人喜欢我	1	2	3	4	5
10. 在工作中，我花费大量的时间和精力与他人建立关系网络	1	2	3	4	5
11. 在工作中，我擅长与有影响力的人物建立关系	1	2	3	4	5
12. 当我真的需要帮助时，能够从与我建立良好关系的同事和朋友中获得支持或帮助	1	2	3	4	5
13. 在工作中，我认识很多重要人物并和他们保持良好关系	1	2	3	4	5
14. 在工作中，我花费了很多时间去与他人建立联系	1	2	3	4	5
15. 在工作中，我很擅长运用我的关系和网络使事情得到解决	1	2	3	4	5
16. 与他人沟通交流的时候，我尽可能在言语和行为上表现得很真诚	1	2	3	4	5
17. 让人们相信我言与行的真诚性，这一点很重要	1	2	3	4	5
18. 我尽力对他人表现出诚挚的关心	1	2	3	4	5

A6.2 反生产行为

请你根据对以下题项的符合程度，客观评价自己。请仔细阅读每个句子，不要漏掉，并在相应的数字上画"√"	非常 不同意	比较 不同意	不确定	比较 同意	非常 同意
1. 我在工作中取笑过他人	1	2	3	4	5
2. 我曾对同事说过一些伤人的话	1	2	3	4	5

续表

请你根据对以下题项的符合程度，客观评价自己。请仔细阅读每个句子，不要漏掉，并在相应的数字上画"√"	非常不同意	比较不同意	不确定	比较同意	非常同意
3. 我在工作中曾就民族或宗教问题随意发表评论	1	2	3	4	5
4. 我在工作中曾辱骂过他人	1	2	3	4	5
5. 我在工作中曾对他人"恶作剧"	1	2	3	4	5
6. 我在工作中曾以粗鲁、野蛮的方式对待他人	1	2	3	4	5
7. 我在工作中曾公开羞辱他人	1	2	3	4	5
8. 我曾未经许可拿走公司财产	1	2	3	4	5
9. 我曾花很多时间做白日梦，而不是工作	1	2	3	4	5
10. 我曾在报销时伪造单据，以获得高于正常花销的费用报销	1	2	3	4	5
11. 我曾擅自延长休息时间	1	2	3	4	5
12. 我曾在未经允许情况下上班迟到	1	2	3	4	5
13. 我曾在工作场所乱扔垃圾	1	2	3	4	5
14. 我曾对上司的指令充耳不闻或阳奉阴违	1	2	3	4	5
15. 我曾故意放慢工作速度(磨洋工)	1	2	3	4	5
16. 我曾向他人泄漏公司机密	1	2	3	4	5
17. 我曾在上班时喝酒或服用非法药物	1	2	3	4	5
18. 我在工作中付出的努力很少	1	2	3	4	5
19. 我曾为了获得加班费而故意拖延工作时间	1	2	3	4	5
20. 我曾在工作中故意封锁公共信息或传播错误信息	1	2	3	4	5
21. 我曾故意损坏他人的劳动工具	1	2	3	4	5
22. 我曾故意破坏他人的劳动成果	1	2	3	4	5
23. 我曾把别人的功劳占为己有	1	2	3	4	5

A6.3 组织政治认知

请你评价以下描述与你所在组织的符合程度。请仔细阅读每个句子，不要漏掉，并在相应的数字上画"√"	非常不同意	比较不同意	不确定	比较同意	非常同意
1. 在我们单位存在很多自私自利的行为	1	2	3	4	5
2. 人们只做对自己有利的事情，而不是从组织整体利益出发	1	2	3	4	5
3. 人们花很多时间巴结那些对自己有帮助的人	1	2	3	4	5
4. 人们从事"暗箱操作"以获得自己的利益	1	2	3	4	5
5. 很多员工都竭力进入(或形成)"小圈子"	1	2	3	4	5
6. 人们背地里相互使坏，以使自己能出人头地	1	2	3	4	5
7. 领导对于下属乐于"坐山观虎斗"	1	2	3	4	5
8. 领导能够容忍企业内部"山头林立"	1	2	3	4	5

A6.4　组　织　公　平

请评价以下描述与你所在组织实际情况的相符程度。请仔细阅读每个句子，不要漏掉，并在相应的数字上画"√"	非常不同意	比较不同意	不确定	比较同意	非常同意
1. 公司做决策时会搜集准确的信息	1	2	3	4	5
2. 员工有参与决策的机会	1	2	3	4	5
3. 公司的决策反映了公司各个层面的意见	1	2	3	4	5
4. 公司设立了相关标准以确保决策的一致性	1	2	3	4	5
5. 对于受到决策影响的各方，公司会听取他们的心声	1	2	3	4	5
6. 公司会就决策及其实施做出有效的反馈	1	2	3	4	5
7. 公司允许员工对决策提出质疑	1	2	3	4	5
8. 你的上司会考虑你的观点	1	2	3	4	5
9. 你的上司能够在工作中不引入个人偏见	1	2	3	4	5
10. 你的上司能够对相关政策及其影响给予你及时反馈	1	2	3	4	5
11. 你的上司对你关心体贴	1	2	3	4	5
12. 你的上司关心你作为员工的各种权利	1	2	3	4	5
13. 你的上司对待你的方式很真诚	1	2	3	4	5
14. 考虑到你的工作责任，你得到了恰当的报酬	1	2	3	4	5
15. 考虑到你的经验，你的报酬是公正的	1	2	3	4	5
16. 考虑到你的工作付出，你的报酬是合适的	1	2	3	4	5
17. 当你工作完成出色时，你会获得合适的奖金	1	2	3	4	5
18. 考虑到你的工作压力及紧张程度，你的报酬是合适的	1	2	3	4	5

基本信息

1. 你的性别：_____。

①男　　　　　　②女

2. 你的年龄：_____岁。

3. 你的受教育年限(自小学一年级开始)：_____年。

4. 你的单位类型：_____。

①国有　　　　　②民营　　　　　③合资(含外资)　　　④其他

5. 自参加工作以来，你一共工作了_____年。

6. 你在本企业本岗位工作了_____年。

7. 你所在企业的规模(公司职工总数)：_____人。

8. 你所在的行业：_____。

①教育　　　　　②金融　　　　　③保险　　　　　④政府机构

⑤房地产　　　　⑥医疗保健　　　⑦IT 高科技　　　⑧服务

⑨加工制造　　⑩其他

9. 你的工作种类：＿＿＿＿＿。

①高层管理人员　②中层管理人员　　　③基层管理人员　　　④专业技术人员

⑤行政人员　　　⑥营销人员　　　　　⑦其他